21世纪人力资源管理系列教材

职业生涯设计与管理

关培兰 张爱武 / 编著

WUHAN UNIVERSITY PRESS
武汉大学出版社

21世纪人力资源管理系列教材　主编

关培兰

武汉大学人力资源管理中心主任、教授、博士生导师

人力资源管理概论

组织行为学

绩效考核与薪酬管理

职业生涯设计与管理

员工关系管理

人员测评的理论与技术

跨文化人力资源管理

人力资源会计

管理沟通

劳动经济学

劳动法

总　序

十几年前，人们称呼从事人力资源管理工作的人是“福利秘书”、“就业员”、“公司警察”等。也有人说“人事经理是虚情假意的欢迎者或热情过分的人，他们通过管理好公司的外出野餐、处理好救济金的使用流向、确保休养项目良好地进行，来使公司保持一种振奋的精神状态”。那时，他们的责任确实非常有限，通常仅仅处理诸如工人的工资、少数医疗、休养和住房问题，“人事”作为一种职业一般不被尊重，在组织机构中也是处在底层。当然，今天，在大多数组织中这种现象可能已经成为历史，“人力资源管理经理的职务不再是给那些在组织中无法胜任任何岗位的经理养老的职务”，人们愈来愈认识到人力资源部门会对组织的整体效率和获利能力产生重要的影响。有关研究资料显示，在美国，在拥有10 000多名员工的企业中，人力资源总经理的年薪（包括福利和奖励）为19.6万元；在拥有1 300～3 500名员工的企业中，人力资源经理的平均年薪为11.3万美元；在拥有不足2 500名员工的企业中，人力资源经理的平均年薪为10.9万美元，跟高级律师、会计师的平均年薪差不多。

那么，为什么人力资源部门的工作在公司中的地位愈来愈重要了呢？这是因为知识经济和网络时代的到来，人们的生活方式、工作方式、心理能量的发挥、管理的对象、组织的结构模式、生产的资源、经济增长模式等发生了根本的变化。为了应对和适应这些变化，为了使企业在全球经济中变得更加灵活和更具有生产力，用比尔·盖茨的话来说就是“关键是增强每个工作者的力量”。

为了提高人力资源管理的有效性，先让我们看看我们的管理对象、工作条件和环境等都发生了什么样的变化。

1. 计算机软件的应用，尽管很难达到对复杂事件形成意识和判断的水平，也不可能全部应对工作中的难题和挑战，但是IT行业的发展，新软件将会学习人的工作方式，了解人的需要，快捷方便地获得所需要的信息，可以帮助人提高工作效率。计算机在工作生活中的应用广泛性，使得人们将会像拿笔写字一样自然地去使用它。

2. 在信息时代，“无纸办公”、“流动办公”、“虚拟办公室”等全新的办公自动化概念，可以使人们更迅速、更全面地获得解决问题所需的各种信息，更高效更准确地做出决策，提高办事效率。传统意义上的工作场所、办公地点也发生了根本的变化，只要有台电脑，在任何地方、任何地点，都可以谈生意、发指令或聊天，在家办公也成为现实。据估计，美国约有1 000多家公司职员通过与公司连接的电脑从事各种远程的业务工作。电子农场的“农民”已经从传统意义上的体力劳动中解放出来，他们可以在家或办公室获取各种庄稼成长的信息。因为传感设备将土壤信息、肥料信息、水量信息、作物生长信息、成熟程度信息以及杂草、虫害信息传送给电脑，然后根据对上述信息的分析处理结果自动实施浇水、施肥、除草、收割等操作。当然，在家上班还要取决于电话的普及和家庭电脑的拥有量，尽管对我国来讲，还相差甚远，但是，我国潜在的在家上班的人数也非常可观，而且增长速度很快。

3. 知识经济、信息时代的到来，知识员工也逐渐成为主要的管理对象。知识员工与体力员工相比，具有明显的特点，比如，知识员工有较强的自主性、成就动机、创新愿望、不迷信重真理、流动意愿，他们的劳动过程和劳动成果难以控制。这就对我们的人力资源管理提出了新的挑战。

4. 互联网的发展使得管理过程愈来愈信息化，传统意义上的金字塔式的组织形式将转向扁平化和虚拟性。一个企业，可以依托于 INTERNET/INTRANET 的交往平台，对遍布100 多个国家的几百个部门均可以进行有效的联系和管理。区域时空对沟通、贸易的限制作用微乎其微，员工之间、员工与管理者之间、管理者之间、商家与客户之间、商家之间等不受时间、空间的限制可以随时沟通或做生意。组织中的中间管理的作用将愈来愈小。人们通过互联网可以做任何自己想做的事情，人们参加网上虚拟团队的活动将愈来愈多。

5. 网络时代，不仅对我们的工作方式带来很大的影响，它也与人类的生存方式和生活方式休戚相关。在家里，就可以通过电脑、可视电话等进行工作，不用为交通问题而烦恼；只要按一下键盘，各类新闻、股票信息、天气预报尽收眼底，想参与讨论，发个电子邮件就可表达你的想法；科学家、学者不出家门、国门就可以与世界同行进行学术交流；如果想办银行业务，只需一张银行卡，轻按键盘，便可完成传统银行所执行的一切交易；如果想做一件合适的衣服，全息摄像会给你的体形量好尺寸，再把你的设计告诉电脑，所要的款式马上就会显示出来；如果你病了，通过你手腕上的一只表，医生就知道你有情况；网络远程教育，使得学习场所和学习方式都发生了变化。

总之，在这个知识经济、信息时代，科技与生产力的快速发展，与市场经济的公正、自由和竞争的社会原则相结合，使人的个性更加张扬，施展的空间更大。这种知识经济与市场经济互相影响、互相推动而形成的新的经济形态，它既不是知识经济，也不是市场经济，本人把它叫做新商业经济。这是因为，市场经济在西方发展几百年，为什么在知识经济、信息时代到来之前没有出现人才流动、辞职、跳槽如此频繁的现象呢？而现在跳槽的原因愈来愈复杂，对特殊人才来讲，工资报酬的多少再不是选择单位的主要原因了。这种现象，用单纯的市场经济或知识经济都无法解释。新商业经济是指遵照市场经济的运行规律、具有现代理念和最新专业知识的人，能够接受知识，运用知识，创造知识，并将知识转化为社会效益和经济效益，从而推动社会发展的经济。一句话，就是市场经济与知识经济的融合而形成的经济就叫新商业经济，它是科学技术发展和经济市场化相结合的结果，特别是经济市场化将规模庞大的劳动力队伍解放出来了。在这种新商业经济条件下，人们的价值观念、思维模式、生活习惯、工作方式和人际关系等都将发生重大的变化。作为上层建筑的管理科学，在管理理念和管理方式上都要与之相适应，人力资源管理更是如此。本人认为，在这样的情况下，未来人力资源管理将呈现出如下的趋势：

1. 创新管理

创新是未来人力资源管理的主旋律。研究证明，提升生产率的真正动力，不是信息技术，而是人力资源的竞争和管理创新；信息技术的作用是必要的，但不是充分的；比如 ERP 在企业的应用，很多企业应用时并没有对自己已有的经营方式进行调整，而是要求修改软件，让软件适应原有的经营方式，而不是利用软件提供的先进技术进行管理的创新；竞争迫使企业变革与创新，创新又帮助企业提高竞争能力。随着技术水平的不断提高，员工在企业中的地位越来越重要，满足员工工作、生活质量的要求将成为 21 世纪人力资源开发与管理的核心内容之一。员工不仅要得到公平合理的充足报酬，不仅要得到发展自我的机会和条件，而且还要得到职业安全保障。企业终将意识到员工需要的不是工作，而是职业。要改变传统的企业人力资源管理工作中作业性的内容，如考勤、绩效考评、薪资福利等行政性和总务性的工作。更加重视战略性项目包括人力资源政策的制定、完善，员工的教育、培训，组织发展规划和为业务发展开发提供人才支持等。企业应该营造一个宽松自由的创新环境，树立崇尚创新、鼓励创新的风尚，让企业的每一个成员都成为创新的源泉。

2. 目标管理

伴随着 Internet 在企业管理中的应用，目标的确定、实施和评价将成为企业与员工之间建立战略伙伴的关键。正如通用电器前 CEO 杰克·韦尔奇所言：“没有高度信任，你不可能发掘最大的头脑潜力。”因为在当代，财富的创造不是靠手，而是靠头脑。你的成功将不是依靠你管理生产的能力，而是在于你能在多大程度上激发员工运用他们的创意、判断和努力。管理过程和管理成果难以控制，目标是明确的，具有强制性的，但管理却是柔性的和弹性的。员工要了解企业的目标，企业也要了解员工的目标。企业明确的战略目标既是对员工的吸引，也是企业成功的行为导向。企业是一个利益共同体，员工首先要对自己在企业的利益认同，进而才有对企业目标的认同。企业不仅要确立目标，还要进行目标教育。一个员工不知道自己企业目标的企业，是不可能形成企业精神和企业凝聚力的。

3. 差异管理

合资经营是未来企业不可抗拒的一种重要的经营方式。构成合资经营的组织因素是多元性的，而企业经营是需要一元化的或需要各种因素的融合。从市场需求来看，顾客对消费品的需求是多种多样的；从经营管理来看，员工对工作的态度、激励方式、处世原则等是不完全一致的；从经营环境来看，企业各个股东对资本、技术和产品的选择偏好是不一样的；从员工的性格、能力、职业趋向等特征来看，是千差万别的。所以，人力资源管理必须明确：工作岗位的最佳人选并不都是智力最高的，而是最适合工作要求的人。差异是客观存在的，承认和尊重差异是搞好企业管理的前提。承认和尊重企业差异，充分发挥企业优势；承认和尊重个体差异能做到量才使用，各尽所能；承认和尊重个体差异有利于培养创造型人才，不断保持企业的创新能力。差异是财富。

4. 选拔管理

人力资源的计划、招聘和选择是人力资源管理的重要内容和有效性的前提。在网络时代，E人力资源管理愈来愈重要，所以，开发全球人力资源信息系统非常重要。不管是计划、招聘还是选拔，人力资源信息系统可以为它们随时提供有效的信息。在劳动力市场上，人力资源管理者正面临着需要更高能力的新工作与实际接受这些工作的人之间不匹配的问题；还有招聘选拔中的偏见问题，也会使有能力的人不能得到重用，比如，认为“女性不想成为国际经营管理者”而不选派她们，实际上，在不多的女性国际管理者中，有97%的人工作得非常成功。所以，在招聘选拔中，性别歧视中的法律问题将成为人力资源经理关注的重点。

5. 员工关系管理

和谐的员工关系也是生产力。和谐的员工关系有利于增强员工士气，提高员工工作的积极性和主动性，最终提升企业服务质量；和谐的员工关系有利于鼓励员工参与，充分发挥企业人力资源的潜力，提高企业科学决策及民主管理水平。

和谐的员工关系有利于避免劳动纠纷，避免企业的声誉、形象在社会、客户和员工面前受到损害。遗憾的是，近几年员工与企业之间的各类劳动纠纷越来越多，因为劳动纠纷而劳资双方对簿公堂甚至大打出手的事件不时见诸报端。那么，究竟如何将员工纠纷消除在萌芽状态？如何在纠纷发展到无可挽回而劳资双方不得不对簿公堂之前将纠纷化解在企业内部？如何处理无法回避的员工纠纷与诉讼？人力资源经理必须拥有劳动法规知识和成为处理人际矛盾的高手；必须明确影响员工满意度的因素。尽管安全和健康问题是属于保健因素，但它毕竟是引起员工不满意的直接因素，所以，善于识别和解决这类问题，将矛盾消灭在萌芽状态，也是人力资源管理者的重要技能。

6. 人本管理

《纽约时报》曾经有一篇文章说道："在过去的50年里，经济已经由以生产为基础转变为以消费者为基础。它已经由理性的范畴升华到理想的国度，从客观变迁为主观，到达心理的王国。"这就意味着在当今世界上，了解"人"，满足"人"，发展"人"，以人为本，确实是成功的关键所在。可能有人会说：在目前我们国家这种"后发展"的环境下，连资本原始积累过程还没有走完，连泰勒制下面的"承包责任制"、"计件工资制"这样的原始科学管理模式还没能逾越，连无以数计的农民工还在为讨工资而疲于奔命、甚至哭诉无门的情况下，谈什么"企业人性化"发展，是否有点太"左"，太时髦，太不合国情呢？我不想争论。我只想问：当那些制造假冒伪劣产品的企业令你深受其害的时候；当你的朋友或者是你的朋友的朋友外出打工被老板坑害拿不到工资的时候；当你虽然天天工作着，却感到压抑苦闷没什么发展前途的时候；你会不会觉得我们今天的社会，在人们困惑、不满的背后，在一批又一批的企业产生和一批又一批的企业垮掉的背后，缺少些什么呢？一个企业，盈利自然会带来繁荣。但是，花簇锦绣般繁荣的企业，却未必能够持续发展。在我们国家，生命力旺盛而不长久的企业到处都是，这到底是为什么？要知道，企业里很多东西都不是永恒的，惟有人性是长久的。要知道，全世界不同的国家、不同的地区、不同的企业，很多东西都是不一样的，惟有追求人性的满足和人的发展与完美是一样的。那么，为什么还有很多企业仍然将"人本管理"只挂在嘴上、放在文档里呢？本人认为，有四个原因：一是企业经营者没有明白企业存在的价值到底是什么。是的，企业是经济组织，追求利益最大化天经地义，但是并不意味着就可以不关心人，不把企业当做员工价值实现的地方。世界知名的长青企业的案例是最有说服力的佐证。二是企业经营者没有认识到劳动者具有对自己劳动力的所有权。人不是商品，但劳动力是商品；只有劳动者个人才有对自己劳动力的所有权和使用权。劳动力是人的体力和脑力的综合；人才不是用人单位所有；用人单位只有合同所规定的对劳动力的使用权，而没有所有权。劳动者具有自由选择工作地点、工作类型、工作单位的权利。《共产党宣言》

指出："每个人的自由发展是一切人的自由发展的条件。"未来社会是"自由人的联合体"。人对自由的需要是不可抗拒的。员工流动、人才跳槽，这是很自然的现象。三是一些企业经营者将"趋利避害"等同于人人都是自私的，既然是自私的，当然要严加管制。趋利避害是人的本性，但并不意味着人人都是自私的。四是一些企业经营者将人力资源管理仅仅当做人力资源管理部门的事，如果是这样，怎么可能在全公司实现人本管理呢？过去对人的管理好像管理一座大坝，而今天则更像是疏导一条河流，其目标不是阻止水的流动，而是控制水流的方向和速度。知识经济不是以知识为本，而是以人为本。教育首先使人成为人，其次才是成为材。尊重知识，尊重人才不等于尊重人。仅仅尊重人才，不利于人的聪明才智的发挥，只有将人当做自由的、自立的个人加以尊重，人才才能发挥出自己的聪明才智。最适合人性的管理才最有利于激发人的创造力。

7. 组织人管理

企业的长久发展，需要的不是一个个人，企业需要的是组织人。所谓组织人，按照人力资源管理的观点，首先是人才与企业要有一个正式合同，然后需要与企业有个心理契约，最后对所在企业的文化有高度的认同感。只有这样，企业招来的人才能真正成为企业的核心竞争力。在现实中，很多企业认为只要和人才签订一纸合同，这人就是自己的了，而把招聘时的承诺丢到脑后。一个管理大师曾说过，企业主可以买到一个人的时间，可以雇到一个人到固定的工作岗位，可以买到按时或按日计算的技术操作，但你无法买到热情，买不到创造性，买不到全身心的投入。组织人在哪里？在用人单位的诚信和人才的心里。一个人只有把自己当成组织人，才能成为企业有用的人才。所以，最佳企业的成功之处在于他们不只是让员工快乐，而且让员工更加敬业；不只采取最花哨的做法，而是把人力资源的系统建设得很完善，把人力资源的根本理念贯彻得很彻底。因此，培养"组织人"将是未来人力资源管理者的重要任务。

8. 团队管理

在复杂多变的社会环境中，团队比传统的部门结构或其他形式的稳定性群体更灵活，反应更快。团队的优点是：可以快速地组合、重组、解散；团队适合担任需要多种技能、经验、创新性强、紧迫的工作任务；团队是真正的独立自主，它不仅注意问题的解决，而且执行解决问题的方案。显然，团队很适应网络时代的组织结构的要求。随着信息技术与全球网络化的发展，一种新的组织形式——虚拟团队应运而生。虚拟团队（也叫虚拟社区）是指基于互联网的人类共同体，并不共同拥有一个确定的物质空间或地理区域，但具有共同特质和归属感，并维持着一定社会联系和社会互动的群体。那么维系团队成员的纽带是参与者感到这个环境是讨论个人观点的适宜场所，有些人对所在的网络团队乐意奉献，他们之间的纽带远比现实中的团队成员的联系更为密切。想进就进，想退出就退出，谁也不知道谁是谁，之间没有直接的利害冲突，网络上流传很广的一句话是："谁也不知道你对面坐着的是否为一条狗"。虚拟团队的维持、两极分化、冲突与合作、激励等问题都是需要认真研究的问题。

9. 权变管理

管理者所面对的人是千差万别的，所处的环境是千变万化的，管理的风格也要变化，这就是权变管理之意。对人，管理者究竟要用哪种管理方法，要考虑两方面的因素：一是当事人的个性特点；二是环境因素。工作任务模糊不清，员工无所适从时，工作型管理方式更有效；如果是日常性工作，目标和达到目标的途径都很明确，关系型管理可能更合适。如果目标和达到目标的方法已很清楚，管理者就不要唠唠叨叨，命令部下这样做那样做，而是要给予更多的关心和体贴，创造良好的心理环境。所以，管理是一种情景艺术，管理者不要试图改变员工的个性特征，但可以帮助他提高素质。最强有力的经理就是那些能适应特定环境和特定情况的经理。灵活和适应性是管理的灵魂，是网络时代最需要的管理模式。

10. 学习管理

人力资源管理的重要任务之一是将组织塑造成学习型组织。学习型组织是一种不同凡响的、更适合人性的组织模式，有崇高而正确的核心价值、信念与使命，具有强韧的生命力和实现梦想的共同力量，不断创新，持续变革。在其中，人们心手相连，相互反省求真，脚踏实地，用于挑战极限及过去的成功模式，不为眼前的近利所诱惑，有对共同愿景的认同感，以及与整体动态搭配的政策与行动，充分发挥生命的潜能，创造超乎寻常的成果，从而从真正的学习中体悟工作的意义，追求心灵的成长与自我实现，并与企业以外的世界产生一体感。人的素质的提高依赖于不间断的学习，同样组织素质的提高关键在于组织能否不间断的学习，在于组织的学习能力。

11. 薪酬管理

薪酬是人力资源管理中既复杂又非常重要的内容。公平是薪酬管理有效性的关键。特别在未来网络经济条件下，因为工作方式的变化，人的需求的变化，工作绩效评估和有效激励越来越难。直接经济报酬、间接经济报酬和非经济报酬的类别在现实中可以说是五花八门、八仙过海、各显神通。报酬方式的变化，固然重要，那么，价值创造、价值评价和价值分配体系的公平则是最重要的。心理契约在薪酬管理中的作用也应该引起学者们的关注。

12. 开发管理

人力资源开发是指资方为了提高员工的敬业精神、工作热情、业务能力和组织绩效而在政策、使用和培养方面进行的一种有计划的、连续性的工作。它是组织发展的要求，也是组织发展的基础和动力。但是，在现实中，人们对人力资源开发的理解有个误区，认为人力资源开发就是培训。培训与开发是很重要的，培训可以使员工获得目前工作所需的知识和能力，开发可以使员工获得未来所需的知识和能力。可是，政策性开发和使用性开发也是开发的重要内容。可以想象，一个好的政策能让没有积极性的人成为有积极性的，没有能力的成为有能力的；如果政策不好，人才也会成为废品。一个很有组织才能的人，从来不给他施展组织管理才能的机会，这对他个人或企业来说不都是浪费吗？所以，培养性开发、政策性开发和使用性开发，对员工的职业生涯都非常重要。

13. 人力资源外包管理

由于市场竞争的加剧，许多公司都专注于核心业务而没有时间和资源来更好地管理人力资源业务，外包成为降低公司人力资源管理成本的另外一种选择。加上网络技术的帮助，人力资源外包服务提供商更是发展迅速。人力资源外包服务通常分为四个种类：PEO、BPO、ASP 和网上服务。PEO（Professional Employer Organization）是指专业的服务提供商承担公司所有的人力资源管理职责。通过承担公司员工所有的法律责任（包括在聘用、解聘以及员工工资上都有最终决定权），专业的服务提供商成为公司员工的一个合作雇主。PEO 在本质上与公司是合作伙伴，PEO 管理所有人力资源方面的工作，而公司则专注于处理其他方面的业务问题。BPO（Business Process Outsourcing）指公司流程外包，是一个很宽泛的术语，指不仅在人力资源而且在所有领域进行外包。BPO 与众不同的是通过引进新技术或提供现存技术以一种新的方式来改进公司流程。特别是在人力资源方面，BPO 可以确保一个公司的人力资源体系是由最新技术支撑的。ASP（Application Service Providers）指应用服务提供商，是开发软件并租给用户的人力资源服务提供商。这些软件功能包括招聘管理、工资与福利管理等。网上服务是指那些以网络为基础的人力资源服务。一般情况下 BPO 和 ASP 都被人们认为是网上服务。

要记住，人力资源外包服务提供商是公司企业文化的延伸，因此要尽可能寻找一个符合公司形象的人力资源外包服务提供商。不要期望一个保守而主要靠财务制度和法律事务生存的人力资源外包服务提供商可以成为飞速发展中的企业的最佳搭档。这类公司可能不能吸引那些适合自己公司的人才，因为它不可能很好地理解公司的需要而与未来的求职者沟通。另外，外包类型的选择也要从实际出发。选择 PEO 还是混合外包公司取决于你需要外包的业务。如果更愿意将精力集中于公司的核心业务，或者公司缺乏人力资源核心能力，PEO或许很适合公司。PEO可以代表公司的利益招聘或解聘员工。对公司的员工来说，他是PEO的雇员，实际上是公司从PEO再雇佣员工，员工在为你工作，而PEO代公司管理那些员工及相关人力资源业务，包括从员工的档案关系到薪酬福利的管理。如果认为不适合把所有的人力资源业务都外包给PEO，或者公司不需要一整套的服务，可以考虑外包一部分耗时的人力资源管理事务性工作，如档案管理、员工保险等。例如，许多公司利用招聘代理商寻找合适的求职者，但保留调配人员的控制权诸如聘用和解聘。许多公司外包的另外一个关键职能是工资，这在国内不少企业看来是不可思议的。事实上，不少在华的外资企业将公司的薪酬管理交给专业的人力资源服务提供商。此外，公司还可以将人力资源服务以项目的形式外包。人力资源专业服务商提供各种各样的服务，诸如开发员工手册、建立公司的薪酬体系或者建立用以评估员工业绩的绩效管理体系等，这些工作可交由那些专业的人力资源机构管理，他们可能比公司人力资源部更专业，也更具有权威性。要说明的是，无论采取综合的解决方法，还是外包人力资源中特定的一些业务，与专业的人力资源机构建立一种稳固的关系是很重要的，公司需要与这些机构建立一个良好的合作过程，而且相信他们能完成公司的任务和达到要求。

总之，面对未来的发展，企业将部分作业流程外包出去的趋势不会消失，也因此，人力派遣公司的市场发展，仍具相当的成长空间；趋势专家与人力资源学者也预测，人力外包与派遣服务将是21世纪人力资源策略管理上最重要的人力运用形态。然而，企业在寻求人力派遣公司的服务时，还是应该重视内部的人力资源培训，避免陷入技术无法提升的难题。

14. 自我管理

在新商业经济时代，以个体为主的行为将会愈来愈突出。市场经济为人的自由发展营造了空间，Internet为人际自由交往提供了便利。每一个网站就是一个领导者，每一个人就是一个领导者，每个人要靠他的智慧、知识、能力，通过他的网络施展他的影响力。网络时代为个人的发展提供了广阔的前景，比如，一个人有音乐或其他方面的天赋，他就可以将他的曲子或其他作品通过网络传遍全世界。另外虚拟团队中的每个人，完全要靠自己来管理。在家上班，领导、同事看不见你，办公室的制度管不了你，全靠自我管理。所以，自我管理又是人力资源管理的热点和难点。自我管理虽然只管一个人，但它却适用所有的人。自我管理与其他管理相比有什么特点、自我管理应包括哪些内容、有什么方法、不同的人自我管理有什么差别，等等，都需要我们去探讨。管理发展的趋势将是人对自身的管理。

教材是学科发展成熟的结果。编写这套人力资源管理教材，并不表明我们在这个领域的研究造诣有多深，只是将我们在人力资源管理的教学中的体会写出来，便于学生学习，也便于与同行交流。在这套系列教材中，我们力求在人力资源管理的不同侧面既介绍基本理论，又反映学术前沿；更希望在准确把握人力资源发展趋势上有所贡献。

在编写过程中，吸收了国内外同行的研究成果，得到了武汉大学出版社的大力支持和帮助，在此，我们深表谢意。

关培兰

2005 年 8 月于珞珈山

前　言

职业生涯设计与管理是人力资源开发与管理的重要内容。在设计这本教材时，我信心百倍，因为我将要完成我的教书生涯，心想有我一辈子的经历来诠释职业生涯，应该轻车熟路。但是真要编写一本教材类的书时，还真没有想象的那么简单。

职业生涯设计与管理，它不仅理论性强，而且实际应用性更强。在100年前（1909年），美国波士顿大学帕森斯教授已经出版了《选择一个职业》一书，在这本书里，他提出了职业选择和职业指导的最早、最经典的理论。这本书当时主要为学校即将毕业的学生如何选择职业所用。但是，职业选择、职业生涯设计、职业发展和管理的系统理论的形成时间还不长。尽管如此，国内外学者还是出版了许多种版本的职业生涯管理的教材，有的从认知角度出发；有的从职业选择的循环过程中探索职业新路；有的从职业生涯设计与发展的影响因素给人以启示。本书借鉴了前人的一些研究成果，结合我们自己从事多年的教学与研究的经验和知识，形成了本书的特色。

1. 理论性强

本书不仅较全面地介绍了国内外与职业生涯相关的理论与方法，而且对女性职业生涯设计的相关理论也进行了系统的介绍。

2. 阶段性强

其他教材多半只讨论一般职业生涯，本书不仅介绍个人职业生涯和组织职业生涯，还分别对早期职业生涯、中期职业生涯和晚期职业生涯进行了分析，对人生阶段性的职业生涯设计给出了可供借鉴的方法。

3. 相关性强

不仅讨论了职业生涯本身，还分析介绍了与一个人职业生涯发展紧密相连的因素如工作—家庭关系和各种各样的压力等。

4. 应用性强

本书不管是对个人还是对组织，都列举了一些诊断工具，对自我生涯设计或组织职业生涯设计都提供了很好的可以借鉴的方法。

5. 可读性强

对于教材，人们有一种误区，好像不用在意它的可读性，只要结构严谨、介绍清楚就行了。其实不管是小说，还是教材，都要讲究可读性。本书尽量运用有趣的故事，让读者感觉到，读的是他人的经历，折射的也是自己的人生。

最后，也是本书的最大特点，是关于女性职业生涯管理的问题。不仅介绍了女性，特别是白领女性职业生涯设计的系统理论，而且对如何规划女性职业生涯给出了建议。

本书由关培兰教授和张爱武博士共同完成。第一、二、七、九、十、十一章由关培兰完成，第三、四、五、六、八、十二、十三章由张爱武完成。关培兰提出了写作思路、风格体例和内容大纲，并负责全书的审阅和统稿。

在编写过程中，吸收了国内外同行的研究成果，得到了武汉大学教务部和武汉大学出版社的大力支持，在此，我们深表谢意！

关培兰

2009 年 6 月于珞涵新邨

目 录

第一章 职业生涯设计与管理概述

本章掌握要点：

- 职业生涯与职业发展的基本概念。
- 职业指导，职业选择的含义。
- 影响人们的职业目标、职业道路的选择、职业发展和事业成功的因素。

第一节 人力资源管理与职业生涯

企业在做“事”前，首先要有一批合适的“人”即员工，因为员工是做“事”的主体。企业为了保证有合适的员工与企业的“事”相匹配，需要根据企业发展以及企业内人力资源的状况制订人力资源规划。招聘、培训与职业生涯规划是实现人力资源规划目标的三种手段。当内部人力资源不足时，企业通过招聘手段去获取外部人力资源。当内部员工在做“事”的能力上有欠缺时，企业通过培训去提高员工做“事”的能力。而职业生涯规划是为企业发展储备内部人力资源的手段，因为职业生涯规划为员工提供了在企业发展的远景。这样既引导员工留在企业，也让员工为了达到自己在企业内的职业生涯目标主动提高自己做“事”的能力。岗位职责体系让员工做正确的“事”，薪酬管理和绩效管理让员工把“事”做好，它们是人力资源管理的核心；而人力资源规划、招聘、培训与职业生涯规划为企业提供做“事”的人，是人力资源管理的基础工作。

员工如何利用职业平台取得个人事业上的发展，企业怎样利用员工的合力实现企业的发展，是员工和企业共同面对的课题，也正是职业生涯规划所要解决的问题。员工职业生涯规划，是依据公司的发展战略，充分理解企业的愿景，把个人发展的需求与企业发展的规划相结合，确定符合实际的员工职业生涯目标；在职业生涯规划中，企业目标和个人目标的关系是：企业目标的实现是所有员工部分个人目标（与企业目标一致的部分）的实现之和；个人发展是企业发展的基础，只有充分发挥企业内每个人的主观能动性，建立以人为本的职业生涯开发与管理的目标体系，帮助员工实现自我价值，通过做好员工的职业生涯开发与管理，把企业的人力资源最大限度地变成人力资本，企业才能最终实现未来的愿景；员工的职业生涯规划与管理是公司人才战略的核心内容，要把制订员工职业生涯规划作为公司战略管理的重要组成部分。

第二节　职业生涯的相关概念

一、职业

职业的概念由来已久，但由于研究目的的不同，学者们从不同的角度，不同的侧面对职业的内涵进行了不同的界定。概括起来看，主要是从社会学和经济学意义上进行了界定。总结诸多社会学家对职业的界定，社会学的职业含义包括以下四个方面的内容：

①职业是社会分工体系中的一种社会位置。这种位置是个人进入社会生产过程之后获得的，其取得途径可能是通过社会资本继承或获取。但职业位置一般不是继承性的，而是获得性的。

②职业是已经成为模式并与专门工作相关的人群关系和社会关系，或者说是已成为模式的工作关系的结合。它是从事某种相同工作内容的职业群体。

③职业同权利和利益紧密相连。第一，拥有垄断权，每一种职业（群体）在社会分工中都有自身的位置和作用，使别人依赖于他们，需要他们，这就在一定程度上拥有了对他人的权利，而且总是要维护这种权利，保持自身的垄断领域。第二，经济收益权，任何一种职业（群体）都是凭其被他人所需要、所依赖，获得经济收入的。

④职业是国家确定和认可的。任何一种职业的产生，必定为社会所承认，为国家的职业管理部门所认可，并具有相应的职业标准。因此，职业存在必须有法律效力，为国家授予和认可。

经济学上的职业概念与社会学上的存在着明显的不同。法国的一个权威词典将职业界定为："为了生活而从事的经常性的活动。"

美国学者阿瑟·萨尔兹撰写的社会科学百科全书将"职业"定义为：人们为了获取经常性的收入而从事连续性的特殊活动。可见，经济学的职业概念有其特定的内涵，概言之，包括以下四个方面的主要内容：

①职业是社会分工体系中劳动者所获得的一种劳动角色。职业根源于社会

分工，在整个社会生产过程中，有诸多工种、岗位或特定环节的职业赋予劳动者以不同的工作内容、不同的职责、不同的声誉和社会地位，以及不同的劳动规范和行为模式，于是劳动者便具有特定的社会标记和专门的劳动角色，如农民、工人、医生、教师、企业家、科学家、编辑、邮递员、乘务员等。

②职业是一种社会性的活动，具有社会性。职业是劳动者所进行的社会生产劳动和社会工作，均为他人所必需并为国家所认可，所以，职业是社会的职业。

③职业具有连续性和稳定性。劳动者连续、不间断地从事某种社会工作，这种工作才能成为劳动者的职业，或者相对稳定地从事某种工作的劳动者，才成为该职业的劳动者。如果不相对固定地从事某项专门工作，朝秦暮楚，离开了工作的稳定性，就无所谓职业。

④职业具有经济性。劳动者从事某项职业，必定要从中取得经济收入。换言之，劳动者就是为了不断取得个人收入，才较为长期、稳定地承担某项社会分工，从事该项社会职业的。没有经济报酬的工作，即使其劳动活动较为稳固，也非职业工作。例如家庭主妇，便没有职业可言。

伴随着社会和经济的发展，人们对“职业”一词的理解在不断加深。有的认为“职业”是指职业生涯，是一个人一生中所从事的各种职业的统称；有的则认为，“职业”指人的生涯，即一个人一生中的价值观、态度以及动机的变化过程。由于当今企业组织本身及其管理方式的改变和发展，对许多人来说，“职业”这个词意味着一连串的工作，每项工作包括更强的责任感或更高的收入以及向上流动的形式。目前较为统一的认识是：职业是指人们为获取一系列的需要（既包括获取物质报酬的需要也包括精神及心理方面的需要）的满足而从事的连续的、相对稳定的、专门类别的社会工作，是人的社会角色的重要方面。从社会学和经济学的角度看，职业具有以下几个特定的含义和特征：

①职业是个体进入社会生活中获得的社会位置和劳动角色；

②职业是从事某一专门工作的活动和社会分工；

③职业是具有专门性、具体性、稳定性、连续性特征的社会活动；

④劳动者通过从事某项社会职业工作，能获取一定的报酬并得到满足。

二、生涯

其实生涯一词最早见于庄子《养生篇》中的“吾生也有涯，而知也无涯”。随着时代的变迁、科技的发展、教育的普及，逐渐演变为生活之计，故有人称为“生计”。生涯的意义，不仅随着时代的不同而略有转变，而且个人之间的看法也不完全一致。就整体而言，生涯的理念，已经从过去单指个人终生所从事工作或职位的总称，逐渐扩大到包含非工作或非职业的活动，也就是指整体生活形态的开展。事实上，许多专家学者对生涯的定义，也可以区分为广义和狭义的两种含义。狭义的生涯是指与个人终生所从事的职业有关的过程，与一般我们所谓的“事业”同义。广义的生涯则是指整体人生的发展，除了终生的事业外，尚包含个人整体生活形态的开展。的确，一个人的生活形态及其价值观往往与事业的发展息息相关，很难绝对将之分开。本书主要聚焦于狭义的职场领域，探讨个人在职场上的生涯发展，故称职业生涯。

关于生涯的内涵，不同的学者给出了不同的定义，如表1-1所示，列出了学者们对生涯的定义。

表1-1 生涯的定义

学者	年份	定义
Shartle	1952	生涯是指一个人工作生活中所经历的职业或职位的总称
Super	1957	生涯是指一个人终生经历的所有职位的整体历程
Goffman	1959	生涯为含职业顺序、成就、权限或冒险的客观面与视生活为一个整体，解释所遭遇事物的意义的主观面
Wilensky	1960	生涯为一种相关工作的程序，而不只是一种工作
Glaster	1964	生涯是一个较高职位或较专门角色的连续移动
Dahrendorf	1965	生涯为中产阶级的个人与社会中的高级职位的一种直接联结
McFarland	1969	生涯是指一个人依据心中的长期目标，所形成的一系列职业或工作选择，以及相关的教育或训练活动，是有计划的职业发展历程
Glenn	1971	生涯是一个人在其工作期间的工作领域进程
Hood 和 Banathy	1972	生涯包括个人对职业的选择与发展，非职业性或休闲活动的选择与追求，以及在社交活动中参与的满足感
Hall	1976	生涯是指一个人终其一生，伴随与工作或职业有关的经验和活动
Super	1976	生涯是生活中各种事件的演进方向与历程，结合个人一生中的各种职业和生活角色，由此表现出个人独特的自我发展类型，生涯也是人生自青春期至退休之后，一连串有酬或无酬职位的综合，甚至也包含副业、家庭和公民的角色
Cascio	1978	生涯是一个人工作生活中所从事的职位、工作或职业顺序

续表

学者	年份	定义
Arthur 和 Lawrence	1984	生涯是指个人一连串的职位变换过程，这种过程能带给个人进步、成长、工作的意义
Ivancevich 和 Glueck	1989	生涯是个人工作生活中，与工作相关的经验和活动结合的态度以及行为的顺序
Aryee 和 Leong	1991	生涯为一种与工作相关的价值观，反映个人对工作形态、绩效标准、工作内容认可等方面的偏好
林幸台	1989	生涯包括个人一生中所从事的工作，以及其担任的职务角色，但同时也涉及其他非工作或非职务的活动，也就是个人生活中所有衣食住行及娱乐的总和
张添洲	1993	生涯是指个人终生学习与所从事工作或职业有关的过程，属于整体人生的发展，包括生命、志向、抱负等
胡冬吟	2002	个人在有限的生命历程中，经由环境互动关系，发展出一连串与工作或职业有关的作为、经验、活动等

从上面的归纳可以看出：生涯不仅是一份工作所能代表的意义，实际上，它更是个人发挥潜能、表现自我的人生舞台，因此，生涯规划的目的，应有突破障碍、开发潜能和自我实现等三重积极的意义（张添洲，2000）。而本书也正是基于这方面的目的来了解个人的职业生涯发展的。

三、职业生涯发展

生涯发展（Career Development）在 20 世纪 50 年代前，被称为职业发展（Vocational Development / Occupational Development），它所强调的重点在于对职业选择的重视，并且使个人特质与工作条件相配合。之后，其范围不断扩大，将强调的重点转变为重视个人一生的生涯发展与事业，因此，在 20 世纪 70 年代后，生涯发展已经逐渐取代职业发展一词，并且为学术界及各界大量引用和提倡。

生涯发展是一个人终其一生所扮演的各种角色的过程，含有自我认识、自我肯定、自我成长以促成自我实现目标的达成。为适应社会的多元发展，科技知识的日新月异，以及价值观的分歧，个人需要更多的技能及更广博的见闻，以追求更多的机会，有更多的独立自主性，促进终生的成长进步，实现自我实现的理想。

职业生涯发展主要是经过教育和训练及社会辅导，以增进对自我的了解，认识环境世界，协助建立自我观念和以工作为导向的社会价值观，并借由职业生涯路径的选择、职业生涯规划、职业生涯发展能力的增强，从而激励自我成长、达成自我实现的目标。

职业生涯发展的目标主要有以下六项：

①自我认知能力的养成。主要是增进自我的了解，使个人能认识自我的能力、兴趣、价值观，从而能踏实地规划职业生涯目标和追求成功美满并有利于社会的职业生涯发展。

②工作世界的了解。增进对职业资料、外在工作世界等的了解，从而能安心工作，促进职业发展。

③职业生涯试探、规划和准备的完成。以便对职业生涯发展有理性的、正确的选择。

④职业生涯能力的增进。通过教育训练等方式的养成，拥有专长、职业甚至副业的基本知识与技能，才能随时发展潜能。

⑤完善人际关系。体谅人与人之间的相互关系，学习沟通、社交等技巧，促进团体的和谐、进步、成长，才能保证个人的职业生涯发展。

⑥自我实现动机的确立。职业生涯发展目标就是马斯洛需求理论中的自我实现，确立了动机层次（生理需求—安全需求—爱的需求—尊重的需求—自我实现的需求），才能逐一克服较低层次的需求，以带动社会的进步。

职业生涯发展是一个人终生的发展历程，各个年龄阶段的身心发展状况并不相同，其发展需要与发展目标层次也有所不同，然而从幼年期以至老年阶段，却具有前后关联、持续影响、逐渐发展的特质，这样才能建构个人独特的职业生涯历程。

不同的专家对职业生涯发展的定义并不相同，如表 1-2 所示。

表 1-2　　职业生涯发展的定义

学者	年份	定义
Super	1957	职业生涯发展即发展和完善职业的自我概念的过程
Cascio	1978	职业生涯发展是训练及培育与组织需要相关的员工的个人兴趣、能力、愿望及需要
Van Maanen 和 Schein	1978	职业生涯发展是一个人与其职业生涯阶段中的培育性工作有效配合的准备过程

续表

学者	年份	定义
Glueck	1979	职业生涯发展是自最初的工作直到退休时，一系列创造工作形态的过程。是组织帮助个人计划其未来职业生涯的人事活动，以便对组织达到目标与员工达到最大的自我发展有所助益
Beach	1979	职业生涯发展是一个人知识、技巧、态度和行为的过程
London 和 Stvmpf	1982	职业生涯发展是指个人进入组织并在组织中发展的整体性、系统性的做法
Arthur 和 Lawrence	1984	职业生涯发展是指组织协助员工规划个人的生涯发展，并通过组织内的工作经验、工作要求、教育训练来完成个人的职业计划
Hall	1986	职业生涯发展是一生中连续不断的过程，在这个过程中个人发展出对他自己和职业生涯的认同，并增进他的计划与职业生涯成熟度。这个终生行为过程及影响，引导出个人的工作价值、职业选择、职业生涯形态、角色整合、自我和职业生涯认同、教育水准和有关现象
Gutteridge	1986	职业生涯发展是个人职业生涯规划与组织生涯管理交互作用的过程
Ivancevich 和 Glueck	1989	职业生涯发展是一个使职业生涯行动计划（Career Action Plan）付诸实现的过程。各种发展活动包括了所有在职训练及职外训练
林幸台	1989	职业生涯发展是指一种终生连续不断的过程，涉及个人各方面生活目标的选择与行为方式安排的历程，个人通过这种过程，将塑造出独特的生活方式与人生目标
何秋兰	1992	职业生涯发展是指一种职业的选择、投入、适应和促进的过程，且是一种与其他生活角色互动的终生发展的心路历程
林乃慧	1999	职业生涯发展是指个人在其一生所从事的行业中，与其环境交互作用，而随着时间变化出现的系统、连贯的成长历程或产生的改变；这种改变不但包括职业工作的性质、职位的晋升，也包括心理需求和工作态度的改变

从上述学者的定义可以知道，要了解一个人的职业生涯发展必须使个人对职业生涯规则有一个更深入的了解，以及对未来的目标有所规划。而职业生涯选择是一种长期发展的历程，在不同的生命阶段中，个人有不同的自我定位、生活角色和发展任务，因此，应注重个人发展阶段中自我概念的发展，以及各阶段的职业生涯发展任务与职业生涯成熟的意义。

四、职业指导

1. 职业指导的含义

职业指导是指一定的社会组织帮助人们了解自己与职业、定向学习和选择职业的过程，也是帮助人们在任职中求得发展的过程。

职业是人生的重要内容。但是对绝大多数人来说，开始进入职场，一般都缺乏社会知识和职业阅历，所以，职业指导十分需要。对个人来讲，职业指导是具体地帮助人们合理塑造职业生涯不可缺少的；从社会的角度来讲，职业指导对于搞好人力资源的生产、开发、配置、使用，也有重要作用。

2. 职业指导的原则

（1）匹配性原则

人—职匹配是人们处理职业生涯问题的基本原则，也是职业指导的首要原则。在职业指导活动中，要注意帮助被指导者判断和寻找尽可能适合个人条件，即与人的特点最匹配的职业，退而言之，也要帮助被指导者确定基本合适的职业。

（2）实践性原则

实践性原则也叫现实性原则，是从实际出发，以现实的职业岗位需求与就业形势和个人所具备的现实职业技能为依据，帮助人们认识明智的、现实的选择是什么。

（3）辅助性原则

职业指导是帮助求职者了解自己、了解社会，力求提高其认识水平与职业决策水平，而不是简单地代替被指导者做出判断性的结论。

（4）发展性原则

在职业指导中，要看到被指导者的能力、个性特点和发展潜力，注意帮助其建立正确的职业观，为其处理好择业、从业问题并给予思想方面的帮助，使其尽快适应职业和得到尽快的发展。

3. 职业指导系统的完善

（1）科学设置指导工作组织

根据职业指导的内容，可以设置不同的指导工作组织。

在政府就业服务机构中，可以分设科、室、工作窗口，主要有一般接待、供求查询、问题咨询、职业测验、资料信息分析、对外或集中性指导（如到学校、企业进行指导）。在学校，可以设立职业指导咨询室、职业心理测验室，开设求职技巧等课程，安排提高专项职业能力的活动，开展学生职业探索活动和建立自我培训组织。

（2）配备合格的专业人员

要保证职业指导业务工作有依托、能落实，必须有合适的机构和足够的人员，这是最基本的组织前提。公立职业指导机构担负着对各种非公立职业指导机构进行指导、协调的职能，要有高素质的职业指导人才。

(3) 设立资料中心

职业指导机构要收集各种职业资料，建立资料库或资料中心。职业资料的内容包括图书、工具书、案例、有关法规和政策文件、有关报纸杂志、工作情况记载等。

(4) 提供职业供求信息

职业指导机构应当设立职业信息中心，采用计算机查询系统，提供全新的职业供求信息。计算机系统要有很好的用户界面，其标准是简单、快速、可进行人机对话，以便、迅速地进行职业指导与介绍。一些公立的职业介绍机构采用的触摸屏式查询系统，就是一种方便、高效的技术手段。

五、职业选择

1. 职业选择及类型

职业选择，是个人对于自己就业方向和工作岗位类别的比较、挑选和确定，是一种人生决策。职业选择有以下类型：

(1) 标准型选择

标准型选择，即在人的职业生涯历程中顺利完成职业准备、职业选择、职业适应期，比较成功地进入职业稳定期。

(2) 先期确定型选择

先期确定型选择，即人们在职业准备期接受方向明确的职业、专业教育，并在准备期确定了自己的职业方向，有时教育培训单位还协助介绍对口的职业。

(3) 反复型选择

反复型选择，即当一个人选择职业走上工作岗位后，不能顺利完成职业适应，或者自己的职业期望提高，导致的二次选择，以至于三次、四次的选择。

2. 职业选择要素

(1) 职业能力

职业能力是指从事一项职业，必须具备该职业所需要的能力。“能力”是一个人择业的“筹码”。职业能力的形成是一个长期的过程，通常要经过相当长时间的学习以及一定的实践活动的积累才能完成；而且还要不断地更新、充实。能力除了先天条件，还要经过后期教育和不断的实践才能形成。

(2) 职业意向

在职业问题上，人们一般都有一定的意志与志向。所谓职业意向是指个人对于社会职业的评价和选择偏好。一个人可以对社会上各种各样的职业做出评判：哪个最好，哪个适合自己，哪个自己不愿从事，哪个自己难以胜任，等等。这些都体现了人们的职业意向，使得人们趋向于从事某种职业。

(3) 职业岗位

职业岗位是人们进行职业选择的对象和前提，在社会总劳动体系中，各种职业的劳动体现为各种不同的职业岗位，它们构成人们选择的对象。社会职业岗位的状况影响着职业选择：社会上存在着某种职业岗位人们才能选择；社会现实的空闲岗位能否作为一个人的选择对象，还要受择业者能力与意向、就业体制、职业信息传播等主客观条件的制约和影响；不同的职业岗位具有不同的劳动特点，它们要对求业人员的能力及其他条件进行选择。

3. 职业选择原则

(1) 客观原则

客观原则包括个人素质条件状况、社会需求的可能性和现实情况。

(2) 主观原则

对于要进入职场的人来说，不应消极地等待，而应积极准备条件，主动寻找就业门路，能力、项目、财务都具备的要积极独立创业。积极的生活态度，对于人的职业生涯发展和成就取得都大有益处。

(3) 比较原则

职业选择是岗位和个人双方相互的选择，因此，在职业选择中必须要把人和岗位结合起来相互比较，看岗位对人的要求和人对岗位的适应能力是否协调一致。只有这样比较，才能保证个人作出最优的职业选择。

第三节 影响职业生涯的因素

人们职业道路的选择、职业发展和事业成功，受到个人、家庭、社会多方面的影响。一般来讲，影响职业生涯成功的因素包括以下几个方面。

一、教育背景

教育是赋予个人才能、塑造个人人格、促进个人发展必不可少的。它奠定了一个人的基本素质，对个人的职业生涯发展有巨大的影响。

首先，获得不同教育程度的人，在进行个人职业选择时，具有不同的能量，这关系着职业生涯的开端与适应期是否良好，还关系着个人以后的发展、晋升是否顺利。从一般规律来讲，一个人所接受的教育水平越高，其职业生涯就越成功。有较高教育水平的人，在就业以后一般都有较大的发展；即使他们的工作不尽如人意，但其流动的能力与动机较强，从而能找到更好的位置。

其次，人们的专业、职业种类，对于其职业生涯有着决定性的影响，往往成为其职业生涯前半部分以至于一生的职业类别。即使人们转换职业，也往往与其所学的专业有一定的联系；或者以其所学的专业理论、知识、技能为基础，流动到更高的职业岗位上去。比如从机械专业的技术员、工程师，晋升为机械厂的总工程师，而后又成为该单位的厂长。因此，一专多能、专业水平和应用能力（如外语、计算机）俱佳者，往往能够得到较多的机会并在职业生涯的发展中掌握主动权。一个人如果学习的是朝阳的、替代性小的专业，未来的机遇就会更多。

当然，如果人们接受不同等级的教育，学习不同的学科，在不同的学校学习并接受不同的教育思想，就会使受教育者形成不同的思维模式，从而使人们以不同的态度对待自己、对待社会、对待职业选择与职业生涯的发展。

二、家庭影响

家庭是人生活的重要场所，一个人的家庭也是造就其素质以至于影响其职业生涯的主要因素之一。人的社会化，实际上从出生的那一刻起就已开始。一个人在幼年时期，就开始受到家庭的深刻影响，长期潜移默化的结果，会使人形成一定的价值观和行为模式。许多人还会受到家庭中父兄的教诲和各种影响，自觉不自觉地习得某些职业知识和技能。因此，有教育专家认为："家长是孩子做人的第一任老师，家庭是孩子生活的第一所学校。"

这些价值观、行为模式、职业知识和职业技能的习得，必然从根本上影响一个人的职业思想和职业目标，影响其职业选择的方向、种类，决定选择中的冒险和妥协程度，对职业岗位的态度，工作中的种种行为和表现等。"子承父业"正说明了家庭对于个人生涯的多方面的影响。邓亚萍打乒乓球，陈佩斯演电影，侯耀文说相声，都是受到家庭影响的反映。

三、个人的需求与心理动机

同样的工作、同样的职业对于不同的个人有着不同的价值，同一个人对不同的职业有着不同的态度和选择，人们在就业时出于对不同职业的评价和价值取向，要从社会众多的职业中选择其一；就业后也要从若干种个人发展机会中进一步做出职业生涯的调整，从而使自己获得尽量好的归宿，获得他人与社会的认同，取得自己的成功，为了达到自己的目标并取得成功，人们要付出各种努力，包括做出一定的牺牲。

人们出于自己的主客观条件，在不同的年龄阶段、不同的阅历特别是职业经历状况下，在职业的选择和调整方面，都会有不同的心理动机与需求，这正是人的成功素质的体现。就一般情况而言，人在年轻时意气风发，成功的目标和选择的标准都高。人到中年，就越来越现实。因为不论是一般的劳动者，还是事业上有成就的人，在有了相当多的职业实践和各种阅历之后，都更容易看到社会环境的约束，其成功的目标和择业、转业的标准，会变得非常实际。尽管如此，个人需求与动机，以及由此导致的职业行为，仍然是影响个人职业生涯发展的极其重要的动力因素。

四、机会

机会，是一种随机出现的、具有偶然性的事物。这种机会，既包括社会各种就业岗位对一个人展示的随机性岗位的可能性（它成为一个人能够就业和流动的职业目标），也包括能够给一个人提供个人发展、向上流动的职业环境。例如，某专业的博士生，正好遇到某知名企业高薪招聘，机遇好，职业生涯一起步就步入正轨，成功的概率极大，波折、挫折就很小。

机会虽然具有偶然性，但如果因此就认为，机会对于个人是“可遇而不可求”的，只能等待、只能“碰”，这种想法太消极，因而是不正确的。素质与机会有着一定的联系。天地之间，人是主人，大千世界中机会本身是客观存在的，个人的高素质及能动性可能导致寻求到新的发展机会，自己也可能开拓和创造许多机会。许多事业上的成功者，不是依赖社会“碰巧”给予他的机会或者家庭、亲友、师长给予的帮助，而是在社会中探索，在社会留给个人的广阔空间中创业，主动寻求自己的位置、按照自己的意图成就了事业。从这个意义上可以说，机会约等于个人的努力，正所谓“有志者事竟成”。而且，同样的机会对于不同的人来说，也是青睐素质高、有准备的人，谁素质高、谁有准备，谁就能够把握机会、获得机会。此外，机会也经常会寻找符合条件、具备高素质的人。例如，一个人学有专长、取得特殊成就、有了名声以后，猎头公司就会纷至沓来地求贤。

五、社会环境

社会环境，首先是指社会的政治经济形势，涉及人们职业权利方面的管理体制，社会文化与习俗、职业的社会评价及时尚等大环境。这些大环境因素决定着社会职业岗位的数量与结构，决定着其出现的随机性与波动性，从而决定了人们对不同职业的认定和步入职业生涯、调整职业生涯的决策。进而言之，社会环境决定着社会职业结构的变迁，从而也决定了人的职业生涯不可抗拒、不可逆转的规律性。

其次，社会环境还指个人所在的学校、社区、工作单位、家族关系、个人交际圈子等小环境。这些小环境因素决定着一个人具体活动的范围、内容和限制，从而也决定了人的职业生涯的具体际遇的好坏，诸如职业选择得合理不合理、该职业有没有发展前途、自己所在的工作单位是不是有利于自身的发展等。

但是，这里讲环境，不是讲环境对于人的单向影响、绝对作用，而是要讲辩证法。就一般意义而言，不仅要运用好现有的环境和注意发掘环境中的有利因素，而且要善于创造新的、好的环境，还要辩证地对待不良环境，通过与不良环境的适应，塑造自身的强者素质，从而开拓未来，创造职业生涯发展之路。而环境的良好、条件的优越，既可能使人轻松、顺利地发展，有助于职业生涯的发展，也可能使人产生惰性、封闭性、依赖性和脆弱性，造就了坏的素质，使人在顺利时没有大的作为，在不利时一筹莫展。八旗子弟随着清王朝的倒台而破落，大批成为贫民，沦为乞丐，就是好环境害人的例子。世界上诸多的成功者，倒如日本的经营之神松下幸之助、台湾地区的塑胶大王王永庆、美国的钢铁大王卡内基，都有着出身困苦、从小做起、奋力拼搏的成功经历，这正是坏环境磨炼素质、造就人才、促人成功的写照。

第四节　职业生涯分期及年龄划分

一、职业生涯分期

从一般的角度看，人的职业生涯可以划分为以下六个时期：

（一）职业准备期

职业准备期是一个人就业前从事专业、职业技能学习的时期。这是职业生涯的起点，也是素质形成的主要时期。但是，对于这个生涯起点，许多人是盲目的，甚至是由别人代替（主要是父母）而走过的。

（二）职业选择期

在这一时期，人们要根据社会需要和自己的素质和愿望，做出职业选择，走上工作岗位。这是职业生涯的关键一步，也是个人的职业素质与社会“见面”、碰撞和获得承认的时期。如果这时的选择行为失误，会带来职业生涯的不顺利、前途的不光明，抑或是浪费光阴后再次选择，还可能因此丢掉了其他好机会而后悔莫及。

（三）工作初期——职业适应期

人们走上职业岗位即开始对人的素质的实际检验。在这一时期，基本具备工作岗位要求的人，能够顺利适应某一职业；素质较差或者素质特点与职业要求相异的人，可能需要通过教育培训来达到职业适应；自身的职业能力、人格特点等素质与工作岗位的要求差距较大者，难以达到职业适应，需要重新进行职业选择；而个人素质超过岗位要求很多者、个人兴趣与所从事职业类别很不相符者，则可能重新进行职业选择。

（四）工作中期——职业稳定期

这一时期是人的职业生涯的主体，从时间上看也占据职业生涯期的绝大部分，一般是在人的成年、壮年时期。这一时期不仅是人们劳动效果最好的时期，也是人们养儿育女、担负繁重家庭责任的时期，因此，成年人往往倾向于稳定在某种职业，甚至某一特定岗位上。在职业稳定时期，如果从业者的素质能够得到发挥和提高，潜力得以体现，稳扎稳打，就可能抓住机会，逐步取得成果，获得职业生涯的成功和成就。

在职业稳定期，经过长期的职业活动，还能够使自己的素质状况有较大的提高，成为在某一领域的行家里手、专家权威，得到晋升，获得巨大的成就，也可能登上成功的巅峰，达到“一览众山小”的境界。

（五）工作后期——职业素质衰退期

这一时期是人开始步入老年的时期。由于人的生理条件的变化，能力缓慢地减退，心理逐步降低需求而求稳妥，其职业生涯则一般是维持现状。但是，由于市场竞争激烈，许多用人单位裁员，一般来说年龄较大的就业者被辞退的可能性比年轻人大。目前职工下岗，年龄较大者无疑首当其冲。也有一些老年人，其智力并没有减退，知识、经验的积累越来越多（有的学者称之为“晶态智力”），这种晶态智力的发挥，能够使他们的素质进一步提高，出现第二次创造高峰，再一次获得成功、达到巅峰。这些人，往往是职业、专业方面的行家里手，是出色的人才。

（六）职业结束期

这一时期是人们由于年老或其他原因结束职业生涯历程的短暂的过渡时期。

二、职业生涯的年龄划分

从职业生涯的一般规律看，人的职业准备期一般从14~15岁开始，延续到18~22岁，有的人读研究生、博士生，要延续到25~28岁。职业选择期主要集中在17~30岁，一些人的职业选择（就业后再次选择）还可能延续到40岁；职业适应期一般在就业后一两年就可完成。职业稳定期一般从25~30岁开始，延续到45~50岁。职业能力衰退期从45~50岁开始，延续到55~60岁，与职业结束期相连接。

对于个人而言，职业的稳定与适合是非常重要的。在上述六个时期中，“稳定期”延续时间最长，“选择期”最为关键，其前的“准备期”在一定程度上决定着选择方向与稳定性。

第五节　职业生涯模式

关于职业生涯模式，有着不同的研究。比较全面地对各类型职业进行分析的，是美国社会学家福姆与米勒的理论。他们把人的职业分为专门职业人员（即专业人员）、业主与经理人员、书记人员（即白领人员阶层）、熟练工人（包括领班、工头）、半熟练工人、非熟练工人、家庭服务与个人服务人员等七种类型，并对每种类型的从业者的职业生涯演变进行了研究，得出了各类人的职业阶层变动过程。这种划分是以人们一生最后的职业归宿为依据的。

一、职业生涯模式

1. 专门职业人员的职业生涯

专门职业人员相当于我国的“专业技术系列”的各种人员，如教授、医生、律师等。专门职业人员最初可能从事各种阶层的职业，但他们通常很快就转入专门职业，实现了向上流动。其试行期一般为 4 年，而后就长期固定干某一专门职业，很少再做转换职业的尝试。

2. 业主与经理人员的职业生涯

业主与经理人员是经济境况极好、又能从事一定事业的阶层。该类型的人员起始于各个阶层的职业，许多人经过相当大程度的向上流动，其中抑或有人职业上有大起大落的变动，然后归于业主阶层，并相当长时间地维持该职业。以这种类型为归宿的人，其职业生涯变动显然比专门职业人员复杂。

3. 白领人员的职业生涯

白领人员工作的最初时期较短，一般仅 2 年。该类人员既有出身较低阶层而向上流动者，也有曾从事前两类职业而后向下流动者，但大多数人是有较长的白领工作经历或持续从事白领工作而完成其白领人员阶层归宿的白领阶层人员。还会出现在本阶层内部变换职业、调换工作的现象，甚至变换次数很多，但这不涉及职业阶层的变更，即向上、向下的纵向流动。

4. 熟练工人的职业生涯

熟练工人即技术工人或者工匠。这是体力劳动阶层中的高等层次，领班或工头也属于此类。熟练工人类的人员主要来自半熟练工人或非熟练工人，其主要趋势是程度不大地向上流动。少数人起始于较高层次或最低的服务性人员层次。熟练工人在现代社会是人数众多的一大阶层，其工作比较安定。

5. 半熟练工人的职业生涯

半熟练工人通常是技术程度略差的机器操作工人、司机等。半熟练工人的职业起点均为中、低阶层；少数人入职时是熟练工人或白领职业，但以后向下流动至此。从总体上看，半熟练工人常处于不太安定的状态，其试行期也比较长。

6. 非熟练工人的职业生涯

非熟练工人一般是从事无技术的重体力劳动，处于职业状况较差、生活境况低下的阶层。该类人员的起点基本是本类职业或更低的服务性人员。非熟练工人缺乏向上发展的知识技能，有些人有向上流动的尝试，但失败后又返回。总的来看，该类职业试行期不长，但工作变动（不超出同阶层）较大，是一种不安定的阶层。

7. 家庭服务人员与个人服务人员的职业生涯

家庭服务人员是最低层次的社会阶层，该类人员的职业起点主要是本阶层人员，也有一部分从较高阶层向下流动，固定在此阶层。其试行期较短。该阶层人员也往往处于不安定的状态。

二、不同性别的职业发展模式

从社会的角度看，男性和女性的职业生涯发展有着重大的区别，从而形成不同的模式。

1. 男性的职业生涯模式

据美国社会学家米勒和福姆的研究，男性的职业生涯发展可以划分为以下四种基本模式。

（1）标准型

标准型的人顺序经过职业生涯的各个时期，这是典型的职业生涯发展过程。社会上大部分人属于这种类型。一般来说，他们的素质也是随着职业生涯的发展而同步发展，逐步提高，最后逐渐衰退。

（2）稳定型

这是在职业生涯初期就确定了职业方向或选择期很短、很顺利的类型。属于这种类型的人，通常有较强的职业意识、较高的成就动机、较强的克服挫折的能力，也有较高的专业、职业技能水平，即他们的成功素质较高。他们由学校毕业后，能马上走上早已相中的工作岗位，以后的职业生涯一般也非常顺利。

（3）不稳定型

不稳定型即数次选择职业的类型。属于这种类型的人，往往徘徊于“职业选择与适应——职业再选择再适应”的过程中，不能使自己稳定于某个职业，他们的职业生涯波折较多。他们普遍素质不高，这也正是职业生涯有所波折的主要原因。

（4）复杂试用期

复杂试用期即频繁变动职业的类型。属于这种类型的人，基本上都没有接受良好教育，能力素质较差，而且心理素质也差，他们一般没有一个长期的固定工作，而且是经常变化职业。所从事的职业往往工作繁重、收入低、社会地位差，所变换的职业间也没有必然联系。该类人的工作极不稳定，极不可靠，其生活境况往往比较凄凉。

2. 女性的职业生涯模式

日本学者神田道子把女性的职业生涯发展类型划分为无职型、短期就业型、中断就业型、持续型、后就业型、完全就业型。

在经济水平、文化水平、民族习惯及社会风俗不同的各个国家，妇女“走出家门”从事社会职业劳动的人数比例有着相当大的差异。例如，在一些阿拉伯国家，妇女终生在家，不能参加社会职业劳动；又如，在经济发达国家，许多接受了大学教育的妇女，在子女尚未成年的情况下自愿在家照料子女，而不是外出就业。我国有着高于许多发达国家的妇女就业率，女性劳动年龄人口趋向于全部就业和全程就业。由于女性在社会与家庭中的角色与男子有较大的差异，在职业选择与劳动市场上，妇女往往是一种受歧视的群体，因此，对女性职业问题的研究具有重要的社会价值。

第六节　职业素质

一、职业素质的意义

（一）职业素质是成功的必要条件

成功的因素包括环境、机遇等外部因素和能力、个性、品格、努力状况等个人因素两大方面。

个人的职业素质与外部因素是互动的，人作为一种主体性、能动性的要素，对于外部环境的积极适应、努力挖掘和主动改造，有利于其成长、成才和成功。

人的能力和个性心理特征，构成职业素质，人的敬业精神、职业道德、拼搏程度等对待社会生活的态度，其实也构成职业素质。甚至，现在人们普遍认识到的“人际关系”，也和人的心态、习惯、行为模式、动机等素质有着密切的联系。因此，一个人要获得成功，必须要有较高的职业素质；当然，素质绝不是死板的、固化的，而是灵活的、可变的、习得性的和可塑的，因此，为了获得职业生涯的成功，一个人必须努力提高自身的素质。

（二）职业素质决定人获得的职业岗位

一般来说，一个人的职业素质水平，从根本上决定着其获得的职业岗位状况。首先，人的素质水平决定了他的就业岗位的层次水平，低素质的人是难以寻求高层次岗位的；其次，人的素质水平决定着人的职业选择决策的正确程度；最后，人的素质水平决定着其求职能力和创业能力。此外，人的素质水平高，可以挑选的职业种类就多，机会就多。

（三）职业素质决定个人职业成长

一个人的素质水平，对于走上职业工作岗位以后的职业生涯发展状态，也有着关键性的影响。首先，一个人的素质水平决定了他在某个岗位的工作状态，当能力、人格、理念素质水平高时，他就能稳定在这个职业岗位上，且能适应工作的变化，不被工作单位所淘汰。其次，一个人具有高素质，就能在胜任岗位、绩效优异的情况下获得晋升的发展机会。最后，一个人具有高素质，还可以在市场经济中，主动地寻求自己的最佳位置，得到较好的职业生涯归宿。

二、职业素质分析

（一）职业素质结构

从总体看，人的职业素质包括能力、人格、理念、健康四大要素，每一个要素之中又有若干子要素，这些要素的不同组合就形成人们各式各样、大相径庭的素质。能够使职业生涯成功的关键，在于一个人特定的职业生涯发展所必需的各种要素齐备，并且有着科学、合理的组合。这种组合，正反映了成功素质的多维性。

（二）能力素质

1. 智力——一般能力因素

能力，从心理学的意义上，是指人们得以从事某种活动的个人条件，是一个人能够干某种“事”的能力，包含一般能力（即智力）和特殊能力两个方面，并进一步外化到“从业能力”上。

①智力的含义。智力是指人认识客观事物并运用知识解决实际问题的能力，也就是人的“聪明程度”。智力作为人的基本能力，也被看做一般能力，智力是一个既非常重要、又相当复杂的范畴，世界上关于智力的定义多达数百种。

现代心理学家提出把心理活动过程看做一个信息加工过程，按照这种观点，智力集中表现在人认识事物并且做出反应的正确性、机敏性、深刻性、广阔性上，因而，智力也就应当体现在决策的正确性和输出（可以理解为解决问题）的有效性上。

人的智力有高有低，反映了人力资源的能力的不同。对于智力水平的衡量，采用心理学智力测验结果的“智商”（IQ）指标。一般来说，人的智商水平呈正态分布状态，100分为标准平均状态，得分在90～109分之间属于正常智力，分数越高，反映智力水平越高。

②智力的内容。对于智力的内容，人们有着不同的说法。心理学家在分析智力结构时，一般都承认包括感知力（特别是其中的观察力）、记忆力、思维能力、想象力这四个方面。有的学者把思维能力分为“判断力、思考力”或者称为逻辑思维能力、逻辑推理能力；有的学者还在这四种“力”之外再加上实践能力，等等。上述四种“力”具有科学实证的基础，而且也比较全面地反映了“认识事物、运用知识、解决问题”的内容。根据现代脑生理学的研究，人的头脑可以分为四个功能区：感觉区、记忆区、判断区、想象区。因此，这四种“力”可以说就是智力的内容或者要素，它们在人的头脑中的不同搭配、不同组合，就是智力的结构。

在智力四要素中，感知力起着作为智力活动的前提的作用，或者说，是智力的初始环节。外界事物是通过人的感官进入大脑的。如果一个人的感知力差，不能从外界及时、准确、精细地取得信息，他就不能正确地进行思维。记忆力在智力活动中如同电子计算机的存储器，它对从外界感知的信息进行分类整理，分别存入大脑细胞之中。思维能力是智力活动的核心内存，它包括归纳、概括抽象、类比、具体化（形象化）、判断、演绎推理等。显然，在人的智力之中，思维能力最为重要，人们说的“聪明”主要就是指思维能力强。想象力如同智力活动的“翅膀”。想象包括根据原有事物的模式想象出具体事物的再造想象和在人的头脑中构成新事物模式的创造想象。

③智力劳动的特性。在知识经济时代，社会劳动的主要形态将是知识劳动。这种知识劳动，显然不是被灌输和“死记硬背”、“照葫芦画瓢”式僵死的模仿性输出，而是以智力为中心的、具有创造性的、拓展自身的知识劳动，即智力性知识劳动，本书把它简称为智力劳动。智力劳动具有以下属性：

一是价值的多量性。智力劳动可以推动较多量的物质资源，从而生产出较多量的财富；智力劳动可以把思想化为物质，从而创造出大量的财富。例如，编制软件、经营管理、大众媒体等方面的劳动，都可以使财富“无中生有”，使资源“化腐朽为神奇”。经济学理论告诉我们，复杂劳动等于倍加的简单劳动，即少量的复杂劳动成果能够等于多量的简单劳动成果。

二是活动的创造性。智力劳动的对象一般是非单调、不重复的，要依靠人的创造性来解决，例如，技术发明、程序编制、产品设计、扭亏方案等创造性劳动包含了对客观事物的探索、重新认识，因此创造性也可以说等于探索性。智力劳动的多量性、创造性、探索性一般来说又伴随着艰巨性和困苦性。

三是工作的人本性。智力劳动是用人的大脑完成的，稳定的工作岗位、良好的工作条件、丰富的工作内容、自主的工作计划、和谐的工作关系、优厚的工作报酬、个人的工作态度等，都体现着智力劳动的人本化。

四是形态的多样性。智力劳动在不同职业、不同行业、不同生产工艺类型中都有着各自特定的内容，它们是繁复多样、差异巨大的。这就要求智力劳动者在特定领域内的知识要专、要精，其他有关方面的知识要博、要活。

五是收益的共享性。智力劳动能创造出巨大财富，劳动者和所在组织无疑会大大获益。其创造的高质、低价、多样的物质产品，能够为广大社会成员所享用，从而为社会创造财富；其创造的精神产品，除直接为人们消费外，也成为提高物质财富生产的重要手段（如科学技术与教育、组织管理的现代化）；其产业化，带来政府的高税收，通过再分配也为社会共享。

2. 特殊能力因素

人们从事的各种活动是千差万别的，人的能力，除了作为“一般能力”的智力以外，还有下述的特殊能力。根据国际上权威的加拿大《职业岗位分类词典》，特殊能力因素包括：语言能力、数学计算能力、空间判断能力、形态知觉能力、文书事务办公能力、动作协调能力（眼、手动作协调）、手指灵活性、手的灵巧性、眼—手—足的配合能力、辨色能力等。

3. 从业能力因素

①从业能力的内容。根据加拿大《职业岗位分类词典》，职业对于从业者条件要求的项目，包括能向、普通教育程度、专门职业培训、环境条件、体力活动、工作职能诸项基本条件和兴趣、性格的参考条件。上述各项条件，按照各自程度和水平分别打分，区分为不同的等级。这些项目构成职业的资格检测表。

职业资格检测表中的“能向”，即人们从业能力方向，或者说是智力（一般能力）和“语言表达能力、数学计算能力”等各项特殊能力的不同组合结构。一个人要走好自己的职业生涯之路，必须选择适合自身特点的职业，即要达到自身的各项资格条件（一般能力、特殊能力、普通教育程度、专门职业培训、环境条件、体力活动、工作职能和兴趣、性格）都与所从事职业的特点相适应。

②特殊职业的从业能力。一些特殊职业在素质要求方面还要有更加特殊的

要求。例如，搞音乐，要有辨别音色音量与音调、具有较强的音乐记忆力和对乐曲风格的理解等方面的素质；又如从事广播员工作，要嗓音圆润明亮、发音吐字清晰；再如当飞行员对眼睛的要求除“视力好”以外，还要求对于空间距离的判断要非常准确，要求两眼的深度感要好。

③从业能力资格的衡量。在加拿大《职业岗位分类词典》的职业资格检测表，“能向水平”包括一般能力与特殊能力。一般能力——智力要素用G来表示。特殊能力的要素分别为：V——语言能力；N——数学计算能力；S——空间判断能力；P——形态知觉能力；Q——文书事务办公能力；K——动作协调能力；F——手指灵活性；M——手的灵巧性；E——眼—手—脚配合的能力；C——辨色能力。

《职业岗位分类词典》的职业资格检测表中的其他因素为：普通教育程度——GED、专门职业培训——SVP、环境条件——EC、体力活动——PA、工作职能——DPT。

4. 知识因素

所谓知识，是指人们头脑中所记忆的经验和理论，或者说是头脑中储存的信息。知识分为“一般经验”和“理论”两种。当知识带有逻辑性、体系性、科学性时，就成为理论或者学说。一般经验则是形成理论知识之前的东西，其特征是零碎的、片断的，正确度较差。心理学家指出，知识与能力（尤其是智力）有一定的相关性，二者是相辅相成的。

自从经济合作发展组织提出了“知识经济”的概念以来，知识受到人们广泛的关注，知识型社会、知识型组织、知识员工……诸多的新名词、新概念产生了。而且知识一词也有了新的含义，代表着广泛的内容。戴维·温伯格对“知识”一词作了新的界定，指出知识包括以下三个层面的内容：

第一层面，知识是不同信息或者信息片段（Pieces of Infermation）之间的联系，是对一般的信息的提升并有一定抽象性的看法，它存在于知识库、数据库中。

第二层面，知识是方法（Know How），人们可以从身边的人那里得到，而不是从数据库中得来。最重要的事是宣传和传播它，使需要者能够得到。

第三层面，知识是主意或想法（Idea），这种主意或想法，要由他人分析判断是否合情合理。

温伯格还认为，对于组织来说，不同层次的知识应分别处理：在知识库中进行发掘（Knowledge Mining）的第一层面知识针对市场数据人员；“方法”这种第二层面知识针对与顾客接触的人员；开发新思想这种第三层面知识适于各个部门的办公室后援工作人员（Office Worker）。对这三种个层面的知识要有不同的态度：其一是发掘数据；其二是宣传方法；其三是鼓励新主意和新想法。

笔者认为，温伯格划分的知识层面，第一层面的内容基本上是通常意义上的知识，它包含一般知识和上升为理论的更加系统的知识，也包含上述“知识内容”中的操作知识。与信息相比，知识是相对确定的，而不是处于熵状态。第二层面的内容，实际上是一种复杂的“软知识”，它是建立在“硬知识”基础之上的对于硬知识的筛选和运用。在这个意义上，知识也就包含上述的经验。第三层面的内容，实际上是创造力，它并不是知识本身，而是知识的制造工具，其产物是新的、未定的知识。创新是现代竞争社会的特征，具有较高的竞争力在相当大程度上要依赖创造力。知识经济、信息社会、竞争社会，要求各种组织及其成员有较高的创造力。

5. 社会智力因素

人们要从事一定的活动，要对这些活动予以安排、组织。进一步来看，人们所从事的活动大多是社会活动，也就是直接、间接地和人打交道的活动。要从事这些活动，这就要具备一定的社会活动能力、与人打交道的能力。在特定的组织中，一个从业者的周围有同事、上下级、工作对象（如顾客、客户），要通过自身社会能力的运用使该活动能够按照预定的方案进行，从而达到预期的目标。有的学者注意到智力范畴在社会应用中的局限性，因而提出了“社会智力”的观点。由此，人们一般说的智力就可以称为智力Ⅰ，社会智力则可以称为智力Ⅱ。

对于职业劳动者来说，一定的社会智力不仅使人能够顺利完成本职活动和在组织中容身与发展，而且是其主动地分析职业前景、合理地塑造职业自我、协调人际关系、明智地开拓发展的必要条件。可以说，具有高的社会智力，为职业生涯成功不可缺少。

社会智力一般包括以下内容：计划能力或规划能力、决策能力、组织能力或协调能力、人际关系能力或沟通能力、说服能力、领导能力，等等。我们可以看出，社会智力的内容实际上大量的是从事管理和与人打交道的能力，一部分是对社会事务本身的运作能力。应当指出，一个人的社会智力水平对于人的职业生涯设计、对于人的职业生涯实践和职业生涯成功，有着巨大的影响。

6. 创造力因素

创造力作为对人的“聪明”的极好反映，是指某个人想别人未想、做别人未做，标新立异，推出以往没有的新鲜事物，即能够从事创造性活动的能力。现代社会知识经济成为时代特征。创新受到科技界、企业界、经济界、学术界和政府的高度重视。因此，创造力是具有普遍社会意义的一个高素质内容。

心理学家指出，创造性产物是一种首创性、适宜性的产物，即前所未有、经过探索创新并能存在的劳动成果。而创造力则是使人能够经常取得创造性产物的能力和素质的总和，是人力资源所具有的一种复杂的、高层次的心理特质。创造力与智力有一定的关系，它要以一定的智力水平为基础。一般来说，具有创造力者必须具备高智力，高智力者则不一定有创造力。这说明，创造力比智力还要复杂、难度还要大，内容也要丰富得多，对于成功的影响作用也更加明显。

（三）人格素质

人格，如同能力一样，是一个含义相当广阔的领域。从心理素质的角度看，人格可以分为气质、性向、情感三个方面。

1. 气质因素

气质，在现代心理学中是指表现在人的心理活动和行为状态方面的具有稳定性的个人特点。气质是一个人最基本的心理特征，它影响到个人活动的一切方面，可谓“无处不在”。气质具有稳定性，就是说这种个人特点不因为所从事活动的目的、动机和内容受到影响而有所改变，例如，一个人有着“慢脾气”；另一个人“爱发火”等。

两千年前古希腊医生希波克拉特就提出人有血液、黏液、黄胆汁、黑胆汁四种体液，后人由此建立了气质学说，包括多血质、黏液质、胆汁质、抑郁质四种类型。

气质，有着其生理基础。著名学者巴甫洛夫认为，神经过程的基本特征是强度、均衡和灵活性。神经过程的强度即兴奋性，是指整个神经系统工作性能的指标。强的神经系统可以承受繁重的、长时间的工作，而弱的神经系统在这种条件下就会“断裂”。均衡性即平衡性，是兴奋与抑制过程间的某种平衡。灵活性是指兴奋与抑制过程更迭的速率，以保证对意外急剧变化的适应。巴甫洛夫根据这些特点，将人的高级神经活动分为四种类型，这四种类型是与气质的四种类型相对应的：巴甫洛夫根据中枢神经学说的研究，通过大量经典性条件反射的实验，找到了这种学说的医学生理学基础，指出人的高级神经活动过程的兴奋性（兴奋与抑制）、平衡性和灵活性的特征，这三种特征的不同组合，就形成人的四种神经活动类型——兴奋型、灵活型、安静型、弱型，它们正好对应着胆汁质、多血质、黏液质、抑郁质四种气质。

人的生涯中，最主要的活动就是职业活动。从职业的角度把握气质，又产生了“职业气质”的范畴。职业心理学把人的职业气质分为变化型、重复型、服从型、独立型、协作型，劝说型、机智型、经验决策型、事实决策型、自我表现型、严谨型共11种类型。

2. 性向因素

人们谈到一个人的个性或者性格时，经常说“内向”或者“外向”，这就是人们心理特征的倾向性，也称为“性向”。有的人心理活动倾向于内部的，即内向的个性；有的人心理活动倾向于外部的，即外向的个性。这两种个性同为心理学研究、测试及其应用所高度关注。从最基本的角度看，人的性向分为内向和外向两个类别，但是实际上有些人的“内向”或“外向”的特点并不明显，或者其内向、外向的程度差不多，因而又可以说还有一种中间型。中间型实际上是一种过渡形态。从内向型到中间型，再到外向型，构成一个连续的过程。

对于人的性向，除了上述作“内向、外向”的划分外，还有分别按血型、体态、心理机能中的优势因素、文化（即价值观）类型进行分类的。

3. 情感因素

人的情感是一个非常复杂的范畴，一个人的喜怒哀乐往往让人难于捉摸。“人非草木，孰能无情。”人是在社会情境中存在的具有主体性的动物，人们对于外部事务自然都会有着自己的心理反应。实际上，情感因素如同智力一样，具有相当广泛的内涵。从心理学的角度看，情感是人们对待客观事物的态度体验（或感受）以及相应的行为反应，是人对待外部的刺激情境的神经反应、主观体验、价值判断和做出行为反应的心理基础。从总体上来看，情感可以分为基本情绪和情绪状态两大方面。从更广阔的意义上看，情感还包含着道德、理智、审美等社会内容。

（1）基本情绪

中国的成语有“七情六欲”之说，其中的“情”包括喜、怒、哀、乐、悲、恐、惊。我国著名心理学家林传鼎根据文字学的分析把表现人的情绪的字划分为“安静、喜悦、愤怒、哀怜、悲痛、忧愁”等18类。美国心理学家伊扎德经过因素分析和逻辑分析，提出了一个情绪分类表，该分类表的基本情绪包括“兴奋、喜悦、惊骇、悲痛、憎恶、愤怒、羞耻、恐惧、傲慢”九种。

在上述情绪类别中，最重要、最常见的，或者说最基本的是快乐、愤怒、恐惧和悲哀四种情绪。快乐是人追求并达到所期盼的目的时的情绪；愤怒是由于妨碍因素使人的目的不能达到而产生的情绪；恐惧是害怕某种危险情境而企图摆脱、逃避的情绪；悲哀是失去了自己所喜爱的人、物或者理想、欲望的情绪。在这四种最基本的情绪之上，由外部对感官的刺激、个人的自我评价和与他人的联系，可以派生出多种情绪。如鲜花绚丽的色彩和芬芳的气味使人产生“愉快”的情绪；如“这次考试我得分第一”的好成绩使人产生“骄傲”的情绪；又如他人对自己和善的言语、友好的态度使人产生“接纳”的情绪。

（2）情绪状态

情绪状态包括心境、热情、激情三方面情感内容和与外部事物关系的应激、挫折状态。心境是人的比较平静而持久的情绪状态，表现为一个人的一般精神面貌，热情是稳定而深刻的精神状态。激情是人在外部刺激较大时的强烈的、爆发式的、为时短促的情绪状态，在激情状态下一个人可能会有剧烈的反应，甚至导致失去理智的行为。

应激是人对某种外界的意外刺激所做出的适应性的反应，例如，突遇洪水、地震，又如司机遇见紧急事故等。在应激状态下，人实际上是处于特殊紧张的情绪状态中，不仅有着这样的心理反应，而且还会有系列的生理机制的反应。挫折是人在自身行为目的受到阻碍后所引起的情绪状态，挫折感也可以说是对于“失败”信息的感受。对于挫折，人们有着攻击性行为、冷漠和幻想等不同反应，攻击性行为可以说是“再接再厉”或者“另辟蹊径”的积极反应；冷漠则是消极的情绪，或者是有着攻击和抑制心理冲突的情绪。

尽管人的情感是非常复杂的，一个人的喜怒哀乐往往是让人难以捉摸的，情感对于人的成长及成功的重要作用，日益为各界人士所认识。长期以来，许多学者关心智力之外的成功因素，例如，美国学者小乔治·盖洛普在20世纪80年代就提出成功的最主要因素是“知情达理”（这实际上就是情感的社会面），而智力因素仅仅排在第四位。我国心理学家燕国材在20世纪80年代初也提出“非智力因素”对人的成长有重大作用。目前“情商”理论盛行，就是情感或情绪因素在职业生涯和成功方面重要性的反映。

（3）情感智力与情商

影响人们职业生涯发展、事业成功的素质，有多方面的内容。认清主要素质的方向，致力于提高主要素质，是获得成功的重要途径。过去，人们主要关注一个人是不是“聪明”，即把成功归因于智力方面；而后，人们看到了成功问题的复杂性，看到了成功素质包括人的目标设计、努力和毅力、身体条件、人际关系，以及思想品质等许多方面。联合国的“21世纪全球开发计划”指出：“智力（Intelligence）并非是一个单向度概念，除了基本智商（IQ），它还包含人的更多能力：成就智商（AQ）、道德智商（MQ）、情感智商（EQ）、体能智商（PQ）……”这就要对成功的主要素质做出重新评价，对成功的努力方向做出调整。

从心理学的角度看，人格是一个非常重要的领域。即使一个人具有非常高的智力水平，具有相当出色的各种能力，也不能保证职业生涯的顺利、事业的成功。因为除了智力、能力因素以外，还有很多其他影响因素，在一定的条件下，非智力、非能力因素甚至成为决定性因素。因此，人们纷纷关注“情商”，指出“智商是就业的条件，情商是晋升的前提”。实际上，情商即“情感智力”，它包括人们的人格特征（包括个性与情感）、“意志”等心理品质和人际关系等其他非智力因素，是一个相当广泛的范畴。

近年来，情商（Emotion Quotient）学说风靡全球，正是人们否定单维的、片面的智力因素，而将成功因素归因于人格因素、人际关系因素的例证。专家们认为，人的智商是“找到工作的因素”，而情商是“得到晋升的前提”，它们都是决定一个人能否成功的素质。有的学者指出，人的成功20%在于智商，80%在于情商；有的学者指出，影响成功的最主要因素是人际关系。这就是说，为了获得成功，必须以自身的人格和人的社会角色（尤其是组织、人际关系）为主要努力方向。

（四）理念素质

1. 理念因素的意义

人是社会生活的主体因素，人们从事活动受到大脑的支配。人们出于自身的心理需要，根据自身的动机，采取一定的行为、产生一定的活动，以达到一定的结果。人的行为目标的设置和选择、人的活动所运用的手段和方式、人们对待活动顺利与否的态度，都出于自身一定的思想、基于一定的观念。可以说，这种思想观念是一种高层次的理念。一定的理念，对于活动的目标、过程和结果，都有着重大的影响。在社会生活中，解决好观念问题，达到“观念的现代化”，早已成为人们的共识。

一般的活动需要理念的指导，作为人生最重要的问题——职业生涯的设计和成功，更需要有理念的及时、科学、合理的指导。实际上，也可以把“理念”看做人们非常重视的“情商”的重要组成部分。

2. 理念因素的内容

从总体上看，理念是具有指导意义的基本生活态度和行为准则，它在人的思想中处于高层次的位置。理念可以有不同领域的表现，例如，政治的理念、科学的理念、生活的理念。从职业生涯发展和成功的角度看，理念的内容主要有一般道德、职业道德、责任心、意志、观念等内容。

3. 职业成功理念

国外最新学说认为，比情商更“高级”、更重要的素质是“挫折商”，即AQ（Adversity Quotient）。目前，关于AQ的研究包括三方面的内容，其一是新的成功概念和新的成功的知识组合；其二是人如何回应逆境的测量标准；其三是解决逆境问题的科学方法和工具。

挫折商是人们面对困难时的心态反应与应对态度。例如，在不明位置的高山中前进，有的人作为攀登者勇往直前，要力求成功；有的人则成为半途而废的失败者。在冰天雪地的绝境中，挫折商高的人求生欲望强烈，积极想办法，可以险境求生；挫折商低的人囿于困难，悲观失望，结果不免失败死亡。而有的人能够不断超过人们的预期，就是因为他们的抗挫折水平高，能够战胜逆境，在各方面努力和坚持，直至获得成功。美国心理学家杜威克指出，挫折商不是先天的、遗传的，而是后天的，习得的，是由父母、老师、同辈、其他重要人物的教育、影响所致。因此，经过适当的教育、培训、学习和环境塑造，可以提高一个人的挫折商水平，从而使其积极应对外界，克服困难，创造条件，获得职业生涯的成功。

实际上，情商可以包含非常广泛的内容，挫折商在一定意义上也可以归于情商的范畴。但与总体的情商相比较，挫折商更体现其自身的思想理念，有着更多的自觉性和内化的性质，它体现了社会竞争进一步激烈的情况下人的坚强品质。

4. 价值观

决定人们从事各种活动的最基本的心理倾向，在于人们的价值观，这也是理念的一部分。所谓价值，是指对个人有用的或重要的东西，并且往往是个人追求的东西。因此，人的价值观也就有助于形成人的行为。

人们对价值观有各种各样的分类方法，美国心理学家斯普兰格把人的价值观分为理论的、经济的、艺术的、社交的、权力的和宗教的六种基本类别，这是既简单又全面的分类方法。

①理论型。具有理论价值观的人，最大兴趣在于发现真理。为了达到这个标准，这种人经常寻找事物的共同点和不同点，尽量不考虑事物的美或效用。他们一生中的主要目标是把知识系统化和条理化。

②经济型。具有经济价值观的人，基本上是对“有用”发生兴趣。这种人关心的是生产商品、提供服务和积累财富。他们是彻底的实用主义者，完全按照商人通行的框框办事，追求物质利益。

③艺术型。具有艺术价值观的人，对事物的形式与和谐赋予很高的价值，并愿意表现自我，即使不是一位艺术家，他的主要兴趣也在于追求人生中的艺术性插曲。例如，他们常常喜欢象征华丽和权力的漂亮勋章，反对压制个人思想的政治活动。

④社交型。具有社交价值观的人，最重视对人的爱。这种人总是给别人以高度评价，他们善良、富有同情心和大公无私，他们把爱本身看做人际关系的唯一合理的形式。他们爱帮助别人，这种人的兴趣与具有宗教价值观的人很接近。

⑤权力型。具有权力价值观的人感兴趣的主要是权力，这种人不一定是一个政治家。由于竞争和奋斗在他一生中起很大作用，他在任何需要有高权力价值观才能获得成功的职业或工作中，都会做得很好。这种权力有时是施加于人，如当一名高级经理；有时则施加于环境，如工程师为如何制造一种产品做出最后的决策。

⑥宗教型。具有宗教价值观的人的最高价值是整体性。这种人想方设法把他们自己与对宇宙整体的信仰联系起来，对有些人来说，他们企图与外部世界的现实生活脱离关系（如寺院里的和尚）；对另一些人来说，他们在当地参加教堂活动的人中间或在具有同一宗教信仰的人中间，进行自我反省和克制。宗教价值观者往往为了信仰而奉献自己。

人的不同的价值观，在基本理念方面影响和决定着人们的职业选择的方向，决定着人们进入哪个单位就业，决定着人们就业后的工作态度与劳动绩效水平，从而决定着人的职业生涯发展情况。

5. 职业价值观

除了基本的价值观，人们在职业、就业、工作、劳动上还有具体的观念、想法和价值判断标准。哪个职业好？哪种岗位适合自己？从事劳动的目的是什么？这些问题就是人们具体的劳动价值观、具体的职业价值观。

日本学者田崎仁把人的职业价值观分为以下九种类型：

①独立经营型。独立经营型的人不愿受别人指挥，凭自己的能力拥有自己的工作和生活领地，如个体工商户、私人开业医生、私人律师等。

②经济型。经济型的人认为“钱可通神”，金钱就是一切。他们认为人与人之间的关系是金钱关系，连父母与子女之间的爱也带有金钱的烙印。

③支配型。支配型也称独断专行型。这种类型的人想当组织的领导，无视他人的想法，以能够“支配他人”为心理满足。

④自尊型。自尊型的人受尊敬的欲望很强，渴望能有社会地位和名誉，希望常常受到众人尊敬。这种人在欲望得不到满足时，由于过于强烈的自我意识，有时反而很自卑。

⑤自我实现型。自我实现型的人对世俗的观点、利益等并不关心，一心一意想发挥个性，追求真理，不考虑收入、地位及他人对自己的看法，尽力挖掘自己的潜力，施展自己的本领，并视此为有意义的生活。

⑥志愿型。志愿型的人富有同情心，把别人的痛苦视为自己的痛苦，在帮助别人的过程中获得个人心理的满足与快乐。他们不愿意做表面上哗众取宠的事。

⑦家庭中心型。家庭中心型的人过着十分平凡但又安定的生活，他们重视

家庭，为人踏实，生活态度保守，不敢冒险，对待职业生涯也很慎重。

⑧才能型。才能型的人单纯活泼，重视个人才能的表现与被承认。他们把深受周围人的欢迎当做乐趣，能以不凡的谈吐、新颖的服装博得众人好感，并常把气氛搞活跃。

⑨自由型。自由型的人开始工作时无目的、无计划，但能调整行为以适应职业环境；他们常被周围人认为无责任感，但能承担有限的责任；不麻烦他人，无拘无束，生活随便。

（五）健康素质

1. 健康素质的意义

健康，是人类最宝贵的财富，它对于一个人的追求、努力、奋斗、发展，有着重大作用。以前人们说，“身体是革命的本钱”，就是说没有健康的身体什么事情也做不成。今天，人们都有着个人发展的抱负，有宏伟目标和实施计划。而要在社会上拼搏，没有健康的体魄、没有强健的精神支持，是难以获得成功的。而且，健康本身也是人类所追求的人生目标之一，因为健康与“幸福”也有着很大的相关关系。健康如此重要，就使得它成为成功素质中不可或缺的重要内容。

2. 健康素质的内容

（1）身体健康

一般来说，人的自然性活动和劳动，依赖正常的身体结构、良好的生理机能和强健的体魄。这一般反映在呼吸、脉搏等生理指标和力量、速度等运动指标上。而人的健康水平，还反映在身高、体重等自然特征上。身体健康，同时也意味着抵御疾病的能力。身体健康者，适应社会生活的能力就较强，当然有利于自己职业生涯的开拓和发展。

（2）心理健康

现代的健康观，不仅是身体健康，而且要求心理的健康。国际上具有权威地位的《简明大不列颠百科全书》指出，心理健康是指个体心理在本身及环境条件范围内所能够达到的最佳状态。

达到心理健康的具体标准为：①认知过程正常，智力正常；②情绪稳定、乐观、心情舒畅；③意志坚强，做事有目的、有计划、有步骤、有方法，能克服困难达到目的；④人格健全，性格、能力、价值观等均正常；⑤养成健康习惯和行为，无不良行为；⑥精力充沛地适应社会，人际关系好。

从一定意义上说，心理健康能够有利于充分发挥既有的素质，有利于努力学习、提高自身的素质，能够激发自身的潜能，还能够弥补身体健康的不足。它对于职业生涯的作用比身体健康的作用更大。

实际上，身体健康与心理健康是密切相连、不可分割的，因此“身心健康”可以说已经是一个整体了。世界卫生组织对健康所下的定义是：“健康，不但是没有身体的缺陷和疾病，还要有完整的生理、心理状态和社会适应能力。”所以，“健康”可以说就是一体化的身心健康。

第七节　职业生涯目标

一、影响职业生涯目标的因素

影响人们职业目标的设计与职业生涯选择的因素有很多，从总体上看，可以分为社会因素和个人因素两类。这两类因素共同构成人的职业目标设计的基础。下面分别进行分析。

1. 影响职业目标的社会因素

社会是人才得以活动、发挥才干的舞台，也是影响人们职业生涯成长与成功的重要条件和因素。决定人们职业生涯设计的最基本因素——社会条件又可以分为以下三个方面。

(1) 政治、经济、科技发展形势

社会大环境是影响人才成长的根本因素。一个国家政治上安定、经济上发展、科技上不断进步，就能对人才产生极大的需求，并能为人才的成长提供多方面的条件。而社会动乱、经济衰退、科技停滞，人才就难以产生。

人才就是资本、就是财富，这历来是有识之士的见解。中国历史上有几个辉煌的时期，诞生了大批人才，这是因为“社会需要比办 100 所大学更重要”。

改革开放以来，我国进入一个人才不断涌现的时代。市场经济的新体制正在建立和完善，社会的进步、经济的发展，都需要千百万各种专业、各个层次的高质量人才。这为人们的成才提供了很多机会，也为人的发展提供了良好的社会环境。在中国，一个人才辈出、群星灿烂的局面正在到来。

(2) 用人单位对于员工的培养

用人单位是人们工作和生活的微观社会组织，我们可以把它看做一个“小社会”。经济的发展和科技的进步，使各地区、各部门和各用人单位对人力资源的素质要求越来越高。许多企事业单位都十分重视员工的培养，积极为人才成长创造条件，如支持业余学习或脱产学习、奖励自学成才等。

一般来说，具有良好发展前途的企业，会考虑组织的发展和技术的创新，从而为员工提供业务学习与深造的机会；具有前瞻意识和人力投资意识的企业家，会鼓励员工从事专业学习，以提高技能、积累经验、更新知识，不断有所发展，会从组织的角度实施职业生涯设计与员工培养，也会支持员工的个人职业生涯设计及相应的活动。

（3）其他社会条件

社会条件有着丰富的内容。除去上述“政治、经济、科技发展形势”和“用人单位的培养”外，还包括自身的亲戚朋友交际网、在职业发展过程中所能获得的帮助、提高素质所需的学习机会和图书资料、成才的社会舆论、与职业生涯发展方面有关的制度与政策（如岗位培训制度，自学高考制度，培训、考核与待遇相结合的制度）等。

2. 影响职业目标的个人因素

职业生涯设计的个人因素包括以下几个方面：

（1）能力因素

与职业生涯目标相联系的能力因素应该把握以下三点：

第一，从客观实际出发。能力是一个人能否从事某种职业、能否在职业生涯中顺利成长和获得成功的条件。

第二，寻找优势能力。有的人具有超长能力，但并不是说这个人在智力和能力的每个方面都超乎常人。实际上，一个人只要在一个或几个方面有过人之处，就具备了成才和成功的能力条件。

第三，非能力因素也有很大影响。

（2）非能力因素

非能力因素主要是指兴趣、情感、意志。

兴趣是人们成长的起点，因此，兴趣广泛的人眼界开阔，容易从多方面受到启发，从而在职业生涯设计方面有着较大的主动权，有利于取得职业生涯的成功。从不同的年龄看，少年儿童的早期兴趣对人的成长就有一定的启蒙意义；青年人的兴趣显然是正确设定职业生涯目标、努力完成有关的学业、恰当地选择职业和为实现职业目标而奋斗的动力；中老年人的兴趣则是在职业生涯已经有了很长时间的经历以后，对于职业生涯再一次决策（这是一种非零决策）的重要依据，是职业生涯认定和转换的心理动力。人的兴趣有四个特征，即兴趣的广度、兴趣的中心、兴趣的稳定性、兴趣的效能。兴趣的广度是指兴趣的范围大小。广泛的兴趣促使人们去接触和注意多方面的事物，获得广博的知识，使能力向多方面发展，使人的职业生涯选择有着广阔的空间；兴趣的中心是指一个人在广泛兴趣中的核心内容。中心兴趣能使人获得专深的知识，发展某个方面的特殊才能，使人的活动富有创造性，也使职业生涯的选择具有针对性。兴趣的稳定性是指兴趣的持续时间。稳定的兴趣取决于正确的职业理想。有的人见异思迁，常常是一种兴趣被另一种兴趣所代替，这种人很难在职业生涯上取得成功。兴趣的效能是指兴趣能够对活动产生的效果大小。有的人只把兴趣停留在期望和等待状态，这种兴趣缺乏行动力量，对人的职业生涯没有什么实际效果。只有推动人们去积极活动的兴趣，才能起到提高能力、完善自我的作用。总之，一个人既有广泛的兴趣又有中心兴趣，而且还能保持兴趣的稳定性和发挥兴趣的效能，是人生顺利和成功的条件。因此，在职业生涯设计方面，应当认识自身的职业兴趣，依据个人的职业兴趣并考虑社会的职业现实设计职业生涯，这是正确设定职业生涯目标的重要原则。

情感是人对待外界事物的一种内心体验。情感包括心境、热情和激情三种状态。心境是一种比较持久的情绪状态。人的人生观、性格和心胸的开阔与否，对心境具有直接的影响。好的心境促使人们发挥积极性、主动性和创造性，可以提高学习和工作效率；不良的心境则使人心灰意冷，陷入消沉而降低学习、工作效率，阻碍成功的到来。热情是强有力的稳定而深刻的情绪状态。热情虽不如心境那样广泛，但比心境强烈；虽不如激情强烈，但比激情深刻、持久。热情是一种具有巨大推动力的情感，一个人对事业的热爱、对工作的迷恋，是其能力表现和发挥的必要条件。对事业缺乏热情的人，是无法在职业生涯中取得成功的。激情是强烈的、暴风雨般的、短促的情绪状态。积极、健康的激情在人的成长中起着重要作用。一个人在积极的激情驱使下，并有着冷静、理智和坚强的意志力的控制和调节，就能够调动身心的巨大潜力，成为行为的重大推动力，激励其战胜艰险、攻克难关。这无论是在谋求一个合适的职业方面，还是在为自身的职业生涯目标而努力的方面，都有着重要的影响。保持良好的情感，在个人职业生涯目标的设计和其后的职业实践中，都非常重要。如果情绪忽高忽低，忽冷忽热，跌宕起伏，见异思迁，是不利于职业目标的合理选择和职业生涯顺利成长的。

意志是一个人自觉地确定目标，并支配与调节自己的行动，克服各种困难，从而达到预期目标的心理状态。一个人的意志，对于自身的具体成长过程和职业生涯发展，都有着重要的作用，没有坚强的意志，人在顺境中就会得意忘形，在逆境中就会消沉颓废。人的意志品质包括以下五个方面：其一，自觉性。这是指人对自己行动的目的有着正确、充分的认识。其二，果断性。这是指一个人善于明辨是非，能够当机立断做出决定并予以执行。其三，坚忍性。这是指坚忍的毅力、百折不挠的精神。其四，自制力。这是指一个人在行动中善于控制自己的情绪，约束自己的言行。其五，勤奋性。这是指在活动中刻苦而执著地不懈努力。显然，意志的这五个方面，是人们取得职业生涯成功的必要保证。

从职业生涯设计的角度看，提高意志水平也有着重要的作用。这表现在职业生涯设计活动的自觉性；进行职业选择决策的果敢性；为实现长期职业目标而努力的坚忍性；职业设计和决策中的自制性；为完善职业生涯设计做出大量努力的勤奋性等方面。这些对于达到职业生涯设计的科学性、合理性，并获得成功，都是大有裨益的。

二、职业生涯目标的设定

职业生涯目标的设定，是关系人生际遇的重大问题。但是，一个人发展的道路是什么？目标如何设定？不论是尚未就业的年轻人，还是已经有了一定职业经历的人，往往都是茫然的。合理地选择个人职业生涯成长的目标，要考虑目标的存在状态。人的目标有着不同状态。施恩把人的职业生涯的含义分为“外生涯”和“内生涯”。由此，职业生涯目标也可以分为外职业生涯目标和内职业生涯目标两个层次。

外职业生涯目标一般是具体的，包括职位、工作内容、工作环境、收入、工作地点等，它侧重于职业过程的外在标记。

内职业生涯目标则侧重于职业生涯过程中的内心感受，包括观念、掌握新知识、提高心理素质和工作能力、工作成果、处理与他人的关系等。

内职业生涯目标，可以说是个人的愿景目标。美国成功学家拿破仑·希尔指出，职业生涯的愿景目标包括明确的假定、详细的目标计划、远景令人振奋、切合实际和坚定的原则五个基本要素。

案例分析

香港城市大学的职业指导

香港城市大学为配合学生全面发展，与学生发展处辅导组开办一连串全面及密集性的事业策划和管理培训课程，由职业中心（Career Centre）统筹。其中具有代表性的如下：

励俊培训班（Achiever Training）

在为期三天的课程中，学员可以通过公开演讲、小组习作、模拟训练、问题处理等过程，寻求每一个人的长处、特质，及与他人的互相配合，以达到推己及人、利己利人的目标。

课程内容包括介绍人物、陈述个人成就、演讲要诀、利己利人（win/win，即双赢）、助人成长、情绪智能（EQ）、推己及人、拓展人生视野。

班中选举杰出表现者及进步者，以表扬学员付出的努力。设有班长制度，以鼓励学员在课程完结后继续共同学习，一起进修。

励俊深造班（Advanced Achiever Training）

紧接着励俊培训班，会举办为期两天的励俊深造班，以供严于自励者有更多共同决策的机会。辅导主任会根据参加者的程度及要求，调整课程，以配合“掌握自我、表达自我、发展自我，利己利人，贡献社群”的主题。

择业先锋营（Career Achiever Training Camp）

职业准备，应提前着手。因此，择业先锋营于每年6月特意为来年的毕业生提供住营或日营训练，借以提高其职业醒觉性，并做出个人全年发展计划，使学习、社交、职业及生活各方面皆可做出配合，直接提高其求职择业的素质及效率。

营中除讲座、小组练习及模拟训练外，还邀请各行各业人士及本校毕业生对学员加以指导。

择业先锋深造训练（Advanced Career Achiever Training）

本课程为期三天，全以英语进行，不但能增进学员的应对能力，并使他们系统地学习面试法（Power Interview），使面试成为有效的交流机会，增进个人成长。

在这三天期间，学员要自费参加每日特设的午膳。席上学员除学习基本餐桌礼仪外，并有机会与特邀嘉宾进行交流，以提高对工作的洞察力。

明日之星培训课程（Super Star Series）

今日之大学毕业生，是明日人力市场的主力军。他们的事业能力，不但影响其生活质量，亦直接贡献于用人机构，以致整个社会。

本课程以六节课时间，从用人机构的角度，探讨工作世界中赏罚机制的哲学，以至升迁及薪酬的考虑因素，以使学员成为明日高素质的员工。

职业安全伞（Career Parachute）

此为期两天的课程是特为一、二年级同学设计的。学员通过小组习作、活动、心理测验、走访专业人士、搜集资料及分析，从而对自己的职业取向有更深的了解，并进一步掌握各行各业资料，使他们能及早筹划个人职业生涯。

内容包括我与职业、工作世界、职业资料掌握、个人职业兴趣、职业生涯筹划。

读书营（Book Camp）

“书”得“友”是我们的口号。

"读书是心灵的运动"，5日4夜的读书营，目的是使同学们品尝读书的乐趣，培养自学的能力。学员同时有机会和其他参加者、辅导主任、资深作家高谈阔论，分享读书的乐趣。通过这一活动不但可以学习聆听及表达的技巧，更是一个很好的思考训练的机会，使学员发展的根基更为稳固。

城大商业导向课程（City University Business Orientation Programme）

为使同学们更加明白商业机构的运作及何谓优质管理，故有为期两周、密集及深入的城大商业导向课程。在两星期内，同学们要参加整体优质培训营、学者讲座、杰出从业员分享、机构考察探访、校友经验座谈等。

本课程始于1993年，曾探访香港汇丰银行、地下铁路、IBM机构，一窥其成功之窍。近年积极研习中港商贸，北上拜访东莞及广州企业，深入了解一国两制在商业及经济上的具体表现，增进同学们对商业世界的见识及体会。

城大演讲会（City University Toastmasters Training Club）

本会旨在培育城大同学们公开演说的技巧，从而促进有效的人际关系及沟通能力。参加者可于每月两次的定期聚会中根据各人不同的进度发表演说，及学习有关技能。城大演讲会还举办各项训练班及参加全港公开观摩比赛，以开阔参加者的视野。

资料来源：姚裕群，《职业生涯规划与设计》，首都经贸大学出版社，2003年。

关　键　词

职业生涯　　职业生涯发展　　职业指导　　职业选择　　职业素质　　职业目标

复习思考题

1. 什么是职业？什么是生涯？什么是职业生涯发展？
2. 什么是职业指导？社会、政府、学校应该为职业指导做些什么？
3. 如何培养自己的职业素质？如何确定自己的职业目标？

第二章
职业生涯设计与管理的理论

本章掌握要点：

- 职业选择理论。
- 职业生涯发展过程理论。
- 涅菲卡门波提出的认知发展的职业生涯发展模式理论。

第一节 职业选择理论

职业选择理论着重从个体的角度探讨职业行为，重视个人的需要、能力、兴趣、人格等内在因素在职业选择与职业发展中的重要作用。

一、帕森斯的人—职匹配理论

这是用于职业选择、职业指导的经典性理论，最早由美国波士顿大学教授帕森斯于1909年在其《选择一个职业》的著作中提出。该理论包括以下内容：

1. 该理论提出职业选择的三大要素或条件

①应清楚地了解自己的态度、能力、兴趣、智谋、局限和其他特征。

②应清楚地了解职业选择成功的条件，所需知识，在不同职业工作岗位上所占有的优势、不利和补偿、机会和前途。

③上述两个条件的平衡。帕森斯的理论内涵即是在清楚认识、了解个人的主观条件和社会职业岗位需求条件的基础上，将主客观条件与社会职业岗位（对自己有一定可能性的）相对照、相匹配，最后选择一个与个人匹配相当的职业。

2. 人—职匹配的两种类型

①因素匹配，例如所需专门技术和专业知识的职业与掌握该种特殊技能和专业知识的择业者相匹配；或者脏、累、苦等劳动条件很差的职业，需要吃苦

耐劳、体格健壮的劳动者与之匹配。

②（特性）匹配，例如，具有敏感、易动感情、不守常规、个性强、理想主义等人格特性的人，宜于从事审美性、自我情感表达的艺术创作类型的职业。

帕森斯的人—职匹配理论的经典性原则，至今仍然正确、有效，并影响着职业管理学、职业心理学的发展。

二、霍兰德的职业性向理论

美国约翰·霍普金斯大学心理学教授约翰 ·霍兰德在1971年提出了具有广泛影响的职业性向理论。他认为职业性向（包括价值观、动机和需要等）是决定一个人选择何种职业的重要因素。

霍兰德基于自己对职业性向测试的研究，一共发现了六种基本的职业性向。

然后，他根据劳动者的心理素质和择业倾向，将劳动者划分为六种类型。相应地他把社会职业也划分为下面六种类型：现实型（Realistic）、调研型（Investigative）、艺术型（Artistic）、社会型（Social）、企业型（Enterprising）、常规型（Conventional）。

霍兰德的职业性向理论，其实质在于劳动者的职业性向类型与职业类型相互适应。霍兰德认为，同一类型的劳动者与同一类型的职业相互结合，便达到了适应状态，这样劳动者找到了适合自己的职业岗位，其才能与积极性才能得以发挥。依照霍兰德的理论，劳动者职业性向类型与职业类型相关系数越大，两者适应程度就越高；两者相关系数就越小，相互适应程度就越低，如图2-1所示。

图2-1中的六个角分别代表六种职业类型和六种职业性向类型。六种类型的劳动者与六种类型的职业相关联，在图形上以连线表示。连线距离越短，这种类型的人与职业的相关系数就越大，适应程度就越高。

霍兰德模型中的六种职业性向并非完全独立。在一些性向之间存在重要的相关性。一般来说，相关程度较高的是在六角形中相邻的两个方面，那些极不相关的方面则位于六角形中较远的位置。

三、佛隆的择业动机理论

美国心理学家佛隆（V. H. Vroom）在1964年出版的《工作和激励》一书中，提出了解释员工行为激发程度的期望理论。佛隆将这一期望理论用来解释个人的职业选择行为，具体化为职业动机理论。人们选择职业受职业效价和职

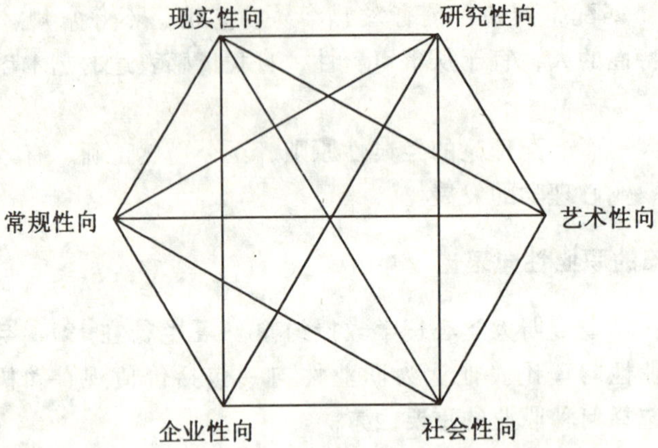

图 2-1　霍兰德的职业性向图

业概率的影响。用公式表示如下：

择业动机（F）$= f$［职业效价（V）×职业概率（E）］

择业动机是指择业者对目标职业的追求程度，或者对某项职业选择意向的大小。

职业效价是指择业者对某项职业价值的评价。职业的效价取决于：择业者的职业价值观和择业者对某项具体要素的评估，如兴趣、劳动条件、报酬、职业声望等的评价。

职业概率是指择业者获得某项职业可能性的大小。职业概率的大小通常取决于：①某项职业的社会需求量；②择业者的竞争能力；③竞争系数；④其他随机因素。

对择业者来说，某项职业的效价越高，获取该项职业的可能性越大，那么，择业者选择该项职业的意向或者倾向越大；反之，对择业者来讲，某项职业其效价越低，获取此项职业的可能性越小，择业者选择这项职业的意向也就越小。

择业者对视野内的几种目标价值进行了价值评价和获取该项职业可能性的评估，即对多种择业影响因素进行全面考虑与利弊得失的权衡，在测定几种职业的择业动机的基础上，横向比较择业动机。择业者多以择业动机分值高的职业作为自己的选定结果。

佛隆的择业动机理论可以量化地判定择业动机大小，更加明确职业的选择，但对这些量化值进行科学、准确的确定较困难。尽管如此，直至今日，人们选择职业时还是常常考虑这些影响因素。

四、罗欧的需要理论

美国临床心理学家安妮·罗欧从1951年开始，采用谈话、测验和了解个人生活史等方法来研究杰出的物理学家、生物学家和社会科学家的个人发展史及其人格特征，发现他们早期所受的不同养育方式的教育，影响其追求的职业类型以及在所选择的领域中可能达到的水平。罗欧把家庭抚养方式分为三种类型，即情感关注型、回避型、接受型。情感关注型的抚养方式又分为溺爱型和严格型两种。溺爱型父母对子女娇养，他们充分满足儿童的生理需要，鼓励其依赖和限制其探索行为，把子女看做或设想为“天才”；严格型家长，对子女要求严格，通常按完美的计划对其严格训练，激励子女的成就感。回避型的抚养方式又分为拒绝型和疏忽型。拒绝型的父母对子女的生理需要是关心的，但对其内在的情感要求不能满足；疏忽型的父母，在一定的限度内忽视子女生理的要求。接受型的抚养方式又分为随意接受型和抚爱接受型。随意接受型的父母对子女需要的接受具有随意的性质；抚爱接受型的父母不干涉而且促进儿童的才能和独立性的发展。在职业选择上，在情感关注型家庭中成长的人，没有形成自我集中的人，经常意识到别人的态度和意见，这类人往往需要定向于人的工作；在回避型家庭中成长的人，可能发展到一种对别人强烈的防御意识，他们可能不愿与人打交道，往往需要定向于物的工作；在接受型家庭中成长的人，可能定向于人，也可能定向于物。罗欧的观点，虽然是以杰出人才为研究对象而提出的，具有不完整性，但仍有一定的代表性。家庭的教育方式对子女性格、爱好、兴趣等的培养和熏陶，直接影响到其职业能力的发展。

第二节　职业生涯发展的过程理论

职业生涯发展过程理论包括划分职业生涯发展阶段的职业生涯阶段理论、阐述职业生涯发展途径和方式的职业生涯发展路径理论、职业生涯运动形式理论。

一、萨帕的职业生涯发展阶段理论

萨帕（Donald E. Super）是美国一位有代表性的职业管理学家，他对人的职业生涯发展阶段很有见解。

1. 萨帕职业生涯整体发展论

（1）人是有差异的

人的才能、兴趣和人格各不相同；人们因自己上述特性而各自适应于若干种职业；各种职业均具有对人的才能、兴趣和人格要求的一套特定模式，但是职业与人均有一定改变余地；职业生涯模式的不同性质，是由人们不同的家庭地位与经济状况、个人智力水平与人格特征以及个人机遇所决定的。

（2）职业的选择与调适是一个连续的过程

人们对于职业的偏爱和所具有的资格、人们的生活与工作情景，以及人们的自我概念，都会随时间和经验而改变，这使得职业的选择与调适成为一种连续的过程；职业的选择与调适可以概括为探索和固定两大阶段；探索阶段又分为空想、尝试和现实三个时期；固定阶段又分为尝试、固定两个时期；从更大范围来看，人的职业生涯的成长、探索、固定维持、衰退各个阶段的总和，即构成一连串的人生阶段。

（3）职业发展过程具有可塑性

职业发展的过程，从根本上来说，是一种完成自我概念的过程。这种自我概念的建立过程，也是一种折中、调和的过程；个人与社会、自我概念与现实之间的折中、调和，是人们把自身放入社会的职业角色的过程；一个人的工作满意程度，与个人的才能、兴趣、人格特征和价值观能否找到对应的归宿相关；职业性发展的各个阶段可以通过指导而加以改善。

2. 萨帕职业生涯阶段论

（1）成长阶段：空想期、兴趣期、能力期

①从出生到14岁左右。

②在这个时期经由游戏、玩耍、电视媒体、家人观察等方式，开始自我观念。

③在游戏中出现“我适合什么角色”、“我想演什么角色”、“哪些角色我最讨厌”等问题。

（2）探索阶段：暂定期、过渡期、试行期

①年龄的范围在15～25岁。

②这段时间主要在学校，通过学校的考试、课外活动、社会实践等对自己的能力、兴趣和性格有片面的、概略性的认识与试探。

③出现“我对音乐有兴趣”，“我对电脑有浓厚的兴趣”等问题。

暂定期（15～17岁）：个人在空想、议论和学业中开始全面考虑意愿、兴趣、能力、价值观和社会就业机会等，开始对未来职业进行尝试性和暂时性的选择。

过渡期（转变期，18～21岁）：个人接受专门教育训练和进入劳动力市场、开始正式选择的时期，由一般性的职业选择转变为特定目标的选择。这时个人着重考虑现实，在现实和环境中寻求“自我”的实现。

试行期（22～24岁）：选定工作领域，开始从事某种职业，对职业发展目标的可行性进行实验。这个时期进入似乎适合自己的职业，并想把它当做终生职业。

（3）确立阶段：尝试期、稳定期、职业中期危机阶段

①年龄范围在25岁至45岁之间。

②经由早期的幻想、试探之后，职业生涯在此时成型，呈现一种安定于某种职业的趋向。

③职位有所调整，行业不会轻易改变，在工作上力求晋升。

经过早期的试探与尝试后，发现真正适合于自己的领域，并努力试图使其成为自己的永久职业。这一阶段是大多数人职业生涯周期中的核心部分。该阶段又可以分为以下3个时期：

①尝试期（25～30岁）：对最初就业选定的职业和目标进行检讨，如有问题则需要重新选择、变换职业工作。重点是寻求职业及生活上的稳定。

②稳定期（31～44岁）：最终确定稳定的职业目标，并致力于实现这些目标。

③职业中期危机阶段：在30～40岁中的某一时期可能会发现自己并没有朝着自己的职业目标靠近或发现了新的目标，因而需要重新评价自己的需求和目标，这时就处于一个转折期。

（4）维持阶段

①年龄在45～60岁之间。

②心态趋于保守，享受数十年工作的成果，少部分人要面对失败和不如意的困境。

该阶段，劳动者长时间在某一职业上工作，在该领域已具有一席之地，一般达到常言所说的“功成名就”的境地，已不再考虑变换职业，只力求保住这一位置，维持已取得的成就和社会地位。重点是维持家庭和工作间的和谐关系，传承工作经验，寻求接替人选。极少数人会冒险探索新领域，寻求新的发展。

（5）衰退阶段

①年龄在65岁以上。

②想发展工作之外的新的角色，维持生命的活力，以减少身心上的衰退。人的精力、体力逐步衰退，即将退出工作，结束职业生涯。

要学会接受权力和责任的减少，学习接受一种新的角色，适应退休后的生活，以减缓身心的衰退，维持生命力。

现实中职业生涯是个持续的过程，各阶段的时间并没有明确的界限，其经历时间的长短常因个人条件的差异及外在环境的不同而有所不同，有时还可能出现阶段性反复。

3. 萨帕职业生涯层面论

萨帕认为，人生的整体发展是由时间、领域和投入程度决定的，即职业生涯包括时间、领域和深度三个层面。

(1) 时间层面

职业生涯的时间层面，按人的年龄和生命历程划分为，成长、探索、确立、维持和衰退五大阶段。

(2) 领域层面

职业生涯的领域层面，是指一个人终生所扮演的各种不同的角色，如儿童、学生、公民、赋闲在家者或工作者或家庭主妇。

(3) 深度层面

深度层面指一个人在扮演角色时的投入程度。

二、金斯伯格的职业生涯发展阶段理论

金斯伯格（Eli Ginzberg）的研究重点是从童年到青少年阶段的职业心理发展过程。他将青年的职业发展分为以下三个阶段：

①空想期（11 岁之前的儿童时期）。

②尝试期，也称试验期或暂定期（从 10～12 岁开始，到 16～18 岁结束）尝试期又可分为以下四个阶段：

一是兴趣阶段（11～12 岁），开始注意并培养其对某些职业的兴趣。

二是能力阶段（13～14 岁），开始以个人的能力为核心，衡量并测验自己的能力，将其表现在各种相关的职业活动上。

三是价值观阶段（15～16 岁），逐渐了解自己的职业价值观，并能兼顾个人与社会的需要，以职业的价值性选择职业。

四是综合阶段（17～18 岁），将上述三个阶段进行综合考虑，并综合相关的职业选择资料，以此来正确了解和判定未来的职业生涯发展方向。

③现实期（从 16～18 岁开始），现实期是人们正式的职业选择决策阶段，可以分为以下三个小的阶段：

一是试探阶段，根据尝试期的结果，进行各种试探活动，试探各种职业机会和可能的选择。

二是具体化阶段，根据试探阶段的经历做进一步的选择，对一种职业目标有所专注，并努力推进这一选择，进入具体化阶段。

三是特定化阶段。依据自我选择的目标，做具体的就业准备。青年人为了特定的职业目的，进入更高一级学校或接受专业训练。已有工作但不满意者，想重新进修，再找工作，也属于这个阶段。

金斯伯格的职业生涯发展阶段理论，展示了从幼年到青年期个体职业心理发展的生动图景，表明早期职业心理的发展对人生职业选择有着重大的影响。

三、格林豪斯的职业生涯发展阶段理论

美国心理学博士格林豪斯（Greenhouse）的研究侧重于不同年龄段职业生涯所面临的主要任务，并以此为依据将职业生涯划分为五个阶段：职业准备阶段、进入组织阶段、职业生涯初期、职业生涯中期和职业生涯后期。

格林豪斯的职业生涯发展理论的具体内容如下：

①职业准备阶段的典型年龄段为0～18岁。主要任务是发展职业想象力，对职业进行评估和选择，接受必需的职业教育。

②进入组织阶段。18～25岁为进入组织阶段。主要任务是在一个理想的组织中获得一份工作，在获取足量信息的基础上，尽量选择一种合适的、较为满意的职业。

③职业生涯初期。处于该期的典型年龄段为25～40岁。学习职业技术，提高工作能力；了解和学习组织纪律和规范，逐步适应职业工作，适应和融入组织；为未来的职业成功做好准备，是该期的主要任务。

④职业生涯中期。40～55岁是职业生涯中期阶段。主要任务是需要对早期职业生涯重新评估，强化或改变自己的职业理想；选定职业，努力工作，有所成就。

⑤职业生涯后期。从55岁直至退休是职业生涯的后期。继续保持已有职业成就，维护尊严，准备引退，是这一阶段的主要任务。

四、施恩的职业生涯发展阶段理论

（一）职业生涯发展阶段理论

美国著名的心理学家施恩（Edgar H. Schein）教授根据人的生命周期的特点及不同年龄阶段所面临的问题和职业工作的主要任务，将职业生涯分为以下九个阶段：

1. 成长、幻想、探索阶段（0～21岁）

此阶段的主要任务是：发展和发现自己的兴趣和需要，发展和发现自己的能力和才干，为进行实际的职业选择打好基础；学习职业方面的知识，寻找现实的角色模式，获取丰富信息，发展和发现自己的价值观、动机和抱负，做出

合理的受教育决策，将幼年的职业幻想变为可操作的现实；接受教育和培训，开发工作世界中所需要的基本习惯和技能。在这一阶段所充当的角色是学生、职业工作的候选人、申请者。

2. 进入工作世界（16～25岁）

个人通过查看劳动力市场，谋取可能成为一种职业基础的第一项工作；同时个人和雇主之间达成正式可行的契约，个人成为一个组织或一种职业的成员，充当的角色是应聘者、新学员。

3. 基础培训（16～25岁）

与进入工作世界的阶段不同，个体在此阶段要担当实习生、新手的角色。也就是说，已经迈进职业或组织的大门。此时主要任务是了解、熟悉组织，接受组织文化，融入工作群体，尽快取得组织成员资格，成为一名有效的成员；并能适应日常的操作程序，应付工作。

4. 早期职业的正式成员资格（17～30岁）

在这一阶段充当的角色是取得组织新的正式成员资格。面临的主要任务有：承担责任，成功地履行与第一次工作分配有关的任务；发展和展示自己的技能和专长，为提升或查看其他领域的横向职业成长打基础；根据自身才干和价值观，根据组织中的机会和约束，重估当初追求的职业，决定是否留在这个组织或职业中，或者在自己的需要、组织约束和机会之间寻找一种更好的配合，寻求良师和保护人。

5. 职业中期（25岁以上）

主要任务是：选定一项专业或进入管理部门；保持技术竞争力，在自己选择的专业或管理领域内继续学习，力争成为一名专家或职业能手；承担较大责任，确立自己的地位；开发个人的长期职业计划。

6. 职业中期危险阶段（35～45岁）

主要任务是：现实地评估自己的才干、动机和价值观，进一步明确自己的职业抱负及个人前途；就接受现状或者争取看得见的前途并做出具体选择；建立与他人的良好关系。

7. 职业后期（40岁以后）

此时的职业状况或任务是：成为一名良师，学会发挥影响，指导、指挥别人，对他人承担责任；扩大、发展、深化技能，或者提高才干，以担负更大范围、更重大的责任；如果求安稳，就此停滞，则要接受和正视自己影响力与挑战能力的下降。

8. 衰退和离职阶段（40岁至退休）

不同的人在不同的年龄会衰退或离职。此阶段主要的职业任务一是学会接受权力、责任、地位的下降；二是基于竞争力和进取心的下降，要学会接受和发展新的角色；三是评估自己的职业生涯，着手退休。

9. 退休

在失去工作或组织角色之后，面临两大问题或任务：一是保持一种认同感，适应角色、生活方式和生活标准的急剧变化；二是保持一种自我价值观，运用自己积累的经验和智慧，以各种资源角色，对他人进行传帮带。

需要指出的是，施恩虽然基本依照年龄增大的顺序划分职业发展阶段，但并未囿于此，其阶段划分更多的根据是职业状态、任务、职业行为的重要性。正如施恩教授划分职业周期阶段是依据职业状态和职业行为及发展过程的重要性，又因为每人经历某一职业阶段的年龄有别，所以，他只给出了大致的年龄跨度，并在划分职业阶段的年龄上有所交叉。

（二）施恩职业锚理论

职业锚（Career Anchor）的概念是在斯隆研究院毕业生的纵向研究中形成的。1973 年施恩（Schein）访谈了 44 位男性毕业生，他们毕业了将近 10 ~ 20 年。访谈的焦点是每个人翔实的工作经历，以及做出诸如是否脱离一个组织，是否寻求再教育等选择或决策的各种原因。

当他检测实际决策的各种原因时，几乎所有的实例显示出一种清晰的反应模式。可能在一个人实际的工作经历中很少看出一致性，但是在作决策的原因里却包含着大量的一致性。此外，这些原因会越来越清晰、连贯与日积月累的工作经验相一致。

1. 职业锚的含义

职业锚是在个人工作过程中依循着个人的需要、动机和价值观，经过不断搜索所确定的长期职业定位。具体而言，职业锚是个人进入职业生涯早期工作情景后，由习得的实际工作经验所决定，并在经验中与自身的才干、动机、需要和价值观相符合，逐渐发展成的更加清晰全面的职业自我观，以及达到自我满足和补偿的一种长期稳定的职业定位。

职业锚中的“锚”的含义，是人们选择和发展自己的职业所围绕的中心，指当一个人不得不做出职业选择的时候，该人无论如何都不愿意放弃的职业中的至关重要的东西或价值。

2. 职业锚的核心内容——职业自我观的构成

①自身的才干和能力，以各种作业环境中的实际成功为基础。

②自身的动机和需要，以实际情境中的自我测试和自我诊断的机会及他人的反馈为基础。

③自身的态度和价值观，以自我与雇佣组织和工作环境的准则和价值观之

间的实际遭遇为基础。

深入全面地理解职业锚的内涵，需要注意以下几点：

①职业锚产生于早期职业生涯阶段，以雇员习得的工作经验为基础。

②职业锚强调个人能力、动机和价值观三方面的相互作用与整合。重视自己擅长的，在自己重视的东西中改善自己的能力。

③职业锚强调个人的实际工作经验，因此，职业锚是不可能根据各种测试提前进行预测的。

④职业锚不是固定不变的。职业锚是允许其他方面成长和变化的稳定源，职业锚本身也会发生变化，它是我们生命成长的更加稳定的部分。

3. 职业锚的类型

(1) 技术或功能能力型职业锚

具有较强的技术或功能能力型职业锚的人往往不愿意选择那些带有一般管理性质的职业。相反，他们总是倾向于选择那些能够保证自己在极大的技术或功能领域中不断发展的职业。以技术或功能能力为锚位的雇员，有特定的职业工作追求、需要和价值观。其特征表现如下：

①强调实际技术或某项职能业务工作。

②拒绝全面管理工作。

③其主要成长是在技术能力区的技能不断提高，其成功更多地取决于该领域专家的肯定和认可，以及承担该能力区日益增多的富有挑战性的作业。

(2) 管理能力型职业锚

管理能力型职业锚呈现以下特点：

① 负单纯管理责任，且责任越大越好，这是管理能力型职业锚雇员的追逐目标。他们倾心于全面管理，掌握更大权力，肩负更大责任。

②具有强有力的升迁动机和价值观，以提升，等级和收入作为衡量成功的标准。

③具有将分析能力（在信息不完全以及不确定的情况下发现问题、分析问题和解决问题的能力）、人际沟通能力（在各种层次上影响、监督、领导、操纵以及控制他人的能力）和情感能力（在情感和人际危机面前只会受到激励而不会受其困扰和削弱的能力以及在较高责任压力下不会变得无所作为的能力）进行特别合成的技能。

④抛锚于管理能力型的人在很大程度上具有对组织的依赖性。

(3) 创造型职业锚

①这是一个很难说清楚而又很独特的锚。

②在某种程度上，创造型职业锚同其他类型职业锚有重叠。追求创造型职

业锚的人要求有自主权，能施展自己的才干。但是，这些不是他们的主要动机和价值观，创造才是他们的主要动机和价值观。

有强烈的创造需求和欲望。追求创造型职业锚的人具有一种一以贯之的需要，即建立或创造某种东西，它们完全属于自己的杰作。意志坚定，勇于冒险。冒险与创造（特别是极强烈的创造欲望）有如孪生兄弟。立志抛锚于创造型的人，既然强烈要求标新立异、有所创造，一般都做了冒险的准备。

（4）安全稳定型职业锚

又称做稳定型职业锚，具有这些锚位的人重视长期的职业稳定和工作的保障性。其特征如下：

①职业的稳定和安全，是这一类职业锚雇员的追求、驱动力和价值观。他们的安全取向有两类：追求职业安全和注重情感稳定的安全。

②在行为上，安全稳定型职业锚的人倾向于根据雇主对他们提出的要求行事，不越雷池一步，以维持以工作安全、一笔体面的收入、有效的退休方案、津贴等形式体现出的一种稳定的前途。

③对组织有依赖性。抛锚于安全稳定型的人，一般不愿离开一个特定的组织，他们相信组织会根据他们的情况来识别他们的需要和能力，做出可能的最佳安排。他们较其他人更容易接受组织。

④个人职业生涯的开发与发展受到限制。

⑤安全稳定型职业锚的成功标准是：一种有效性的稳定、安全、整合良好合理的家庭和工作情境。

（5）自主独立型职业锚

这种职业锚的特点如下：

① 最大限度地摆脱组织约束，追求能施展个人职业能力的工作环境。

②自主独立型职业锚与其他职业锚有交叉。如自主独立型职业锚同时是技术能力型职业锚，或者同时是安全稳定型职业锚。

③以自主独立型职业为锚位的人在工作中显得很愉快，享有自身的自由，有职业认同感，把工作成果与自己的努力相联结。

4. 职业锚的作用

①有助于识别个人的职业抱负模式和职业成功标准。

②能够促进雇员预期心理的发展，有利于个人与组织稳固地相互接纳。

③有助于增强个人职业技能和工作经验，提高工作效率和劳动生产率。

④职业锚可为雇员中后期职业生涯发展奠定基础。

5. 个人职业锚的确定

为了帮助你确定自己的职业锚，可以找出几张空白纸写下你对下面几个问题的答案。

①你在高中时期主要对哪些领域比较感兴趣（如果有的话）？为什么对这些领域感兴趣？你对这些领域的感受是怎样的？

②你在大学时期主要对哪些领域比较感兴趣？为什么会对这些领域感兴趣？你对这些领域的感受是怎样的？

③你毕业之后所从事的第一种工作是什么？你期望从这种工作中得到什么？

④当你开始自己的职业生涯的时候，你的抱负或长期目标是什么？这种抱负或长期目标是否曾经出现过变化？如果有，那么是在什么时候？为什么会变化？

⑤你第一次换工作或换公司的情况是怎样的？你指望下一个工作能给你带来什么？

⑥你后来换工作、换公司或换职业的情况是怎样的？你怎么会做出变动的决定？你所追求的是什么？（请根据你每一次更换工作、公司或职业的情况来回答这几个问题。）

⑦当你回首自己的职业经历时，你觉得最令自己感到愉快的是哪些时候？你认为这些时候的什么东西最令你感到愉快？

⑧当你回首自己的职业经历时，你觉得最让自己感到不愉快的是哪些时候？你认为这些时候的什么东西最令你感到不愉快？

⑨你是否曾经拒绝过从事某种工作或晋升的机会？为什么？

⑩现在请你仔细检查自己的所有答案，并认真阅读以上关于五种职业锚（管理能力型、技术或功能能力型、安全稳定型、创造型、自主独立型）的描述。根据你对上述这些问题的回答，分别将每一种职业锚赋予从1～5之间的某一分数。1代表重要性最低；5代表重要性最高。

6. 职业生涯维度

员工在组织中职业发展道路可能的运动方向，通常有横向与纵向两种：

①横向运动是指跨越职能边界的调动。

②纵向运动是向上的，即沿着组织的等级层系跨越等级边界，获得职务的晋升。

③这两类运动通常可以通过以职能为横轴、层级为纵轴的两维组织结构系统图来观察。

施恩认为：沿“核心度”方向的运动，员工虽然未获正式授职晋升，仍处于较下层级，但却通过某种获得更多的责任或上层人物的信任等方式，得以进入企业决策的核心圈层从而增大影响力。施恩的圆锥形三维组织系统模型如图

2-2 所示。

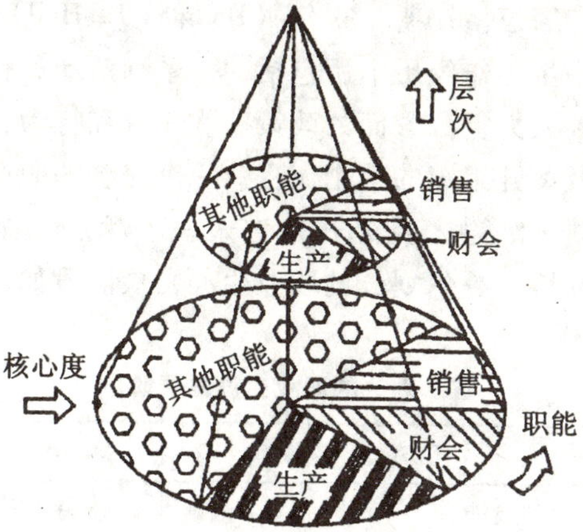

图 2-2 施恩的圆锥形三维组织系统模型

7. 工作职业周期与生物/社会周期、家庭周期的关联

（1）人生的三大周期划分及其内容

①生物/社会周期——即生物和社会成熟过程中产生的问题。

②家庭周期 ——涉及个人的家庭关系。

③工作/职业周期 ——工作/职业周期的许多压力和机会不受个人或家庭的控制，相反，它们来源于社会需要、经济机构和制度、教育和职业结构形成的传统和政策，乃至用人单位自身的具体政策。

（2）三大周期运行中的里程碑、选择点、目标和终点

①生物/社会周期包括成长、一个人能力的全面发挥和不可避免地走向死亡的终点阶段。

②家庭周期包括生育、子女的教育和发展以及使他们达到独立生活的"目标"。

③工作/职业周期包括一个人的学习，对一项职业或组织的生产性贡献和最终的退休。

（3）三大周期之间的互相作用

①三大周期之间有重叠并相互影响 。

②这种相互影响对个人可能有益，也可能成为问题 。

五、霍尔职业生涯发展阶段理论

美国组织行为专家道格拉斯·霍尔（Douglas T. Hall）认为职业生涯发展阶段，是指一个人一生工作经历中所包括的一系列活动和行为。职业生涯系统是组织机构收集各种人力资源方面的政策、优先权和行为，并用以管理雇员进入组织、融入组织及离开组织的整个流程。一个完善的职业生涯系统能够协调雇员的行为（包括进入、融入及离开）进入一个规范的程序，这样有助于雇员尽快地适应组织环境。霍尔划分的职业生涯发展阶段如表 2-1 所示。

表 2-1　**霍尔划分的职业生涯发展阶段**

阶段	任务	社会情绪需求
早期生涯	1. 培养行动技能 2. 培养某一专门能力 3. 培养创造能力、创新能力	1. 支持 2. 自主 3. 处理竞争的感受
中期生涯	1. 培养“训练和教导他人”的能力 2. 更新培训和技术的整合 3. 培养对工作和组织的宽广视野 4. 转换需要新的技能的工作	1. 表达中年生活感受的机会 2. 重新思考自我 3. 减少自我放纵或恶性竞争 4. 支持并解决中期事业的前程压力
后期生涯	1. 从实际掌权者逐步转变为提供智慧、指导咨询、顾问的角色 2. 开始参加组织外的活动，重新建立自我并准备退休	1. 通过支持和咨询，以帮助整合个人经验、智慧，提供给别人参考 2. 接受独一无二的生命旅程 3. 逐渐离开组织或团体

第三节　职业生涯认知发展理论

一、涅非卡门波和斯列皮察职业生涯认知发展理论

涅非卡门波（Knefelkamp）和斯列皮察（Slepitza）从认知发展学说的观点出发，以伦理发展学说为基础，结合艾瑞克森（Erikson）的人格发展阶段学说，以及其他多位学者实证研究的结果，提出了认知发展的职业生涯发展理论。

涅非卡门波和斯列皮察通过实证研究，发现在大学生的职业生涯发展历程中，有一系列认知项目发生变化，这些变化对个人职业生涯的发展有着重要的影响。

①控制信念（Locus of Control），即指个人对职业生涯决定因素的看法，由强调外在因素转变为以内在结构为核心的立场。

②分析能力（Analysis），指个人从不同观点了解问题的能力的提高。

③综合能力（Synthesis），指将事物中不同的成分整合在一起的能力的提高。

④语意结构（Semantic Structure），指个人在讲话或写作时，会逐渐地从绝对性的语意结构，变为较有弹性及开放性的动词及修饰词。

⑤自我处理（Self Processing），指检视自我并了解影响自我的因素的能力。

⑥开放及有弹性的见解（Openness and Alternative Perspectives），指认识到不同的观点与可能的解释方法，能用开放的态度去了解并接纳与自己看法不相符的观点。

⑦负责任（Ability to Assume Responsibility），指个人愿意接受自己的决定或行为的结果，而不去计较一些未知的或不可抗拒的阻碍等因素。

⑧扮演新角色的能力（Ability to Take on Roles），指主动寻求扮演新角色的机会，并能在新角色或新活动的情境中扩展个人能力与行动的基础。

⑨自我冒险的能力（Ability to Take Risks With Self），其特殊性在于当一个新的和适当的要求来临时，个人会不顾及“自尊”地冒险进入。

按照这九个方面的项目所构成的变量，该理论把人的职业生涯认知发展过程分为四个时期、九个阶段。

1. 二分法时期

这一时期个人以单纯的“非黑即白”的二分法的简单思维方式思考个人的职业生涯问题，认为人完全由外界环境所控制，相信只有一条正确的职业生活道路，个人缺乏综合分析的能力，仅能做粗浅的探索工作。该时期包括以下两个阶段：

①平衡阶段。个人完全依赖外界，在职业生涯决策方面没有心理冲突与失调，只想找到唯一正确的职业。

②焦虑阶段。个人觉察到正确决策的可能性，因此产生焦虑及心理失调，但仅能粗浅地了解抉择的过程。

2. 多元论时期

随着个人认知内容的增加和认知作用的逐渐复杂化，其心理失调现象愈加严重。在这一阶段，人在控制信念项目方面的认识，仍然是以外在因素为主。该时期包括以下两个阶段：

①冲突阶段。了解到在职业生涯抉择的过程中有很多的可能性，导致个人的心理矛盾与冲突的增加。

②区分阶段。在这一阶段，个人更加了解抉择过程中的各部分细节，也能区分内在因素、外在因素的影响。但这时，外在因素仍然是主导力量，个人仍然依赖职业咨询人员。

3. 相对期

人们进入此时期后，转变很大，“控制信念”由外在转为内在。个人逐渐相信自我抉择能力，能够运用自我检视、自我分析能力，进行适合自身特殊情况的抉择历程。该时期包括以下两个阶段：

①检视阶段。个人了解到各种可能的选择，并列出个人需求的优先顺序，从而分析清楚自己对职业生涯的期望，检视自己职业生涯的各种可能途径。

②综合阶段。虽然检视了各种可能的途径，但是面对职业生涯最后抉择的问题时，仍不敢有所承诺。

4. 相对承诺期

个人不仅具备了对职业生涯的综合分析的能力，对职业生涯抉择的责任也能够予以承担。这时的个人由早期的焦虑状态转为自我世界的扩展，能够整合自我与外在的世界，而个人的价值观、思想与行为也更趋向一致。该时期包括以下三个阶段：

①整合阶段。个人整合自我及职业生涯的角色，有了自信，而不再处于焦虑状态，且会思考自己如何去实践新的角色。

②承诺阶段。承诺建立在自知之明的基础上。

③自觉阶段。也就是人的职业生涯认知已经清晰了的完成阶段。

二、利维古德职业生涯理论

1. 利维古德三因素与三阶段理论

荷兰学者勃纳德·利维古德从人的生理、心理和精神三方面因素拟合、统一的角度对人生进行了分析。他将人生划分为“生长期、平衡期、衰老期”三大部分。在生长期，人的成长超过衰退；在平衡期，人的成长与衰退之间是平衡的；在衰退期，衰退的速度加快。

利维古德指出在生长期，生理发展规律影响最大；在平衡期，心理发展显得最为明显；在衰退期精神发展则成为主要特征。

2. 利维古德职业生涯分期

基于上面的理论，利维古德指出，人的职业生涯包括下述几个时期：

（1）青年期（16、17岁至21、22岁）

“觉醒”，幻想破灭，而要从现实出发做出人生的抉择。

（2）成年初期（22～28岁）

开始对自己的行为负责，并从主观与客观的相互关系中确立自己的地位。

（3）组织时期（28～35岁）

尝试性地寻找好工作的职业变换行为停止，而要从自己现在从事的职业中找出路了。

（4）继续时期（35～40岁）

（5）危机时期（40岁左右）

人的体力开始衰退，在期末又进入了生理的更年期。这一时期人的精神有进入危机的倾向，对取得的一切，对自己追求的目标以致对自己以前所持的价值观等统统产生怀疑。进而，人们在精神方面还出现不同的分化：有的人觉得失败，有的人觉得成功。

（6）晚年时期（50多岁）

人生的发展会再次出现不同的分化，有的人还会出现成功的新高峰。到了56岁以后，人们倾向于对一生的职业生涯际遇做出总结。

关　键　词

职业选择理论　　职业发展过程理论　　职业生涯认知发展理论

复习思考题

1. 职业生涯理论有哪些内容？各自的含义是什么？
2. 各种职业生涯理论对你的职业生涯设计与管理有什么意义？

第三章 改变从心开始

本章掌握要点：

- 职业生涯转变来自自我认知的转变。
- 个人对社会的价值是个人职业生涯成功的基础。
- 职业生涯成功就是做最好的自己。

谁也无法说服他人改变，我们每个人都守着一扇只能从内心开启的改变之门，无论动之以情或晓之以理，我们都不能替别人开门。

——［美］佛格森

开篇案例

简单的问题

好几年前，一个重要人士预定对南卡罗来纳州一个学院的全体学生发表演说，我前往听讲。那个学院规模不大，我到场时，整个礼堂都充满了兴高采烈的学生，大家都对有机会聆听到这种大人物的演说兴奋不已。

演讲者走到麦克风前，眼光对着听众，由左向右扫视一次，然后开口道："我的生母是聋子，因而没有办法说话，我不知道自己的父亲是谁，也不知道他是否在人间，我这一辈子找到的第一份工作，是到棉花田去做事。"

台下的听众全都呆住了，"如果情况不尽如人意，我们总是可以想办法加以改变"，她继续说，"一个人未来怎么样，不是因为运气，不是因为环境，也不是因为生下来的状况"，她轻轻重复方才说过的话，"如果情况不尽如人意，我们总是可以想办法加以改变"。

"一个人若想改变眼前充满不幸或无法尽如人意的情况"，她以坚定的语气向下说，“只要回答这个简单的问题：‘我希望情况变成什么样子，’然后全身心投入，采取行动，朝理想的目标前进即可”。

接着她的脸上绽现出美丽的笑容：“我的名字是阿济·泰勒·摩尔顿，今天我以美国财政部长的身份站在这里。”

资料来源：鲍伯·莫尔．回答一个简单的问题．文苑，2006（8）．

第一节　积极主动，转变从心开始

通过前两章的学习，我们基本掌握了职业生涯管理有关的基本理论知识和技能，这些知识和技能都很重要，但是这还不足以有效地解决职业生涯问题。因为，我们可以看到，不同的人即使同样程度地掌握了这些知识和技能，但是，当他们在解决各自的职业生涯问题时，仍然会显示出巨大的差异。人与人之间之所以会存在巨大的差异，除了先天的条件以外，更重要的是在自我认知上的差异。正如，开篇案例中的主人公，虽然，出生的时候几乎是一无所有，但是，她始终保持积极主动的心态，对自己充满信心，全力以赴为自己的理想去奋斗，终于成就了一番事业。如果她因为自己的出身不好，而怨天尤人的话，很可能就会一事无成。

根据社会认知理论（Bandura，1986），尽管人在一定程度上是他/她所处环境（包括强化的历史）的产物，人同样可以影响环境。这就是交互决定论（reciprocal determinism）的原则。自我认知被一些社会心理学家视为在行为中起着非常重要的调节作用。

要想成为一个有效的职业生涯问题的解决者，个体必须有能力认为自己在这个领域是胜任的和有能力的。比如，你能够对自己做出积极的评价，例如“我是一个优秀的决策者”或者“我靠自己能够做出良好的决策”。这种积极的自我认知对个体的职业生涯决策有两点好处。第一，它能产生一种积极的期待；第二，它能强化积极的行为。反之，消极的自我认知会使良好的职业生涯决策产生问题。也就是说，要想成为一名有效的职业生涯问题的解决者，必须从内至外塑造自己，培养积极的自我认知。

Seibert 等人（2001）发现积极主动的人格可以预测 180 名美国经理的薪酬增加、晋升率和职业满意度。他们将积极主动的人格定义为“在改善现有情景或创造新情景中采取主动”。积极主动的人格的行为表现有：在工作中具有创新性，有建设性地向现状挑战，获得政治知识，发挥职业积极性，如更新技能。

下面介绍三种培养积极自我认知的方法。

一、提升自我效能

自我效能（Self-efficacy）的含义是一个人在多大程度上，相信他能够在给定的环境下表现出所需要的行为 Bandura（1997）。自我效能通常是一个预测行为的良好指标。具有高自我效能感的人比其他人更倾向于为自己设定挑战性的目标，并且在挫折时能够保持努力。

Bandura 特别强调，自我效能对自我影响的心理机制作用最为广泛，也最为重要。他声明："除非人们相信，通过自己的行为能够达到理想的效果，并且能够阻止不理想结果的发生，否则他们就没有行为的动机。不管其他动机因素是什么，这些因素都根植于一个核心信念，即自己有能力实现理想的结果。"

Bandura（1986）指出，目标为个体提供了他们需要的结果的认知表征（或者"表象"）。借助于目标和当前状态的空间，这个人经历了自我反应（Self-reaction），包括情感（比如不满意）和自我效能期待（也就是对达到目标的个人能力的知觉）。这些反应和其他因素一起，影响了个体将来努力的水平和方向，以及他/她的自我概念。

由于 Bandura 在多年研究的基础上已经提供了一种关于自我效能的如此全面、丰富的理论，因此对自我效能的主要来源存在一致的观点。图 3-1 描述了这些主要来源。

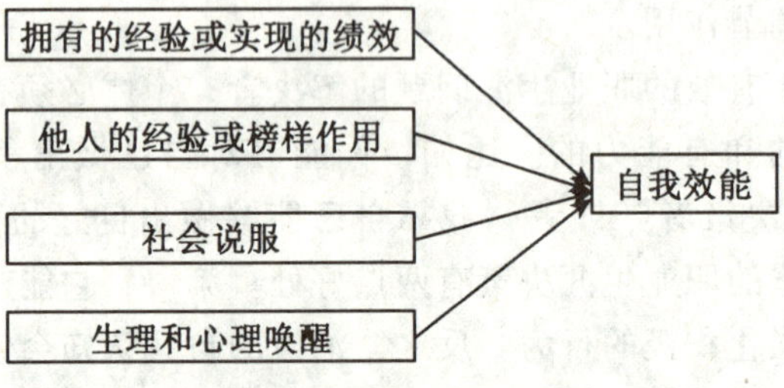

图 3-1　自我效能的主要信息来源

根据社会认知理论，这四种自我效能的来源只是提供了最原始的素材。个体为了整合和使用这些信息以对自我效能做出判断并形成信念，他必须做出选择，进行认知加工和自我反省。

根据信息来源的重要性大小，下面简单地总结了自我效能的主要信息来源：

1. 拥有的经验或实现的绩效

这是形成自我效能信念最有力的潜在因素。成功会提高自我效能感；失败，尤其是早期的反复失败，会降低自我效能感。屡屡成功会产生强烈的效能期待，并减少由偶尔失败所带来的消极影响。

正如《赢在中国》的总冠军得主谢莉所说的："我的人生目标从来没有很宏伟、很大的想法，当我有七张桌子的时候，背着一个包到处收钱，我的人生梦想是'如果开一个店，有一个小吧台就很好了'。我不会为自己设立太高、太远和太理想化的目标。过高的目标在实现的过程中，会磨灭我的意志，会让我的自信心一次次受到打压，然后一次次自我否定。如果一个个小的目标能够实现，那么我就一次次地对自己感到非常有信心；就一次次感觉自己能够做更大的事情。"

2. 他人的经验或榜样作用

依赖于从社会比较中得到的推断，并由活生生的象征性榜样所导致。与观察者匹配的原型作用更大；多样化的原型比单一的原型作用更大。

3. 社会说服

由建议、劝诫、自我指导以及解释性处理产生。正面的说服能有效加强个体关于自己的效能的信念。相反，不友善的话和负面的反馈都会毫无疑问地损害和削弱个体的信心。

4. 生理和心理唤醒

人们为了评估自己的能力，常常会依赖于自己的生理和情绪上的感觉。这一因素的力量要大于其他信息来源的影响力。如果这种信息是负面的，它通常会极大地损害自我效能感。另一方面，如果这些生理和心理状态是良好的，它们也不一定会对个体的自我效能有很大的贡献。然而总的来说，这种状态能作为一个很好的出发点，在这个基础上，其他因素就能对建立效能感产生更好的作用。

以上四种信息来源，指明了个体提高自我效能感的途径。好在这些途径都是可以改变的，个体可以有意识地从自己所取得的每一点成绩中逐步积累自信心，从身边的榜样获得力量，由他人的鼓励获得动力，在生理和心理状态不佳的时候，避免做出重要决策。这些手段都可以帮助我们提升自我效能感。

二、养成积极思维习惯

有时候我们会感觉自己其实并没有太多选择的自由。事实上也确实如此。年龄、教育程度、家庭背景、经济状况、性别和种族都会限制我们进行选择的自由，否认这个事实无疑是愚蠢的。

但是，如果我们只是一味地空想，“要是我能再年轻些……要是我有更高的文凭……要是我比现在更有钱……要是我能更聪明一些……要是我能比现在更成功一些……”，这些想法其实毫无意义。

实际上，上面的这些陈述，都是消极的陈述或思维方式。我们平时要注意自己的消极思维方式，并转换为积极的思维方式。

例如：

消极思维	**积极思维**
我已经无能为力	看看还有没有其他的可能
我就是这样	我可以选择不同的风格
我不得不	我更愿意
我要是……就好了	我打算
我不能	我选择
……	……

积极的思维体现在，不轻易放弃和自我否定，而是善于发现机会和创造机会。

还是拿谢莉女士的例子来说，她在成都参加《赢在中国》海选的时候，因为员工出了车祸住院，她亲自去看望，心思也没有放在比赛上。等到了成都，才知道要交商业计划书。在比赛现场，她发现竞争对手都准备得非常充分，每个选手手里都有一套非常精美的资料，有自己的企业简介、项目的内容等，而她自己什么都没有，就在现场用一页纸做了个简单的介绍，有错别字还改了一下，显得特别的粗糙。计划书交上去后，她感觉很不妥：“计划书的细节反映了创业者的态度与素质，计划书写的这样草率，评委不可能有好印象，与其这样粗糙地交上去，还不如不交。”

于是她要求助手把交上去的计划书要回来，但是助手回来告诉她，组委会规定计划书不能退回。她并没有因此而放弃，而是告诉助手，任何看似不可能的事情，都至少还有七种解决办法。她来到组委会，告诉他们，她的计划书忘记写名字了，于是组委会把计划书还给她。她走到洗手间把计划书撕掉，然后理了一下思绪：“在这么短的时间内重新写一份完善的计划书已经没有可能，但是，我不能为自己找任何借口，也不愿意就此放弃。”她认为自己十年的创业经历是自己最大的优势。正如她事后所说的：“我想说的是我做了十年的事情，我要表达的装在我的脑海里面，这可能是我的一个亮点，有更多的机会交流。”于是她决定另辟蹊径，不交计划书，而是口头陈述。结果证明，谢莉口头表述的“商业计划书”独树一帜，让她脱颖而出，成为最早的晋级者。

从上面的例子我们可以看到，在人生的道路上，真正的对手不是别人，而是我们自己。我们往往会过高估计对手的力量，看不到自己的优点和长处，而自我设限或轻易放弃。我们往往对自己和工作领域有消极的、自我挫败式的思考，这使我们很难解决职业生涯问题和做出职业生涯决策。这样的一些思考和信念可能很普遍，或者已经被生活中重要的他人灌输给我们。总之这些想法会让我们的职业生涯决策出现麻烦。

三、关注于影响圈

根据史蒂芬·柯维的定义，每个人都有一些关注的问题，包括健康、子女、事业、经济状况或世界局势，这些可归入“关注圈”（Circle of Concern）。其中，有些是个人可以掌握的，有些则无能为力。把个人可以控制的事圈起来，就形成“影响圈”（Circle of Influence）。如图 3-2 所示，关注圈主要是自己感兴趣的问题，而影响圈则是可以被自己掌控的问题。

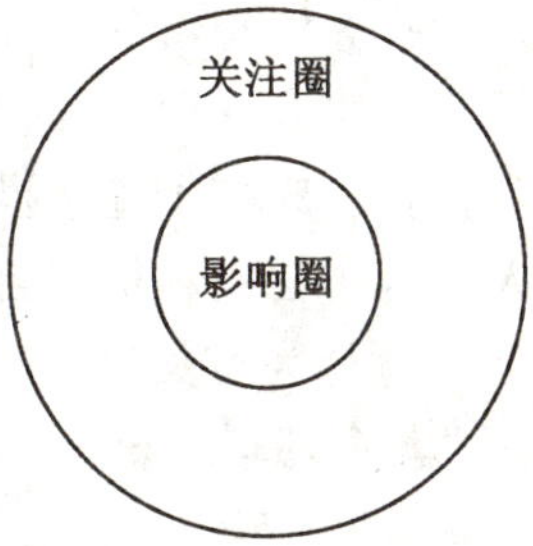

图 3-2　关注圈与影响圈

积极主动的人，关注于影响圈，脚踏实地，不好高骛远，他们专心做自己力所能及的事，他们能够使自己的影响圈不断扩大和成长。就像下面小故事中的路乞一样，他只是用自己的双手去捡垃圾，却感动了一大批人，通过媒体的报道，他的影响力也越来越大。

1. 路乞的故事

路乞，美国人，因为结识了一位中国湖北的书画家而千里迢迢地从国外来到中国定居。在平日的生活当中，除了正常的工作和生活之外，他还在做一件别人似乎都无法理解的事情，那就是走在大街上（尤其是人多的地方，别人边扔的时候），随手就捡起那些垃圾，无论多脏。

有一次他和爱人上街，有位女士边走边扔剥下来的果皮，路乞就和爱人走在她的后面，一片接着一片地捡起来。当路上所有的人把目光都投向那位女士的时候，她才意识到后面有人在捡她扔的果皮，于是她很害羞地躲在了一个角落里。路乞和爱人走到她的跟前时，很温和地向她招了招手，而没有任何的讽刺或是责怪。

我们可以想象到那位丢果皮的女士当时是什么感觉，这件事她可能一辈子都不会忘记。

反之，消极被动的人全神贯注于“关注圈”，时刻不忘环境的种种限制、他人的种种缺失，徒为无法改变的状况担忧。结果是怨天尤人、畏畏缩缩，受迫害的感觉日益强烈。由于着力方向错误由此产生的副作用，影响范围便缩小。就像下面的主教一样。

2. 一位盎格鲁主教的遗言

当我年幼时，充满无限的幻想，我梦想着要改变世界。当我长大一点，我发现世界不会改变，我决定放短我的目光，去改变我的国家。但是，国家好像也不可以改变。到了暮年，我决定做最后的尝试，我只要改变我的家人，那些与我最亲近的人。然而，他们也不曾改变。

现在，我的生命快要结束，我突然省悟到：如果首先我改变了自己，然后通过以身作则，我可能改变了我的家庭。而受到他们的鼓励，我可以使得我们的国家变得更好一些。说不定，我还改变了整个世界。

影响圈和关注圈反映了人的自主程度，根据自主程度的高低，人生的问题分三类：个人可直接控制（与本身行为有关）；个人可间接控制（与他人行为有关）；无法控制（已成过去或客观环境使然）。积极主动的人对影响范围中的三类问题，都有应对之道。

个人可直接控制的问题：解决之道在于改变习惯，这是我们完全做得到的；个人可间接控制的问题：有赖改进发挥影响力的方法加以解决；无法控制的问题：以微笑真诚平和的态度接纳这些问题。

不论是直接控制的、间接控制的还是无法控制的问题，解决的第一步都掌握在我们自己的手里。我们可以改变习惯、手段和看法。而这些都属于影响圈。

把外界环境视做问题结症的想法本身就成问题，应该说是我们给了外界环境控制自己的权力。要想真正有效地改善环境，就应该从自己力所能及的方面着手，从我做起，不要总想着改造对方，而是先从自我完善入手，努力成为楷模。即使不能改变环境，也要保持积极的心态。

积极主动的本质和最明白的表现就是对自己或别人有所承诺，然后从不食言。学会做照亮他人的蜡烛，而不是评判对错的法官；以身作则，而不是一心挑错；解决问题，而不是制造事端。

做好自己能够控制的事情，扩大自己可以影响的范围，接受无法改变的事实。职业成功一部分取决于自己的努力，另一部分取决于环境和他人。对于自己有绝对把握的职业，千万不要放弃自己的责任；至于对自己没有把握的职业，也要全力以赴。要知道，努力终究是不会落空的，有一分的学问与能力，终有一分的用途。

第二节 人生价值是打开成功大门的钥匙

富贵名誉，自道德来者，如山林中花，自是舒徐繁衍；自功业来者，如盆槛中花，便有迁徙废兴；若以权力得者，如瓶钵中花，其根不植，其萎可立待矣。

——《菜根谭》

译文：一个人荣华富贵的显名，假如是建立在深厚的道德修养之上，那就好比生长在大自然环境中的野花，会不断繁殖绵延不绝；如果是从建功立业中得来，那就如同生长在花园中的盆景一般，只要稍微移植或搬动，花木的成长就会受到严重的影响；假如是靠特权甚至靠恶势力欺诈而得来，那就好像插在瓶中的花朵，由于根部并没有栽植在土中，所以花的凋谢枯萎指日可待。

案例

大学生跨境诈骗数百万，计划21岁前要赚到300万

一名年仅20岁的法律系大学生，翻遍香港澳门黄页物色诈骗对象，成立诈骗团伙，利用“高分子聚能膜”等虚假产品以假委托代理手法，多次对香港、澳门商人进行诈骗，先后作案数十宗，涉及金额几百万元。

时报记者独家采访了广州市公安局经济侦查支队一大队大队长周兵。周兵向记者透露，这个团伙的主谋是个年仅20岁的小伙子，他是内地某大学法律系的大学生。学习法律的大学生为何会成为诈骗团伙的主谋？原来，他的舅舅也是个诈骗老手，经常跟随舅舅的他，渐渐地也摸清了“诈骗门道”。

在省公安厅新闻发布会现场展示的实物中，记者看到一个小本子。仔细一看，该犯罪团伙的主谋竟然是个“目标坚定”的小伙子。

他在该笔记本上清楚地写着：“我一定要在2006年前赚到300万元。”这句话不断地重复，并且采取倒计时的手法，时刻提醒自己现在的时间，距离2006年结束还有多少天。如“243天，2月18日，我一定要

在2006年前赚到300万元”。“案犯如此年轻，却有如此清楚的犯罪目标，这令所有的人都感到意外。”

但是，不待他的目标实现，等待他的将是法律的严惩。

资料来源：http://edu.ce.cn/young/campus/200610/20/t20061020_9048980_1.shtml

可以说，每个人都渴望获得成功、金钱、名誉、地位等。追求成功本身并没有错，关键看每个人是通过什么途径获得成功的。案例中的小伙子为了金钱，不择手段，将法律抛在脑后，最终却是一无所有，在牢狱中度过自己的青春年华。

那么什么才是正确的成功之道？

在给出答案之前，我们先看一个小故事。

潜能成功学大师安东尼·罗宾在学习空手劈木板的过程中发现，能否劈断木板，不仅仅取决于个人力量的大小，而且还取决于个人的意念。一次，他把三块木板叠在一起，并把木板两端用木块支起来。然后，他用手掌去劈木板的中心点，但是，他的手掌一次次被弹起，力量越大，反弹也越大，木板却没有被劈断。

后来，教练告诉他，要想劈断木板，首先要全神贯注，完全相信自己能够劈断木板。其次，要将意念集中在最下面那块木板的中心点。虽然，手掌实际接触的是最上面的那块板，但是在头脑中，想象的是直接打在最下面的那块板上。

经过教练的指点，通过几次试验，木板终于应声而断。

而人生的道理，何尝不是像劈木板。

人生也是叠在一起的三块板，如图3-3所示。最下面的一块板是人生的价值和意义，看不见，摸不着，很多人甚至都没有意识到它的存在；中间的一块板是承载人生价值的事业，也就是说为了实现人生的价值，我们需要做的那些事情；最上面的一块板是人们所追求的金钱、名誉、地位等。

正确的成功之道，是首先明确自己的人生价值，也就是清楚自己来到这个世界上，要给这个世界带来什么？其次，根据自己的人生价值，确定自己的职业或从事的事业；最后，在追寻自我价值的过程中，会水到渠成获得相应的金钱、名誉或地位。

正像劈木板一样，成功人生的着力点，不是最上面的那块板，而是最下面的那块板；只有全力追寻自己的人生价值，才有可能获得人生的成功；如果没有正确的人生价值以及承载价值的事业，只是不择手段追求金钱、名誉、地位

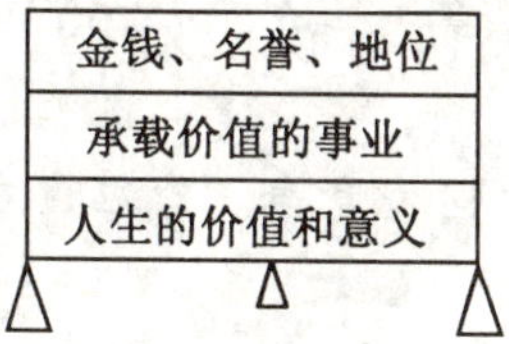

图 3-3 人生三块板模型

等外在的东西，最终将一无所获。

学者易中天在央视《百家讲坛》举办的一个访谈节目中提到：“成名不是本来目的。我做的工作是文学、史学、哲学，人文学科的目的是什么？是人类的幸福。你是为他们的幸福服务的，那你该不该把你的学术研究成果交出来呢，交给大家呢？”

从易中天教授的谈话中，我们可以清楚地看到，他的人生价值是“为当下正在生活着的人们服务，为他们的幸福服务”；因此，他做了一个工作，就是“把历史人物全部还原为普通人，和所有的人一样有七情六欲和喜怒哀乐，也会犯错误。我希望让我的观众们看历史人物就像看他的邻居一样”。结果是“我只不过做了我想做，大家又表示认同的事情，剩下的那些收获是意料之外的，不是我的初衷”。

对于易中天教授来说，金钱、名誉并不是他为了赚钱和出名而策划出来的，只不过是因为他根据自己的人生价值，做了自己认为应该做的事情，得到了大家的认可，也得到了金钱、名誉之类的副产品。

从易中天教授的例子我们可以看到，把握人生的价值，才是打开成功大门的钥匙。那么什么是人生的价值？

人生的价值指人的生命活动对社会所具有的意义和作用，对人类社会延续和发展所作的贡献。具体来说，人生价值包括两个方面的内容，首先是个人对他人需要的满足，其次是个人对社会的责任和贡献。

美国社会学家莫里 · 施瓦茨说过：“许多人过着没有意义的生活。即使他们在忙于一些自以为重要的事时，他们也显得昏昏庸庸的。这是因为他们在追求一种错误的东西。你要使生活有意义，你就得献身于爱、献身于你周围的群体，去创造一种能给你目标和意义的价值观。”

人们追求成功，必然要设立有价值的目标。而在设立目标时必须明确自身的价值取向，明确自身成功的意义是什么？目标的价值取向是判断成功的意义的根本，可以说高尚的目标有着成功的真实永恒的意义。

第三节　做最好的自己

"不要竭尽全力去和你的同僚竞争。你应该在乎的是，你要比现在的你强。"

——威廉·福克纳

案例

不虚度此生，就是我的成功

曾经在微软亚洲研究院工作的潘锦辉是一个典型的女才子。在清华大学电子系读书时，她就天资过人，同时又兼具诚恳、谦逊等品德。在微软亚洲研究院实习时，潘锦辉用她灵活而敏锐的思维方式以及锲而不舍的钻研精神赢得了李世鹏等资深专家的一致好评。后来，潘锦辉又以优异的成绩考入斯坦福大学深造，并有机会在许多国际知名的大企业中工作。

在常人眼里，潘锦辉的人生旅途可谓一帆风顺，但潘锦辉自己却不这么想。她常常问自己：成功究竟是什么？难道学业和事业上的一帆风顺就是最大的成功吗？难道许多人梦寐以求的名和利就是最大的成功吗？如果成功只有一种定义，那么，自己多年来拥有过的许多美好的憧憬和设计又该如何实现呢？

有一天，一位学长无意间问潘锦辉："你到底对做什么感兴趣呢？"这句话一下子点醒了潘锦辉，令她在一瞬间明白了许多：成功之路有许多条，成功的定义也有许多种，只要在理想的指引下，真正做了自己想做的事情，真正实现了自己的人生价值，就是一种成功，就应该为此感到自豪和快乐。

从此，潘锦辉积极投入乐观、充实的人生当中。

工作时，她总是尽力让自己做到最好。每进入一个新领域，她都会无比兴奋，因为可以从学习的过程中积累更多的经验和知识，学到与不同的人相处、合作的技巧。这样，在新的挑战来临时，她总能做好充分的准备，让自己离既定的人生目标又近一步。

业余时间里，她在美国欣欣教育基金会担任项目负责人和区域负责人，帮助中国贫困山区建学校、办教育。在做义工时，即使是琐碎的小事，她也要尽量做好。在这一过程中，她认识了许多来自不同阶层、不同领域的人，有的是成功的投资家和创业家，有的是普通的职员和退休老人。大家在这样的工作中获得的快乐和成就感，丝毫不少于在日常工作中的所得，更重要的是，这种快乐和成就感并不会因为每个人身份和地位的不同而有所区别。

潘锦辉说："现在的我，经过了许多顺境和逆境，虽然不知道在别人眼里算不算成功，但却更加自信和快乐。因为我学会了把远大的理想变成具体的奋斗目标——做好每一件事，快乐每一天。我不能确定自己将来能否获得许多人推崇的名和利，但对我而言，成功就是不断地超越自己，让自己的人生快乐、充实、有意义。事业进步是成功，给家人快乐是成功，广交朋友是成功，能对他人有所帮助是成功。成功并不遥远，不虚度此生，就是我的成功。"

资料来源：李开复．做最好的自己．人民出版社，2006.

我们怎样衡量一项职业的成功？也许最明显的方法是看看这个人在地位层级中升到多高？或者是收入增长了多少？这些客观的指标的确被用于有关职业成功的大部分研究中。然而，尽管地位和晋升更加适合传统或官僚职业的概念，但是却不太适合其他职业形式。这种职业成功观通常被称为客观的职业成功，与被称做主观职业成功的态度和感觉相对。

当然，令人十分感兴趣的是确定什么因素有助于一个人取得职业成功。如果我们知道那些因素是什么，我们也许对它们有所作为。

图 3-4 是一个职业成功模型，它显示了可能影响到一个人所体验到的客观职业成功和主观职业成功的一系列因素。这些因素可能被分为三类：第一类是结构社会的，这一类因素是个人职业发生的地方，它既包括十分非个人化的因素，如劳动力市场的特征，也包括比较个人化的因素，如为工作甄选人才的人所持有的偏差与偏见。

第二类是个人的特征，常被称做人力资本，因为它们部分地反映出个人通过遗传或后天获得的特征所带入他/她的工作中的东西。当然，这些特征的重要性及意义取决于它们如何被他人所解释，以及它们怎样对个体行为产生影响。第三类因素与个人行为有关，如他们与他人交叉工作的程度，他们在工作中的努力程度。

而主观上的成功应是多元化的。成功可能是你创造了新的财富或技术，可能是你为他人带来了快乐，可能是你在工作岗位上得到了别人的信任，也可能是你找到了回归自我、与世无争的生活方式。每个人的成功都是独一无二的。

所以，凌志军在其《成长》一书中得出的重要结论是"成为最好的你自

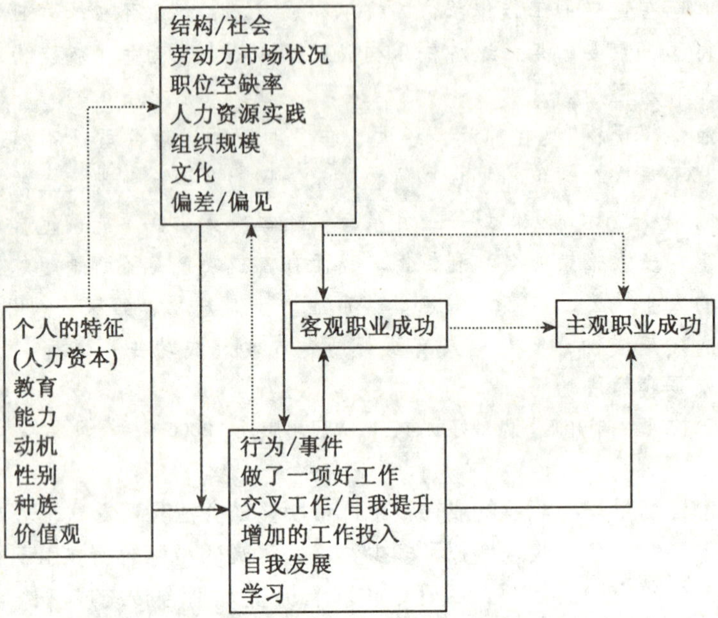

图 3-4　职业成功的一个可能模型

己”。也就是说，成功不是要和别人相比，而是要了解自己，发掘自己的目标和兴趣，努力不懈地追求进步，让自己的每一天都比昨天更好。

任何真正的成功都像任何真正有意义的人生那样，具有先天的复杂性和多元性。要想获得真正属于自己的成功，我们就必须在认识自己、了解环境、培养品德、塑造人格、掌握方法、坚定信念等多个方面同时倾注自己的智慧和精力，并应当像李开复博士所说的那样，“用智慧在各种看似矛盾的因素之间主动选择‘完整’和‘均衡’”，只有这样才能做到“有勇气来改变可以改变的事情，有胸怀来接受不可改变的事情，有智慧来分辨两者的不同”。

复旦大学附中高三女生汤玫捷，在校成绩排在100名左右。在国内的许多老师看来，汤玫捷并不是一个特别出色的学生。但是，汤玫捷却因为自身优异的综合素质，成为2004年唯一被哈佛提前录取的中国学生并获得全额奖学金。顿时，汤玫捷的成功在社会上激起强烈的反响，来自上海的“哈佛女孩”炙手可热。那段时间汤玫捷每天都会接到不少电话，希望她出书介绍成功经验。但汤玫捷告诉记者，她不愿出书，不愿把自己的经历简化成抽象的“成才公式”，因为“我们是野生植物，不是园林植物。每个人独特的优点就是自信的源泉”。

复旦大学附中的校长认为：优秀学生并非是靠某种“教育模式”培养出来的，而是在营养均衡的土壤中脱颖而出的。因此，学校应该营造宽松的氛围，提供丰富的课程和活动让学生选择，例如，多布置一些“开放式”的作业、鼓励学生开展社团活动等，以便让每个学生都能发现自己的潜能，发挥自己的特长，找到成功的支点。

做成功的自己，道理很明白，但是能否认识到真正的自我，并做回自我，却并不容易。因为个人的成长离不开家庭和社会的影响，这种影响往往是潜移默化的并且是根深蒂固的。正如，下面这个案例所说揭示的那样：我活着，但不是我，是我的家庭活在我的身上。其实案例中的主人公，并不是特例，我们生活中存在太多“望子成龙，望女成凤”的父母，他们没有实现自己的理想，却把自己的理想强加到下一代的身上。

实际上，每一代人都有自己的人生，我们不能把自己的理想和追求强加到下一代身上，只有让每个人充分做回自己，才能真正获得幸福的人生。

案例

原生家庭的故事

我活着，但不是我，是我的家庭活在我身上。父亲与母亲都来自贫瘠的客家原乡，在这满是山砾的丘陵地上，生活的辛苦是共同的，不分男女、大人和小孩，但客家先民们，相信人定胜天，刻苦地在此耕耘了好几个世代，才在细碎的丘陵地上，向天要到一口饭吃。在这里，辛勤与节俭，是生存必要的条件，但难以开垦的山坡地，能长出来的稻穗总是有限的。

父亲曾希望靠着苦读，找到另一个天空，但会念书的哥哥，考到学费全免的师专，这是乡下人最好的出路，在这个家只能供一个孩子念书的前提下，他只能认命地到工厂当技术员。身为一个劳动者的辛苦与不平，他常会抱怨，不甘于这样的宿命，拼了命地工作与借贷，他终于开了电器行，成了一个需要劳力但自主的小商店主。阶层的转变似乎带来机会，但当他因为车祸受伤，使得劳力的负担必须由他的太太和儿子来替补时，他的内心是苦闷的，原来爬到另一个阶级，不只是努力，还要有条件。我的父亲是个认真苦干的人，这颗种子从贫瘠的原乡飘了出来，希望靠着自己的努力，落到一个较好的环境，但终其一生，还是改变不了身为劳动者的本质，于是他只能冀望下一代，希望不同的种子能开出不一样的生命花朵。

母亲是老二，当她的母亲为了延续香火，而不断交替处在怀孕和生病的状态时，她无法忍心像她大姐，用激烈的方式反抗家庭对她的要求，从小学开始，她就肩负着许多属于她母亲的责任，从照顾一群弟妹、家事到农事，很难想象一个小女生能负担起这些工作，但身为客家女人的强韧生命力，使她撑起了这一大家子。她也曾有过希望，农忙休息间的书本是她仅有的一丝希望。当她与她姐姐同样考到商专，但女人不需要念书的观念，依然捆绑着她们，不顾家中强力的反对，她的大姐愤怒地逃离这个家，执意继续升学的梦想。母亲则认命地接受传统女性的宿命。当她有了新的家庭，不断牺牲自己的方式，并没有改变，为了撑起这个家的经济，从家庭代工到搬运笨重的家电和冷气，劳动的生活并没有随着结婚而消失。不断地劳动，使得她的臂膀像个男人，扭曲的身躯是为了换来另一个生命重生，希望借由牺牲和奉献，来把未完成过的期望也灌注在这个生命上。

在我的父母身上都有着很深的失落感，那种努力去争取，最后还是无法抵抗环境的束缚。在这个过程里，“认命”与“心有不甘”是他们常会有的矛盾和冲突：环境的限制一再地打击着他们，让他们觉得没有翻身的机会，只能“认命”，但那么辛勤而努力的工作，却无法使自己的生命有所不同的。摆荡在这样的冲突里，他们只能用分离的方式来面对，“认命”地牺牲自己，成为一个平凡的劳动者以及辛勤的妇女，而把“心有不甘”的部分冀望于下一代，由他们的小孩来完成。这样一个未来式的可能，“用自己的牺牲来把小孩推到另一个阶层”，这样的整合带给他们生命的价值感，可以超越那些失落，并在生活里产生有意义的行动。

身为唯一的男性，独子，从小我就被安放着光宗耀祖的期待，这是男性所拥有的特权，我不需要参与家务劳动，而有完全自由的念书的空间，我唯一的责任是把书念好，而且享有资源的优势，例如在房间的安排上，我的房间采光最好，而且是这栋房子的文昌位（也就是住在这间的人书会念得最好）。身为劳动家庭子弟的自卑，使我很努力地善用自己的优势；追求成绩上的成就感，是我获取家中关心常使用的方式，这样的求生方式是我所熟悉的。成绩好，不只对我的家有意义，对乡下学校的人们也具有特别意义，维持着有人上建中的传统，能证明中下阶层的孩子靠着努力一样有成功的机会，这样的传统需要被维持，而我也就成为大家眼中的选民，就像义民庙前准备出去比赛的猪公。如果不是劳动阶级，我想我在这个家里，真的是占尽便宜，但父亲受伤后，除了母亲外，我是唯一能够替补的劳动力，我责无旁贷地回家帮忙，并做出重大的牺牲，这种优势的位置才有了改变。

利益的不平等，往往是家庭冲突的来源，尤其是感受到不公平对待的一方，往往采取某种抗议的手段。可是在这个家，却少有明显的争吵和对抗出现，冲突与矛盾在隐晦地在进行。像经济所带来的压力，大部分的时候都是以忍让与牺牲的方式进行的，如：父母牺牲自己生命的可能、小孩牺牲自己的需要。忍耐成为一种维持家庭平衡很重要的方式，因为每个人都知道，对方不是压迫者，现实情境就是必须要有人牺牲。除非，你狠下心来与这个家决裂，否则你所感受到的缺憾是一直存在的。于是反抗只能用潜藏的方式表现，而逃离是最常出现的一种无言抗议。但是你也无法完全地逃离这个家，家庭的困难还是如噪音般传入你的耳朵，让你无法躲避。最后，这种冲突往往是以内化到个人身上作为解决的方式，家庭的无奈转化成个人生命的矛盾，而我的生命故事就是一个家庭冲突内在化的鲜明例子。

15岁的我离开了家，带着乡里的荣耀、父母的期待与自我的要求，独自踏上了到台北求学的路，我不知道如果没有这个转折，我的生命将会如何，是较少不快乐，还是较平凡的生活？是较顺利的道路，还是较真实的存在？不管如何，这个剧变为我的生命带来了断层，伴随而来的是痛苦、冲突与焦虑。一个人的生活，让我的世界充满了孤单和苦闷，我努力地想要做个坚强的孩子，一个不让父母担心的好孩子，可是生活中的不顺，却无时无刻不在牵动着我的痛苦，我一个人挣扎着抵抗这一切，却发现自己是如此的无助，如此难以忍受这一切。孤单时，安静像是会窒息的空气，让你几乎快要崩溃，但在沉默之中，有时却也窜出各种声音，各种细小的声音被放大，而你的害怕、恐惧、孤单、忧郁，也不断地被放大，为了对抗这些幻听，于是你必须发展出各种策略，才能减少这些负向的情绪。

从乡下到都市，接触的不再是农人或工人的小孩，身旁同学的阶级总是挑动你敏感的神经，它耀眼地宣告着你所没有的物质和个人生活，这种匮乏使人必须压抑自己，我必须不断压抑自己的心理的需求，把心力投注在唯一的荣耀上，而与别人保持着一定的距离，期待在成绩里换取一些尊严。虽然我如愿地进了台大，但心里的空虚依然强烈，我不知道自己追求的东西对自己到底有什么意义，对家庭，这个名称是荣耀的，所以我努力去做，但随着离家，我愈来愈看到自己所没有的，个人的牺牲要到什么时候呢？

资料来源：邓明宇．从沉沦走向能动：一个咨商实务工作者的自我叙说到社会实践．应用心理研究，2005：115-142.

关 键 词

积极主动　自我效能　价值观　成功

复习思考题

1. 个体在自我的职业生涯规划中是一个什么样的角色？
2. “改变之门只能从内心开启”这句话的含义是什么？
3. 什么是自我效能感？对个体的职业生涯规划怎样产生影响？
4. 你是怎样理解“人生价值是打开成功大门的钥匙”这句话的？你是否认同这句话，或者有自己的看法？
5. 你了解你自己是怎样被塑造的吗？

第四章
认识你自己

本章掌握要点：

- 了解价值观的定义，并能有效地探索和澄清自己的价值观。
- 重点掌握霍兰德职业性向测试量表的使用。
- 了解能力测试的概念和用途，能熟练使用一般能力测试量表。
- 重点掌握 MBTI 人格测试的内涵。
- 能综合各类测试的结果，全面了解自己。

如果你能审视自己的内心世界
你的发现将拯救你
如果你不能
你没发现的东西将摧毁你

——圣·托马斯《福音书》

开篇案例

了解自己然后去冒险

查尔斯·汉迪原是一位石油公司经理，后来成为石油研究家，现在正享受着他的第三度职业辉煌——作为一名人民党社会哲学家。但是，汉迪并不是一开始就清楚他真正想要的是什么，他花了多年的时间才弄清楚这一点。

“我在我的前半生，花费了很大的力气，想努力地成为另一个人。在中学读书的时候，我想成为一个伟大的运动员；在大学里，我想成为一位备受尊敬的社会名流；大学毕业后，我努力地做着一个成功的商人；再后来，我当上了一家企业主管。

但是，我很快就发现，在上述任何一种身份上我都不会成功。但这样的认知不会阻止我一试再试，同时我会对自己沮丧无比。问题就在于，我努力成为另一个人，却忽略了我可能成为的那个人。我只是跟随时代的大潮和惯例，用金钱和地位衡量成功，在别人已经界定好的社会阶梯上努力攀爬，在此过程中积累物资资料，建立人际关系，而没有努力去表达自己的想法和个性。”

资料来源：斯蒂芬·库姆博．成功人士职业生涯完全手册．李玉霞等译．广东经济出版社，2003.

汉迪总括了很多人的想法，即使那些表面上无限风光的成功人士也每每觉得在自己的生活中存在一种格格不入的安逸。在他们的内心深处，他们也许已经觉察到他们职业上的自我与真正的自我相差甚远。

实际上生活中每一个具体的挫折、困苦后面，无不是“我是谁”、“我为什么活着”、“生命意义何在”这些哲学上的大问题。“我”是一个怎样的人，影响着我们的选择，影响着我们和他人的互动，影响着我们和这个世界的关系，影响着我们发挥生命的潜能，也就影响着我们的幸福！

所以，哲人们说：“认识你自己！”

认识自己不是简单地找出自己的优缺点，而是深入地了解自己的需要，了解自己的行为模式，了解自己的内心冲突，了解身体痛苦所表达的意义，了解自己的过去怎样影响着现在，了解自己是如何被塑造的？

总之，是要看见“看不见的自己”——你的行为仅仅是冰山露出水面的部分，而你要清楚水面下是什么，是怎样一种情况。只有进入自己内心深处，甚至是潜意识的层面，你才能找到自己的痛苦之源，才能找到突破的方向，才能产生积极的改变，才能有生命的成长。

自我探索是人一辈子的功课，人生的历练、遇到的人、重大的事件，都会改变你的想法。越能了解你自己，就越能掌握自己，没有一个人可以说，我已经完全“了解”我自己。

尽管个人对自己了解得越全面越好，但是我们相信有四个因素，即价值观、兴趣、能力和人格是个体在进行职业生涯决策时最需要考虑的部分。

第一节　了解自己的价值观

一、价值观的含义与作用

价值观这个词源自拉丁语“Valere”，意思是“强壮、勇敢、无畏”。当价值观作为名词时，意思是：①从用途方面来讲“值”可以作为选择的一种准则；②“在拥有者眼里是最重要的东西”可以作为衡量事物的准则；③作为事物的一种优点。

价值观的实质是一个非常复杂的问题。我们很难对价值观下一个非常简单，又能得到普遍认可的定义。下面三条准则可能有助于我们理解价值观：

①价值观是一种假设的理论建构。一方面，价值观是一种客观推断，它由人们对自己的目标或外界事物的正确选择得来。另一方面，价值观也是一种主观显示，它是人们的信仰、兴趣、需求、渴望的外在体现。

②价值观意味着我们应该怎么做或什么是我们应该做的。这表明价值观与伦理行为、活动和道义联系在一起。

③价值观是一种激励手段，表明价值观影响着工作，在人们的生活中起作用。

从20世纪50年代开始，唐纳德·舒伯、马丁·凯茨（Martin Katz）以及其他心理学家开始研究价值观，或者更具体说是职业价值观，在职业生涯选择中的作用。

研究结果发现，价值观的确是影响职业生涯决策的因素之一，并且价值观与随后的工作满意度水平有关。当人们依循自己的价值观生活时，会有很大程度的幸福感。另外，价值观是个人自我定义和自我激励的核心要素（Rokeach，1973）。价值观通过帮助人们适应社会、免受外来威胁及正视现实，保持并加强人们的自尊心。

二、价值观的类型

1. 斯普兰格价值观类型

德国教育学家和哲学家斯普兰格，曾任莱比锡大学和柏林大学的教授。他认为，人以固有的气质为基础，同时也受文化的影响。他在《生活方式》一书中提出，社会生活有六个基本的领域（理论、经济、审美、社会、权力和宗教），人会对这六个基本领域中的某一领域产生特殊的兴趣和价值观。

据此，他将人的性格分为六种类型（理论型、经济型、审美型、社会型、权力型和宗教型）。这种类型划分是一个理想模型，具体的个人通常是主要倾向于一种类型兼有其他类型的特点。

①理论型：推崇求知，面对人和事，重视从中认识真相，找出规律。科学是理论价值的最高体现，科学工作的一个重要原则就是排除善恶判断，以中性态度看待万事万物。科学更是与艺术，即审美价值的集中体现分处两极。

②经济型。具有经济价值观的人，基本上是对“有用”发生兴趣。这种

人关心的是生产商品、提供服务和积累财富。他们是彻底的实用主义者，完全按照商人通行的框框办事，追求物质利益。

③审美型。该类型的人以美为最高人生意义，不大关心实际生活，总是从美的角度来评价事物的价值。以自我完善和自我欣赏为生活目的。艺术家属于这种类型。

④社会型。人与人之间的快乐交往、关爱，社会福利、善、道德，这些都是社会价值的表现。“以人为本”可以说是对这种价值的最集中总结。中国古代儒家学说对人际交往中的善有许多总结，在世界古代文明中也是少有的。

⑤权力型。具有权力价值观的人感兴趣的主要是权力。这种人不一定是一个政治家。由于竞争和奋斗在他一生中起很大作用，他在任何需要有高权力价值观，才能获得成功的职业或工作中，会做得很好。

⑥宗教型。追求超验感受和精神寄托，渴望某种超凡脱俗的感受。宗教当然是宗教价值的最高体现。但并非只有宗教活动才能体现宗教价值。

奥尔波特（Allport）（1897—1967 年）是一位美国的心理学家。奥尔波特相信一个人的努力、希望和生活的意义都出于自身的价值观。

他发展了斯普兰格（Spranger）“人的类型”（1922）的原意，不把人们看做六种价值观中某种类型的人，而是认为每个人都具有六种基本的可变价值方向，它们以不同的程度建构于生活的一致性之中。

2. 罗克奇价值观

米尔敦·罗克奇（Milton Rokeach）一生致力于价值观的研究，他发展出了罗克奇价值观测验来研究价值观（Rokeach，1973）。他认为，我们有两种不同类型的价值观。第一种类型被他定义为“终极价值观”，指的是一种期望存在的终极状态，它是一个人希望通过一生而实现的目标。

他认为有 18 种价值观包括我们的概念体系中类似自由、平等、美丽的世界、和平的世界或拯救的含义。具体内容如下：

①舒适的生活（富足的生活）。

②振奋的生活（刺激的\积极的生活）。

③成就感（持续的贡献）。

④和平的世界（没有冲突和战争）。

⑤美丽的世界（艺术与自然的美）。

⑥平等（兄弟情谊\机会均等）。

⑦家庭安全（照顾自己所爱的人）。

⑧自由（独立\自主选择）。

⑨幸福（满足）。

⑩内在和谐（没有内心冲突）。

⑪成熟的爱（性和精神上的亲密）。

⑫国家的安全（免遭攻击）。

⑬快乐（快乐的\闲暇的生活）。

⑭救世（救世的\永恒的生活）。

⑮自尊（自重）。

⑯社会承认（尊重，赞赏）。

⑰真挚的友谊（亲密关系）。

⑱睿智（对生活有成熟的理解）。

例如，“舒适的生活”即是一种终极价值观，意味着生机勃勃的生活；“自由”意味着独立，自由选择；“振奋的生活”意味着刺激，活跃的生活；“社会承认”，意味着敬重，羡慕。人们可以通过选择上面所给出的四个例子中的一个填入下面的句子来确定一种终极价值观：

“我相信，生存的最终状态是________，它是个人和社会都值得为之奋斗的。”

罗克奇还定义了一种“工具价值观”。工具价值观是我们在日常生活中偏爱的行为方式或实现终极价值观的手段 。

例如，“雄心勃勃”，保有这种价值观的人常常是努力工作的，有抱负的；“富于想象”，这样的人常常是大胆的，有创造性的。工具价值观是一种单一的信念，常常以下列形式表现：

“我相信，有一种行为方式，即________，对于个人和社会来说，它在任何情况下对任何事物都是可取的。”

工具价值观更直接地与我们的日常行为联系在一起 。

工具价值观的18项具体内容如下：

①雄心勃勃（辛勤工作\奋发向上）。

②心胸开阔（开放）。

③能干（有能力\有效率）。

④欢乐（轻松愉快）。

⑤清洁（卫生\整洁）。

⑥勇敢（坚持自己的信仰）。

⑦宽容（谅解别人）。

⑧助人为乐（为他人的福利工作）。

⑨正直（真挚\诚实）。

⑩富于想象（大胆\有创造性）。

⑪独立（自力更生\自给自足）。

⑫智慧（有知识的\善于思考的）。

⑬符合逻辑（理性的）。

⑭博爱（温情的\温柔的）。

⑮顺从（有责任感\尊重的）。

⑯礼貌（有礼的\性情好）。

⑰负责（可靠的）。

⑱自我控制（自律的\约束的）。

3. 凯茨工作价值观

20世纪60年代末，凯茨（Katz，1993）研究了大约250种职业，找出了10种与工作有关的价值观，它们可以帮助一个人澄清在某个工作中所能得到的回报与满足。

这10种价值观如下：

①高收入：指除足够生活费用以外还有可以随意支配的钱。

②社会声望：指是否受到人们的尊重。

③独立性：指可以在职业中有更多自己做决定的自由。

④帮助别人：愿意把助人作为职业的重要部分，帮助他人改善健康、教育与福利。

⑤稳定性：在一定时间内始终有工作，不会被轻易解雇，收入稳定。

⑥多样性：所从事的职业要参与不同的活动，解决不同的问题，不断变换工作场所，结识新人。

⑦领导力：在工作中可以控制事情的发展，愿意影响别人，承担责任。

⑧在自己感兴趣的领域中工作；坚持所从事的职业必须是自己感兴趣的领域。

⑨休闲：把休闲看得很重要，不愿意让工作影响休闲。

⑩尽早进入工作领域：涉及一个人是否在意进入工作领域的早晚，是否希望节省时间和不支付高等教育的费用而尽早地进入工作领域。

凯茨最终还发展了一套用于计算机职业指导系统使用的价值观澄清练习，该计算机职业指导系统被称为交互指导信息系统（System for Interactive Guidance Information，SIGI）。

凯茨的练习中一个很重要的方面是个体必须区分价值观的优先次序，因为在一种职业选择中，满足个体所有重要的价值观是不可能的。职业和工作不是为了满足我们所有重要的价值观而创造出来的。

凯茨的另外一个重要观点是，在职业生涯决策中，个人的价值体系——各个重要的价值之间如何协调共存——与一个人最主要的价值观同样重要。

最后，你会注意到在凯茨的价值观研究中，“在你感兴趣的领域中工作”实际上是把在自己感兴趣的领域中工作当做一种价值观。凯茨坚信，在职业生涯决策中，价值观比兴趣更加重要，但是，其他的心理学家并不同意这种看法。

三、价值观澄清

对自己价值观有清楚认识的人在做职业生涯决策的时候会比较顺利。一些学者（Raths，Simon 和 Harmin，1966）认为最重要的是价值观的澄清过程而不是价值观本身的内容。他们确定了价值观澄清的 7 个步骤，见表 4-1。

表 4-1　**价值观澄清的七个步骤**

选择（第一个阶段）	1. 自由地选择
	2. 从各种可能的选择中进行抉择
	3. 对每种可能的选择后果进行深思熟虑后做出选择
珍视（第二个阶段）	4. 珍爱自己的选择，并为此选择感到满意
	5. 愿意公开并确认自己的选择
行动（第三个阶段）	6. 按照自己的选择来行动
	7. 以某种生活方式，不断重复坚持自己的价值观

这七个步骤可以分为三个阶段。第一个阶段是选择一个价值观，包括：自由地选择一个价值观，不考虑他人的压力，也不考虑其他的价值观，然后思考每一个选择的后果。第二个阶段是珍视自己的价值观，包括珍爱和喜欢自己的价值观，愿意在合适的时候向他人公开声明自己的选择。第三个阶段是依照自己的价值观行事，包括做出一些与自己的选择有关的行为，不断以一种与自己的价值观选择相一致的模式行动。

小游戏

拍卖你的生涯

朋友参加过一堂很别致的讲座：“拍卖你的生涯。”外籍老师发给每人一张纸，其上打印着数十行字。

1. 豪宅

2. 巨富

3. 一张取之不尽用之不竭的信用卡
4. 美貌贤惠的妻子或英俊博学的丈夫
5. 一门精湛的技艺
6. 一个小岛
7. 一座宏大的图书馆
8. 和你的情人浪迹天涯
9. 一个勤劳忠诚的仆人
10. 三五个知心朋友
11. 一份价值50万美元并每年可获得25%的纯利收入的股票
12. 名垂青史
13. 一张免费旅游世界的机票
14. 和家人共度周末
15. 直言不讳的勇敢和百折不挠的真诚

大家先是愣愣地看着这些项目，之后交头接耳地笑，感觉甚好，本来嘛，全世界的美事和优良品质差不多都集中在此了。

老师说，我手里是一只旧锤子，但今天它有某种权威——暂时充当拍卖锤。我要拍卖的东西就是在座诸位的生涯。

老师说，一个人的生涯就是你人生的追求和事业的发展，它可以掌握在你自己手中，生涯从属于你的价值观，通常当人们谈到生涯的时候，总觉得有太多的不可把握性，埋藏在未知中。其实它并非想象中那般神秘莫测。今天我想通过这个游戏，让大家比较清晰地看到自己的爱好，预测自己的生涯。

大家听明白了，好奇地跃跃进欲试。

老师说，我现在象征性地发给每人1000块钱，代表你一生的时间和精力。我会把这张纸上所列的诸项情况裁成纸片，一一举起，这就等于开始了拍卖。你们可以用自己手中的积蓄，购买我的这些可能性。100块钱起叫，欢迎竞价，当我连喊三次，无人再出高价的时候，锤子就会落下，这项生涯就属于你了。

这游戏的分量举轻若重，它把我们人生的繁杂目的，约分并形象化了——拼此一生，你到底要什么？

老师举起了第一项拍卖品——拥有一个小岛，起价100元。

全场寂静。一个小岛？它在哪？南半球还是北半球？大西洋还是太平洋？面积若何？人口多少？风光怎样？

老师一脸肃然，坚定地举着那个纸片，拒绝做更进一步的解说。

于是，我们明白了，小岛，就是小小的平平凡凡的一个无名岛。你愿不愿以一生作赌，去赢得这块海洋中的绿地？

终于，一个最爱探险、充满生命活力的女生，大声地喊出了第一个竞价——我出200！

一个男生几乎是下意识地报出：500！他的心思在那一瞬很简单，买下荒凉岛屿这样的事件，就该是男子汉干的勾当。

但那名个子不高但意志顽强的女生志在必得了。她涨红着脸，一下子喊出了1000！

这是天价了。每个人只有1000块钱的储备，也就是说，她已定下以毕生的精力，赢得这个小岛的决心。别的人，只有望洋兴叹了。

那个男生有些悻悻地，说，竞价应该一点一点攀升，比如她要出600，我喊700……这样也可给别人一个机会。

老师淡然一笑说，我们只是象征性的拍卖，所以可能不合规矩。大家要记住，生涯也如战场，假如你已坚定地确认了自己的目标，就紧紧锁定它。机遇仿佛闪电的翎毛。

大家明白了竞争的激烈，当时静中有了潜藏的紧迫和若隐若现的敌意。

拍卖的第二项是美貌贤惠的妻子和英俊博学的丈夫。

我原以为此项会导致激烈的竞拍，没想到一时门可罗雀。也许因为它太传统和古板，被其他更刺激的生涯吸引，大伙不愿在刚刚开场不久，就把自己的一生拴入伴侣的怀抱。好在和美的家庭终会对人有不衰的吸引力，在竞争不激烈的情形下，被一位性情温和的男子以700元买去。

拍到"取之不尽用之不竭的信用卡"时，引起空前激烈的争抢。聪明人已发现，所列的诸项，某些外延交叉涵盖，可互相替代。有同学小声嘀咕，有了信用卡，巨富不巨富的也不吃紧了，想干什么，还不是探囊取物？于是信用卡成了最具弹性和热度的饽饽。一时群情激昂，最后被一奋勇女将，自重围中掳走。

其后的诸项拍卖，险象环生。一位众人眼中极腼腆内向的男同学，取走了免费的旅游世界的机票，让人刮目相看。一位正在离婚风波中的女子，选择了和情人浪迹天涯，于是有人暗中揣测，她是否已有了意中人？一位手脚麻利助人为乐的同学，居然选了勤快忠诚的仆人，让全体大跌眼镜。细一琢磨，推算可能他总当一个勤快人，已经厌烦，但又无力摆脱这约定俗成的形象，出于补偿的心理，干脆倾其所有，买下对另一个人的指挥吧。一旦咀嚼出这选择背后的韵味，旁观者就有些许酸涩。

一位爱喝酒的同学，一锤定音买下了“三五位知心朋友”。此番看了他的选择，我方晓得朋友在他的心秤上如此沉重。

同桌悄悄问，你到底打算买何种生涯？

我说，没拿定主意。我想要那座图书馆。

老师举起了新的一张纸片。他立刻抛开我，大喊了一声：嗨！这个我要定了。1000！

我定睛一看，他倾囊而出购买回来的是——一门精湛的技艺。

他很认真地说，我总记着老爸的话，家有千金，不如薄技在身。

老师举起了“图书馆”，我也学同桌，破釜沉舟地大喊了一声：1000！

当老师说，游戏到此结束。教室一下静得不可思议。老师接着说，有人也许会在游戏之后思索和检视自己，产生惊讶的发现和意料外的收获。有一个现象，不知大家发现没有，有三项生涯当我开价100元之后，没有人应拍，也就是说不曾成交。这种卖不出去的物品，按规矩，是要拍卖行收回的，但我决定还是把它们留下。也许你们想想之后，还会把它们选做自己的生涯目标。

这三项是：

——名垂青史

——和家人共度周末

——直言不讳的勇敢和百折不挠的真诚

同学们大眼瞪小眼，刚才都只专注于购买各自的生涯，不曾注意被遗落冷淡的项目。听老师这样一说，就都默然。

我一一揣摩，在心中回答老师。

和家人共度周末？

不曾购买它以作自己的生涯，原因可能是多方面的。有人以为这是很平淡的事，不必把它定做目标。凡夫俗子们，估摸着自己就是不打算和家人共度周末，也没有什么地方可去。一件被迫的几乎命中注定的事，何必选择？还有的人，是一些不愿归巢的鸟，从心眼里不打算和家人共度周末。现今只有没本事的，才和家人共度周末。有本事的，是专要和外人度周末的。

名垂青史？

可叹现代人对历史的概念已如此脆弱。仿佛站在一个修鞋摊子旁边，只在乎立等可取，只在乎急功近利。

勇敢和真诚？

它固然是人类曾经自豪和骄傲的源泉，但如今怯懦和虚伪，要成了它安身立命的通行证。我们表面的不屑，是因为骨子里的不敢。我们没有承诺勇敢的勇气，我们没有面对真诚的真诚。

游戏结束了，不曾结束的是思考。

在弥漫着世俗气息的“我”之外，以一个“孩子”的视角，重新剖析自己的价值和生存质量，内心就有了激烈的碰撞和痛苦的反思。

在节奏纷繁的现代社会，很难得有这种省察自我的机会，这一瞬让我们返璞归真。

人生的重大决定，是由心规划的，像一道预先计算好的框架，等待着你的星座运行。如期待改变我们的命运，请首先改变心的轨迹。

资料来源：毕淑敏．拍卖你的生涯．中国物资出版社，2009.

第二节　了解你的兴趣

“我和你没有什么差别。如果你一定要找一个差别，那可能就是我每天有机会做我最爱的工作。如果你要我给你忠告，这是我能给你的最好忠告了。”

——沃伦·巴菲特

职业心理研究有个很有趣的发现，每个人对工作的兴趣模式，与这个人比较持久的特质是相吻合的。很多证据显示，这些和工作相关的兴趣模式早在青春期就已存在，而且在历经青春期、青年期以后，到了成年阶段，兴趣更加坚定一致。

和青少年相比，成年人更了解自己的兴趣模式，他们能够通过生活与工作，来加深对自己的进一步认识。当然，个人兴趣发展会受到工作环境里的新经验的持续影响，但是无论怎样波动，它都离不开真正的兴趣模式范围。

值得注意的是，个人的“深层结构兴趣”与它的具体表现是有区别的。深层结构兴趣是人最基本的性格特质之一，深植内心，恒久不变，并迫使我们为它们找到表达的途径。

但是，并非所有的深层结构兴趣都能表现为具体兴趣，只有当人生的经验引发深层结构兴趣时，具体兴趣才能形成。

一个人能够在某条职业道路上发展，但是，假如这不是建立在个人特有的深层结构兴趣模式的基础上，他的工作热忱就很难持久，更不可能把该职业作为他终身的志向和追求。

技能评估当然很重要，但是在职业发展上，“我应该做什么”远没有“我想做什么”更重要；“我是否有能力做好某件事”的重要性也比不上“我是否对某件事有兴趣”。

每个人最大的竞争优势，往往并不是自己的技能，而是来自于自己以最大的热忱和渴望所做的一切努力。才能和技能的程度，是“可不可以”从事某一项工作的因素，但不应该妨碍某项兴趣的深化与发展。

大多数人对自己的工作和职业生涯或多或少已经有了一些认识。他们都曾有过某件事情让自己真正感兴趣的经验，也曾从这些经验中学习和总结。这些经验所留下的印象，正是重新思考自我角色和工作环境的开端。

一、霍兰德类型说

在20世纪70年代，心理学家约翰·霍兰德开始提出一些新的思考兴趣及兴趣量表的方法。霍兰德指出，个体的人格特征和背景因素决定了他的职业选择方向，职业选择是个体人格的一种表现方式。霍兰德理论的核心思想是，个体趋向于选择最能满足个人需要、实现职业满意的职业环境。理想的职业选择是使人格类型与职业类型相互协调和匹配。

霍兰德认为，在美国社会中主要存在六种人格类型和六种与之相对应的环境模式：现实型（Realistic）、研究型（Investigative）、艺术型（Artistic）、社会型（Social）、企业型（Enterprising）和常规型（Conventional）。各种类型具有各自的主要特征。

（1）现实型（Realistic）

①性格特征：非社交的、物质的、遵守规则的、实际的、安定的、缺乏洞察力的、感情不丰富的、不善与人交往的。

②职业特征：需要进行明确的、具体的、按一定程序要求的技术性、技能性工作。

③相关职业：飞机检修工、动物饲养员、木工、无线电工、汽车驾驶员、建筑工、机械操作工、工地检查员、电工、钳工测量工、船舶驾驶员。

（2）研究型（Investigative）

①性格特征：分析的、内省的、独立的、好奇的、慎重的、敏感的。喜好智力活动和抽象推理。

②职业特征：通过观察、科学分析而进行的系统的创造性活动，一般研究对象侧重于自然科学方面，而不是社会科学方面。

③相关职业：气象员、生物学工作人员、天文工作者、化学技师、杂志编辑、地质工作者、植物研究人员、建筑设计师、计算机程序设计员。

（3）艺术型（Artistic）

①性格特征：想象力丰富、理想的、直觉的、冲动的、独创的，但是无秩序的。感情丰富，但缺乏事务性办事能力等。

②职业特征：通过非系统化的、自由的活动进行艺术表现，但精细的操作能力较差。

③相关职业：诗人、作家、乐队指挥、作曲家、演员、商品设计师、记者、导演、画家、雕刻家、工艺设计师。

(4) 社会型 (Social)

①性格特征：助人的、易于合作的、社交的、有洞察力的、责任感强的、重友谊的、有说服力的，比较关心社会问题等。

②职业特征：从事更多时间与人打交道的说服、教育和治疗工作。

③相关职业：教师、口语矫正人员、临床医师、社会福利工作人员、护士、职业咨询者、服务人员、导游、公共关系人员、列车员、律师、营业员、供销员、医生、社会活动家、计划生育工作者。

(5) 企业型 (Enterprising)

①性格特征：支配的、乐观的、冒险的、冲动的、自我显示的、自信的、精力旺盛的、好发表意见和见解的，但有时是不易被人支配的、喜欢管理和控制别人等。

②职业特征：从事需要胆略、冒风险且承担责任的活动。主要指管理、决策方面的工作。

③相关职业：企业投资者、商品资讯员、广告事业人员、管理干部、经理、主持人、推销员、宣传人员、调度、乡镇企业负责人。

(6) 常规型 (Conventional)

①性格特征：自我抑制的、顺从的、防卫的、缺乏想象力的、持续稳定的、实际的、有秩序的、回避创造性活动等。

②职业特征：严格按照固定的规则、方法进行重复性、习惯性的活动，希望较快地见到自己的劳动成果、有自控能力。

③相关职业：会计、统计人员、信贷调查员、法庭速记员、银行出纳、税务人员、仓库管理员、计算机操作人员、价格计算人员、打字员、秘书、理发师、邮递员、图书馆员。

霍兰德的职业类型理论，实质在于劳动者的职业性向类型与职业类型相互适应。霍兰德认为，同一类型的劳动者与同一类型的职业相互结合，便达到了适应状态，这样劳动者找到了适合自己的职业岗位，其才能与积极性才能得以发挥。

依照霍兰德的理论，劳动者职业性向类型与职业类型相关系数越大，两者适应程度就越高；两者相关系数越小，相互适应程度就越低。

如图4-1所示，职业类型图的六个角分别代表六种职业类型和六种职业性向类型。六种类型的劳动者与六种类型的职业相关联，在图形上以连线表示。连线距离越短，两种类型的人与职业的相关系数就越大，适应程度就越高。

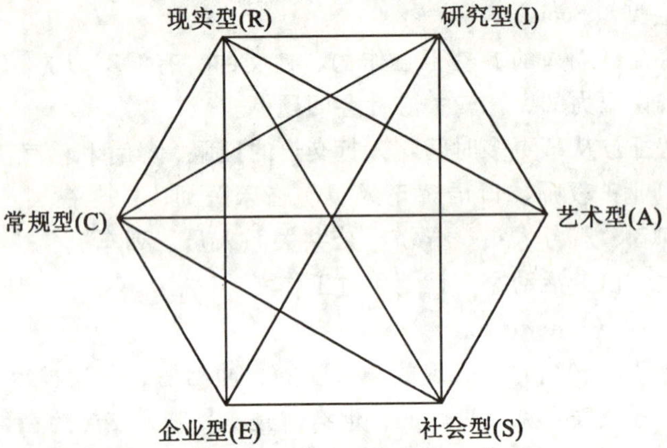

图4-1　霍兰德职业类型图

霍兰德模型中的六种职业类型并非完全独立。在一些类型之间存在重要的相关性。

一般来说，相关程度较高的是在六角形中相邻近的两个方面，那些极不相关的方面则位于六角形中较远的位置。

二、坎贝尔兴趣和技能调查表

坎贝尔兴趣和技能调查表（Campbell Interest and Skill Survey，CISS）可以帮助员工回顾他们的职业之路，协助企业有效地开发员工潜能。该量表将200种兴趣和120种技能分为6个等级，将得分转化为7个方向①影响；②组织；③帮助；④创造；⑤分析；⑥生产；⑦冒险。这7个方向又进一步细分为29个范围，例如领导、监督、冒险等。人的一种兴趣就用一个实心的菱形表示（◆）；一种技能就用一个空心的菱形表示（◇）。兴趣得分表示一个人对某种活动的喜欢或偏好；技能得分揭示了一个人对完成某项活动的自信程度。

表4-2显示了一个人在七个方向上的特点，得分范围从30分到70分。

表 4-2 **定向和基本量表**

方向	兴趣 ◆	能力 ◇	很低 低 中等 高 很高 30 35 40 45 50 55 60 65 70	兴趣/技能模式
影响	61	60		发展
领导	65	64		发展
法律/政治	48	57		探索
演讲	63	59		发展
销售	46	58		探索
广告/营销	47	42		
组织	46	37		
监督	68	58		发展
金融服务	35	31		避免
办公活动	44	42		避免
帮助	60	68		发展
成年人的发展	62	58		发展
咨询	58	68		发展
儿童发展	56	43		开发
宗教活动	70	60		发展
医疗活动	52	56		探索
创造	23	37		避免
艺术/设计	19	32		避免
表演艺术	41	39		避免
写作	32	36		避免
国际性活动	50	64		探索
时尚	35	48		
烹饪技术	48	43		
分析	33	33		避免
数学	34	33		避免
科学	31	36		避免
生产	37	46		
机械操作	33	35		避免
木工	32	39		避免
农艺/林学	46	44		
种植/园艺	51	51		
动物饲养	50	49		
冒险	59	54		开发
运动/健美	58	47		开发
军队/法律力量	63	66		发展
冒险	46	52		

资料来源：［美］约翰 M. 伊万切维奇．人力资源管理．机械工业出版社，2004.

如果一个人在技能和兴趣方面的得分都高，推荐他/她慎重考虑这个方向的活动。在兴趣方面得分高但在技能方面得分低，需要鼓励他/她发展技能。在兴趣方面得分低但在技能方面得分高暗示着需要进行探索。最后，兴趣和技能方面得分都低，暗示着应该避免这个方向的活动。在表4-2中，对应的选择不是定位在分析上而是指出哪些领域值得去发展，尤其是法律、政治和演说等领域。

案例

做你感兴趣的事

李开复在高中升大学时，他选择了哥伦比亚大学法律系，希望将来成为一名律师或一位政治家。哥伦比亚大学是一所文科性质的院校，它的法律专业排名位于全美前三名，而且毕业后从事律师，将是一个很有前途、很有地位的职业。

但是，到了大学二年级，李开复逐渐发现，自己并不真正喜欢政治，“专业课上提不起精神，甚至想把枯燥的课本扔到教授身上”。

李开复意识到自己在政治学领域没有什么出众之处，既没有炽烈的热爱，更没有献身的欲望，还很厌恶那些世俗的政治技巧。

与此同时，他接触并喜欢上了计算机，每天疯狂地编程，很快引起了老师同学的注意。终于，大二的一天，他做了一个重大的人生决定：放弃此前一年多在全美前三名的哥伦比亚大学法律系已经修成的学分，转入该校默默无闻的计算机系。

20世纪70年代，计算机还属于新事物，哥伦比亚大学的计算机系也才刚刚创立，连30人都不到，社会上也还没有“计算机科学家”这类人。从受人尊敬的律师到一个前途不明的“计算机工作者”，李开复改换专业的代价很大。

朋友们劝他谨慎考虑，但是李开复想：人生只有一次，不应浪费在并不感兴趣、没有成就感的领域。一辈子从事一份没有激情的工作将会付出更大的代价。“办完换专业手续的那天，我心花怒放，精神振奋，我对自己要求，大学后三年的每一门功课都要得优。”

李开复实现了他的诺言，他在自己选择的专业领域一路走来，成为计算机领域的顶级专家之一，并获得过商业周刊颁发的“最重要科技创新奖”。如果不是那天的决定，今天的李开复就不会在计算机领域取得这样的成就；如果不是那天的决定，今天的李开复可能只是美国某个小镇上一名既不成功也不快乐的律师。

“想要爱你做的事，先去做你爱的事。”有兴趣才有激情，有激情才能带来持久的动力，才能释放自己的全部潜能并从中享受到成功与快乐。

资料来源：李开复．做最好的自己．人民出版社，2005.

第三节 了解你的能力

一、能力倾向的概念

能力是一种心理特征，是顺利实现某种活动的心理条件。能力有两层含义：一是对某项任务或活动的现有成就水平，是指已经发展成为或表现出来的实际能力（Actual Ability）；二是容纳、接受或保留事物的可能性，是指潜在能力（Potential Ability）。

能力倾向（Aptitude），也称“性向”，是指个体得益于进一步训练的潜在能力。关于能力倾向的定义，众说纷纭。例如，Warren（1935）认为，所谓能力倾向，即构成某种知识、技能和一定行为模式的各种个人特质的状态和组合。

此后，许多学者对它作了定义。Super（1957）认为：“能力倾向是一些对不同职业的成功，在不同程度上有所贡献的心理因素。它们是各自比较稳定的、单一的独立因素。”这种能力倾向的概念特征，可以归纳如下：

①稳定性。能力倾向，在某种程度上受遗传因素的影响。在幼儿期和儿童期，经验对能力倾向的发展起着一定的作用。但是，能力倾向在青年期和成人期具有较稳定的倾向。

②可能性。能力倾向不是现实的能力，而是潜在的可能性。

③独立性。能力倾向是单一的、独立的某种潜在能力。但一种能力倾向的测定，并不是没有其他因素的影响。

④多样性。随着测验的构成方法及分析方法的改善，以及测验更加精密和大规模地进行，能力倾向或心理因素的种类就具有多样性。

从这个定义中可以把能力倾向的本质概括为以下两个方面：

①预见性或潜在可能性。即现在的身心状态及诸特性，能作为预见将来的征兆。否则，能力倾向测验就无价值。

②稳定性或恒常性。作为能力倾向的身心状态及诸特性必须长期稳定，否则，就无法预测将来。因此，保持稳定的恒常性是能力倾向的重要特性。目前，比较被承认的恒常性的内容，在能力方面，是智能等；在人格方面，是气质和兴趣。

能力倾向的含义，有广义和狭义两种理解。广义的能力倾向，包括身体条件、智能、性格、兴趣等是否适合某个方向的作业领域。狭义的能力倾向，指的是为了有效地进行某种特定活动所必需的特殊能力，即特殊能力倾向（Special Ability）。

广义的能力倾向测验，包括体格及生理机能检查，运动机能和感官机能测定，以及智能测验，特殊能力测验，性格测验，兴趣测验等。因此，特殊能力测验是广义的能力倾向测验的一种。

特殊能力测验有各种各样的种类，例如，音乐、美术、运动、体操、计算、外语、学习、汽车驾驶、飞机驾驶等。

二、能力倾向测验的用途

能力倾向测验是为了判定能力倾向的有无和程度，是为了测量潜在的成就或预测未来的业绩水平。因此，被标准化了的能力倾向测验，具有两种机能：一是判断个人具有什么样的能力，即所谓诊断机能。二是测定在所从事的活动中，成功和适应的可能性，即所谓预测机能。

职业领域的性向测验又可分为特殊性向测验和一般性向测验。前者用于人事选拔，后者主要用于职业指导和咨询。与职业活动有关的能力倾向，最重要的有以下三个方面：

①什么样的职业适合于某人（职业选择和指导）；

②为了胜任这个工作，什么样的人最合适（人员甄选和配置的问题）；

③为了使这个人适合某种职业，对什么地方进行改善最好（合适职业的开发和职务再设计）。

根据这三个方面的内容，能力倾向测验可以广泛地运用于以下多个领域：

①在进行职务分析时，可以采用符合条件、具有某种能力的人。

②可以配置与被录用者个性相符的职务。

③根据对在职人员进行测验，能诊断整个单位人员的态度、性格，从而可以用于教育训练、能力开发与组织开发。

④由于知道被测试者的性格和能力特征，可以作为个人指导、发展方向指导、咨询指导等资料使用。

三、能力倾向测验的分类和内容

现在所使用的能力倾向测验，大致区分为：职业能力倾向测验，辨别能力倾向测验，升学能力倾向测验，音乐、艺术能力倾向测验，准备性测验(Readiness Test)，专门职务、管理监督能力测验等。在日常生活中，一般为人们所了解的是职业能力倾向测验。

职业能力倾向测验的内容如下：

①身体运动的机能测验。例如，握力、背肌力、听力、视力等身体机能测验，以及投射、击球等复合运动机能测验。

②作业动机机能测验。例如，简单反应测验，敲打速度测验等速度测验，金属丝作业，双手协调等精巧测验。

③智力能力测验。从一般智能测验到记忆力测验，注意力测验，形态盘测验等个别智力检查。

④性格兴趣测验。性向测验，职业兴趣测验。

四、一般能力倾向成套测验

一般能力倾向成套测验（General Aptitude Test Battery，GATB）最初是美国劳工部花了十多年时间研究制定的。它是对许多职业群同时检查各自的不适合者的一种成套测验。

自 1935 年开始，美国劳工部就业服务局组织了性向测验研究。通过该项研究计划，发现了当时使用的各种性向测验的基本因素，而且找到了适合测量这些因素的测验，并于 1947 年发表了一般能力倾向成套测验。经过不断的修订和改良，现在的 GATB 由 12 项分测验构成，设计测量 9 种性向。

中国学者方俐洛和凌文辁在国外研究的基础上，于 1989—1993 年完成了一般能力倾向测验（中国版）的研制。

一般能力倾向测验可以测量以下 9 种能力：

G——智能（Intelligence）

一般的学习能力。对说明、指导语和诸原理的理解能力，推理判断能力，迅速适应新环境的能力。

V——言语能力（Verbal Aptitude ）

理解言语的意义及与它关联的概念，并有效地掌握它的能力。对言语相关关系及文章和句子意义的理解能力。表达信息和自己想法的能力。

N——数理能力（Numerical Aptitude）

在正确快速进行计算的同时，能进行推理、解决应用问题的能力。

S——空间判断能力（Spatial Aptitude）

对立体图形以及平面图形与立体图形之间关系的理解能力。

P——形状知觉（Form Perception）

对实物或图解的细微部分正确知觉的能力。根据视觉能够比较辨别的能力。对图形的形状和阴影的细微差异、长宽的细小差异，进行辨别的能力。

Q——书写的知觉（Clerical Percption）

对词、印刷物、票类的细微部分正确知觉的能力。直观地比较辨别词和数字，发现错误或校正的能力。

K——运动协调（Motor Coordination）

正确而迅速地使眼和手或指协调，并迅速完成作业的能力。正确而迅速地做出反应动作的能力。使手能跟随着眼所看到的东西迅速运动，进行正确控制的能力。

F——手指的灵巧度（Finger Dexterity）

快速而正确地活动手指，用手指能很好地操作细小的东西的能力。

M——手腕灵巧度（Manual Dexterity ）

随心所欲地、灵巧地活动手及腕的能力。拿取、放置、调换、翻转物体时手的精巧运动和腕的自由运动能力。

五、SCANS 技能

1993 年，美国劳动部发布了一份名为 SCANS（关于掌握必要技能的部长令）的报告。该报告明确指出当代职场必备的基本技能及有利于成功的能力要求。

表 4-3 的内容大致反映了 SCANS 报告的精神。对照一下，你已经具备哪些技能？你想培养什么技能？

表 4-4 和表 4-5 将 SCANS 所述技能分级。这两份表格将 SCANS 能力和 SCANS 基础能力区分开来。在每张表中按能力大小将每个栏排序，然后，将目录后的细目排序。

在完成这些练习时，既要考虑在实践中培养的能力，也要考虑与生俱来的能力。有些人通过多年的实践培养了出色的打字技能，但他们也许生来就是很好的演说家。

你的偏好是什么？你的愿望是什么？在完成以下测试时，一定要开动脑筋，要反映真实的情况，要凭直觉去做。

表 4-3 **SCANS 能力和基础**

能力
有效率的员工能够有效利用 ☼ 资源——分配时间、金钱、材料、空间和人手 ☼ 人际交往技能——团队协作，指导他人，服务顾客，领导，主持谈判，与不同文化背景的人和谐共处 ☼ 信息——获取并评定数据，组织并维护档案，解释和传达信息，以及运用电脑处理信息 ☼ 制度——了解社会制度，机构体制和技术体系；监控并修正工作表现，订立并改善制度 ☼ 技术——挑选设备和工具，将技术应用到具体工作中，维护设备和排除设备故障
基础
需要具备以下能力 ☼ 基本技能——读、写、算术/数学、听、说 ☼ 思考技能——创造性思维、决策、处理问题、想象、学习方法的认知、推理 ☼ 个人能力——个人职责、自尊和自我管理、交际能力、诚实

表 4-4 **你具有哪些 SCANS 能力**

主题区（次序 1～5）	细目区（每区内排序）
□资源（次序 1～5）	□部署人员 □分配时间 □划拨经费 □分配材料 □安排空间
□交际技巧（次序 1～6）	□指导他人 □团结协作 □和不同文化背景的人和谐共处 □服务客户 □商谈 □领导才能
□信息（次序 1～7）	□收集信息 □评估信息 □信息归档 □利用电脑/处理信息

续表

主题区（次序 1～5）	细目区（每区内排序）
□信息（次序 1～7）	□维护档案 □传达信息 □翻译信息
□制度（次序 1～7）	□监控表现 □修正表现 □了解社会制度 □理解组织结构 □了解技术系统 □订立制度 □改善制度
□技术（次序 1～3）	□挑选设备和工具 □在具体工作中应用技术 □维护设备/排除设备故障

评定你的能力，看看你有哪些优缺点。

表 4-5　　**你具有哪些 SCANS 基础能力**

主题区（次序 1～3）	细目区（每区内排序）
□基本技能（次序 1～5）	□阅读 □写作 □数学 □说 □听
□思考技巧（次序 1～5）	□创造性思维 □决策能力 □想象力 □学习能力 □分析能力
□个人素养（次序 1～4）	□自尊心 □自我管理能力 □个人责任感 □社交能力

将基础能力排序，你的优缺点是什么？

第四节　人格测试

人格（Personality），在美国心理学界，有的心理学家又称之为性格，指一个人在现实的稳定态度和习惯化了的行为方式中所表现出来的个性心理特征。

奥尔波特（1897—1967年）是一位美国的心理学家。他有句名言："同样的火候，使黄油融化，使鸡蛋变硬。"他认为，"人格是个体内部那些决定个人对其环境的独特顺应方式的身心系统的动力结构"，他强调了人格的个别特点，创立了人格特质论。

我们每个人都有着不同的性格特征，有着不同的思维方式和行为习惯，有的乐观开朗，有的沉默寡言；有的风风火火，有的却慢条斯理；有人感情丰富，有人却不动声色……

这一切都是你的人格在起作用。

一、梅尔斯—布瑞格类型指标（MBTI）

梅尔斯—布瑞格类型指标（MBTI）是凯瑟琳·C. 布瑞格（Katharine Cook Briggs）在第一次世界大战期间发展起来的，是所有人格测试之母，也是当今世界上最为流行的人格测试。

她的理论建立在荣格的人格理论基础上，经过她的女儿伊萨贝尔·布瑞格·梅尔斯（Isabel Briggs Myers）的进一步发展，最终在20世纪70年代形成了标准的梅尔斯—布瑞格类型指标。

通过对荣格理论的深入研究，伊萨贝尔·布瑞格·梅尔斯总结说我们每个人都有一种主导行为方式来处理下列问题：

①你从哪里获得精力（Energizing）。我们从自身以外（外向型），还是从自己内部（内向型）。

②如何收集周围世界的信息（Attending）。直陈性地、有序地（感觉型），还是比喻性地、随机地（直觉型）。

③如何做出决定（Deciding）。客观地、不涉及人情（思考型），还是主观地、顾念人情（情感型）。

④日常的生活方式（Living）。你喜欢事先作决定、做计划，过得井井有条（判断型），还是宁愿灵活多变、在生活中顺其自然（感知型）。

基于以上分析，布瑞格将MBTI的人格类型分为四个维度，每个维度有两个方向，共计八个方面，即共有八种人格类型，分别用八个大写字母表示，具体如下：

①精力流动：Extraversion（E） vs. Introversion（I） 外向/内向
②接收信息：Sensing（S） vs. iNtuition（N） 感觉/直觉
③处理信息：Thinking（T） vs. Feeling（F） 思考/情感
④行动方式：Judging（J） vs. Perceiving（P） 判断/感知

下面让我们对每一个维度逐一加以解释。

1. 外向型（E）/内向型（I）

外向型（E）：关注自己如何从外部环境获得能量，将心理能量和注意力聚集于外部世界和与他人的交往上。例如：聚会、讨论、聊天。

内向型（I）：关注自己如何从内心世界获得能量，将心理能量和注意力聚集于内部世界，注重自己的内心体验。例如：独立思考，看书，避免成为注意的中心，听的比说的多。

无论是内向型还是外向型，这两种行为举止本身都很正常。内向型和外向型的人通过各自的方式获得精力和能量。而无论哪种偏好，如果一个人长时间违反自身性格行事，不管他获得多大的成功，最终都将过于扭曲本性而心力交瘁。

2. 感觉型（S）/直觉型（N）

感觉型（S）：关注由感觉器官获取的具体信息，看到的、听到的、闻到的、尝到的、触摸到的事物。例如：关注细节、喜欢描述、喜欢使用和琢磨已知的技能。

直觉型（N）：关注事物的整体和发展变化趋势，灵感、预测、暗示，重视推理。例如：重视想象力和独创力，喜欢学习新技能，但容易厌倦、喜欢使用比喻，跳跃性地展现事实。

《圣经·旧约》的《出埃及记》里有一个经典的故事表现了感觉型与直觉型的人的性格差异。

摩西派出12名探子去考察圣地。其中10名探子的报告异常精确，包括圣地有多少人、都在做什么、在哪里消磨时光等，以及其他的细节。但是，有2名探子最后向摩西报告说那是一片“流淌着奶和蜜的土地”。

很清楚，10名探子是感觉型的，另外2名探子是直觉型的。

3. 思考型（T）/情感型（F）

思考型（T）：重视事物之间的逻辑关系，喜欢通过客观分析作决定。例如：理智、客观、公正、认为圆通比坦率更重要。

情感型（F）：以自己和他人的感受为重，将价值观作为判定标准。例如：有同情心、善良、和睦、善解人意，考虑行为对他人情感的影响，认为圆通和坦率同样重要。

有趣的是，思考型（T）和情感型（F）是唯一有性别趋向的两种偏好。差不多有1/3的男性是思考型（T）的，而2/3的女性是情感型（F）的。在短时间内，男性和女性也许会陶醉于这两种性格的差异：对立带来吸引，尽管只是一时的。但是，时间一长，性格差异就会成为人际交往中各种问题的主要根源。

4. 判断型（J）/感知型（P）

判断型（J）：喜欢做计划和决定，愿意进行管理和控制，希望生活井然有序。例如：重视结果（重点在于完成任务）、按部就班、有条理、尊重时间期限、喜欢作决定。

感知型（P）：灵活、试图去理解、适应环境、倾向于留有余地，喜欢宽松自由的生活方式。例如：重视过程、随信息的变化不断调整目标，喜欢有多种选择。

这一维度是引起工作中人际关系紧张的最重要的根源，也是许多人在实施时间管理时感到别扭的原因。对于判断型的人来说，时间管理是一个非常好的工具，可以帮助他们有序地生活；但是，对于感知型的人来说，事事都要做计划，排顺序实在是令人难以忍受。他们难以理解，生活本来就可以灵活安排，顺其自然，根据各种情况随机应变，干嘛要规划得死死的。

总的来说，判断型和感知型之间没有对错之分，两种偏好都是我们需要的。判断型的人需要从感知型的人身上学会从容不迫，以免在做决定的时候百密一疏；感知型的人需要在判断型的人的帮助下学会合理安排资源、做事坚持到底。否则，就像下面故事中的农民一样，花了一天的时间，一件小事都做不完：

一天有个农民早上计划着去给篱笆刷油漆，他去仓库取油漆，就在路上他发现，割草机上的刀片需要打磨。他把刀片拆下来并放在磨床上，此时他又意识到他的打磨工具箱需要清理，当他刚从工具箱拿出一个工具时，突然想起他在五金商店里订的一套接口还没有到货。他打电话给五金商店，获悉工具已经在商店了，于是他赶往城里取货。在城里他碰到了一个老朋友，然后他们决定去喝酒，喝完酒商店已经关门了。

二、MBTI的人格类型

MBTI用四个维度上代表偏好的字母来表示一个人的类型，例如，一个人的偏好依次是内向、感觉、思考、判断，那么他的类型用ISTJ来表示。由于每个维度有两种偏好，有四个维度，所以所有的类型组合一共有 $2\times2\times2\times2$

=16 种。具体组合如表 4-6 所示。

表 4-6 16 种性格类型

		感觉型（S）		直觉型（N）	
		思考型（T）	情感型（F）	情感型（F）	思考型（T）
内向型（I）	判断型（J）	ISTJ	ISFJ	INFJ	INTJ
	感知型（P）	ISTP	ISFP	INFP	INTP
外向型（E）	感知型（P）	ESTP	ESFP	ENFP	ENTP
	判断型（J）	ESTJ	ESFJ	ENFJ	ENTJ

三、四种气质类型

由于 16 种性格类型比较复杂，我们不好掌握，下面我们采用一种更简洁的方式来观察自己的性格类型。

由于人们在收集信息上的差异是大多数人类交往活动的出发点，因此，感觉型（S）和直觉型（N）的差异是确定气质类型的首要因素。

盛水的杯子是半空的，还是半满的？感觉型的人和直觉型的人各自看到了不同的景象：直觉型重视每件事中蕴含的可能性，从而对杯子里盛的水持乐观态度；感觉型只关注实实在在的，而非可能的东西，因而往往对潜在的趋势视而不见。

无论你是哪一种性格类性，你在做出决定之前，首先要做的就是收集信息，因此，气质的第一个字母就是 S 或 N。气质的第二个字母，随第一个的不同而不同。

如果你是一个直觉型（N）的人，你倾向于以抽象的、概念化的方式收集信息。构成你气质的第二种重要的性格来自于你如何评估所搜集的信息：客观的（思考型）还是主观的（情感型）。

因此，对直觉型的人来说，两种基本的气质类型就是直觉—情感型（NF）和直觉—思考型（NT）。

如果你是一个感觉型（S）的人，你倾向于以实实在在的、可触摸的方式收集信息。构成你气质的第二种重要的性格来自于你如何处理而非评估所搜集的信息：你把它们组织得井然有序（判断型）或者只是不停地吸纳，甚至寻求更多（感知型）。

因此，对感觉型的人来说，两种基本的气质类型就是感觉—判断型（SJ）

和感觉—感知型（SP）。

如上所述，16 种性格类型中的每一种都可以归入 4 种气质之一。这 4 种气质的提出，是另外一本讨论性格类型的书《请理解我》的作者 David Keirsey 和 Marilyn Bates 提出的，他们把这 4 种气质命名为：合法主义者、理想主义者、现实主义者和理性主义者。具体如表 4-7 所示：

表 4-7 四种气质类型

SJ 合法主义者/维护者	**NF** 理想主义者/通情者
SP 现实主义者/行动者	**NT** 理性主义者/分析者

1. 合法主义者（SJ）

他们是传统的忠实拥护者，是社会的基础和中坚力量。他们值得信任、忠诚、乐于助人、勇敢、规矩而又虔诚。生活目标是成为某个有意义机构中的一员。

他们喜欢从事组织或管理工作，喜欢标准的流程——组织人员、布置家具、安排计划和时间表，直至管理整个公司。

通常适合的职业：经理人员、会计、警察、医生、教师等。

2. 理想主义者（NF）

他们是生活中的理想主义者，希望为推进人类的利益的目标服务。他们看重与人的和谐相处，专注发展别人的潜能，寻找生活的目标和化解分歧。不过，理想主义者往往难以胜任监管者的职务，他们会给工人过多余地。

通常适合的职业：咨询师、记者、艺术家、心理学家和神职人员。

3. 现实主义者（SP）

他们追求自由和实际行动。对“即兴”有一种渴望。乐观、相信运气和他们的能力能够应对任何事情。寻求冒险经历和体验，思考时从变化入手。专注于利用技巧去帮助别人和获得期望的结果。要求能自由地选择下一步，厌恶常规和例行公事。

通常适合的职业：表演者、企业家、排除故障者、自由职业者、消防队员。

4. 理性主义者（NT）

渴求知识与才能，善于处理知识和概念。对未知充满好奇，习惯客观地关注和分析各种可能性。喜欢开展新项目，但是不善于跟进。善于接受新观念，专注于能够实现成员目标以及能带来进步的策略和设计。

通常适合的职业：科学家、建筑师、工程师、设计人员、经理人员等。

尽管某些职业可能吸引大量的某些类型的人，但是没有证据表明16种类型中的任何一种不能从事或不适合任何一种工作。因此，心理类型不能作为人员甄选的标准，需要参照其他测验的结果。但是人格类型可以预示一个人的工作和管理风格，为团队建设提供信息。

关　键　词

价值观　　工作价值观　　兴趣　　能力　　人格　　自我认知

复习思考题

1. 如何正确看待各种测试的结果?

2. 各种测试之间是否存在内在的逻辑关系?

3. 如何有效地整合各种测试结果所提供的信息?

4. 如何看待已有能力和潜在能力的关系?

5. 有人说：能力是合适的人生发展平台，不是他人的评价；兴趣是解决问题的意愿与动机，不是测验分数；价值是意义的创造与表达，不是社会地位；目标是存在的主题，不是社会期待与责任；性格是基因与心理历史交织出来的产物，不是道德修养。你是如何理解这些说法的?

6. 某同学现在对自己的专业不感兴趣，因此考虑是不是要换专业，对此你有何建议?

7. 有很多成功人士告诫年轻人，“做自己应该做的事，而不是做自己喜欢做的事”。与此同时，我们也经常听到“兴趣是最好的老师，做自己喜欢做的事”，那么，这两种观点是矛盾的吗?对这两种建议你是怎么理解的?

附录1：霍兰德职业性向测验量表

本测验将帮助您发现和确定自己的职业兴趣和能力特长，从而更好地做出求职择业的决策。如果您已经考虑好或选择好了自己的职业，本测验将使您的这种考虑或选择具有理论基础，或向您展示其他合适的职业；如果您至今尚未确定职业方向，本测验将帮助您根据自己的情况选择一个恰当的职业目标。

本测验共有七个部分，每部分测验都没有时间限制，但请您尽快按要求完成。

第一部分　您心目中的理想职业（专业）

对于未来的职业（或升学进修的专业），您一定早有考虑，它可能很抽象、很朦胧，也可能很具体、很清晰。不论是哪种情况，现在都请您把自己最想干的3种工作或最想读的3种专业，按顺序写下来。

1. ____________________
2. ____________________
3. ____________________

第二部分　您所感兴趣的活动

下面列举了若干种活动，请就这些活动判断你的好恶。喜欢的，请在“是”栏里打√，不喜欢的则在“否”栏里打×。请按顺序回答全部问题。

R：实践型活动	是	否
1. 装配修理电器或玩具	______	______
2. 修理自行车	______	______
3. 用木头做东西	______	______
4. 开汽车或摩托车	______	______
5. 用机器做东西	______	______
6. 参加木工技术学习班	______	______
7. 参加制图描图学习班	______	______
8. 驾驶卡车或拖拉机	______	______
9. 参加机械和电气学习班	______	______
10. 装配修理机器	______	______
	统计“是”一栏得分计______	
A：艺术型活动	是	否
1. 素描/制图或绘画	______	______
2. 参加话剧/戏曲	______	______

续表

3. 设计家具/布置室内	____	____
4. 练习乐器/参加乐队	____	____
5. 欣赏音乐或戏剧	____	____
6. 看小说/读剧本	____	____
7. 从事摄影创作	____	____
8. 写诗或吟诗	____	____
9. 进艺术（美术/音乐）培训班	____	____
10. 练习书法	____	____
	统计“是”一栏得分计____	
I：调查型活动	是	否
1. 读科技图书和杂志	____	____
2. 在实验室工作	____	____
3. 改良水果品种，培育新的水果	____	____
4. 调查了解土和金属等物质的成分	____	____
5. 研究自己选择的特殊问题	____	____
6. 做算术或数学游戏	____	____
7. 物理课	____	____
8. 化学课	____	____
9. 几何课	____	____
10. 生物课	____	____
	统计“是”一栏得分计____	
S：社会型活动	是	否
1. 学校或单位组织的正式活动	____	____
2. 参加某个社会团体或俱乐部活动	____	____
3. 帮助别人解决困难	____	____
4. 照顾儿童	____	____
5. 出席晚会、联欢会、茶话会	____	____
6. 和大家一起出去郊游	____	____

续表

7. 想获得关于心理方面的知识	______	______
8. 参加讲座或辩论会	______	______
9. 观看或参加体育比赛和运动会	______	______
10. 结交新朋友	______	______
	统计“是”一栏得分计______	
E：企业型（事业型）活动	是	否
1. 说服鼓动他人	______	______
2. 卖东西	______	______
3. 谈论政治	______	______
4. 制订计划、参加会议	______	______
5. 以自己的意志影响别人的行为	______	______
6. 在社会团体中担任职务	______	______
7. 检查与评价别人的工作	______	______
8. 结交名流	______	______
9. 指导有某种目标的团体	______	______
10. 参与政治活动	______	______
	统计“是”一栏得分计______	
C：常规型（传统型）活动	是	否
1. 整理好桌面和房间	______	______
2. 抄写文件和信件	______	______
3. 为领导写报告或公务信函	______	______
4. 检查个人收支情况	______	______
5. 参加打字培训班	______	______
6. 参加算盘、文秘等实务培训	______	______
7. 参加商业会计培训班	______	______
8. 参加情报处理培训班	______	______
9. 整理信件、报告、记录等	______	______
10. 写商业贸易信		
	统计“是”一栏得分计______	

第三部分　您所擅长或胜任的活动

下面列举了若干种活动，其中你能做或大概能做的事，请在“是”栏里打✓；反之，则在“否”栏里打×。请回答全部问题。

R：实践型能力	是	否
1. 能使用电锯、电钻和锉刀等木工工具	______	______
2. 知道万用表的使用方法	______	______
3. 能够修理自行车或其他机械	______	______
4. 能够使用电钻床、磨床或缝纫机	______	______
5. 能给家具和木制品刷漆	______	______
6. 能看建筑设计图	______	______
7. 能够修理简单的电器用品	______	______
8. 能修理家具	______	______
9. 能修收录机	______	______
10. 能简单地修理水管	______	______
	统计“是”一栏得分计______	

A：艺术型能力	是	否
1. 能演奏乐器	______	______
2. 能参加四部合唱	______	______
3. 能独唱或独奏	______	______
4. 能扮演剧中角色	______	______
5. 能创作简单的乐曲	______	______
6. 会跳舞	______	______
7. 能绘画、素描或书法	______	______
8. 能雕刻、剪纸或泥塑	______	______
9. 能设计板报、服装或家具	______	______
10. 写得一手好文章	______	______
	统计“是”一栏得分计______	

I：调研型能力	是	否

续表

	是	否
1. 懂得真空管或晶体管的作用	______	______
2. 能够列举三种蛋白质含量多的食品	______	______
3. 理解铀的裂变	______	______
4. 会使用计算尺、计算器、对数表	______	______
5. 会使用显微镜	______	______
6. 能找到三个星座	______	______
7. 能独立进行调查研究	______	______
8. 能解释简单的化学	______	______
9. 理解人造卫星为什么不落地	______	______
10. 经常参加学术会议	______	______
	统计“是”一栏得分计______	
S：社会型能力	是	否
1. 有向各种人说明解释的能力	______	______
2. 常参加社会福利活动	______	______
3. 能和大家一起友好相处地工作	______	______
4. 善于与年长者相处	______	______
5. 会邀请人、招待人	______	______
6. 能简单易懂地教育儿童	______	______
7. 能安排会议等活动顺序	______	______
8. 善于体察人心和帮助他人	______	______
9. 帮助护理病人和伤员	______	______
10. 安排社团组织的各种事务	______	______
	统计“是”一栏得分计______	
E：企业型能力	是	否
1. 担任过学生干部并且干得不错	______	______
2. 工作上能指导和监督他人	______	______
3. 做事充满活力和热情	______	______
4. 有效利用自身的做法调动他人	______	______

续表

	是	否
5. 销售能力强		
6. 曾作为俱乐部或社团的负责人		
7. 向领导提出建议或反映意见		
8. 有开创事业的能力		
9. 知道怎样做能成为一个优秀的领导者		
10. 健谈善辩		
	统计“是”一栏得分计______	
C：常规型能力	是	否
1. 会熟练地打印中文		
2. 会用外文打字机或复印机		
3. 能快速记笔记和抄写文章		
4. 善于整理保管文件和资料		
5. 善于从事事务性的工作		
6. 会用算盘		
7. 能在短时间内分类和处理大量文件		
8. 能使用计算机		
9. 能搜集数据		
10. 善于为自己或集体做财务预算表		
	统计“是”一栏得分计______	

第四部分 你所喜欢的职业

下面列举了多种职业，请逐一认真地看，如果是你有兴趣的工作，请在“是”栏里打“√”；如果是你不太喜欢、不太关心的工作，请在“否”栏里打“×”。请全部作答。

R：实践型职业	是	否
1. 飞机机械师		
2. 野生动物专家		
3. 汽车维修工		

续表

4. 木匠	____	____
5. 测量工程师	____	____
6. 无线电报务员	____	____
7. 园艺师	____	____
8. 长途公共汽车司机	____	____
9. 火车司机	____	____
10. 电工	____	____
	统计“是”一栏得分计____	
S：社会型职业	是	否
1. 街道、工会或妇联干部	____	____
2. 小学、中学教师	____	____
3. 精神病医生	____	____
4. 婚姻介绍所工作人员	____	____
5. 体育教练	____	____
6. 福利机构负责人	____	____
7. 心理咨询员	____	____
8. 共青团干部	____	____
9. 导游	____	____
10. 国家机关工作人员	____	____
	统计“是”一栏得分计____	
I：调研型职业	是	否
1. 气象学或天文学者	____	____
2. 生物学者	____	____
3. 医学实验室的技术人员	____	____
4. 人类学者	____	____
5. 动物学者	____	____
6. 化学者	____	____
7. 数学者	____	____

续表

8. 科学杂志的编辑或作家	______	______
9. 地质学者	______	______
10. 物理学者	______	______
	统计“是”一栏得分计______	
E：企业型职业	是	否
1. 厂长	______	______
2. 电视片编制人	______	______
3. 公司经理	______	______
4. 销售员	______	______
5. 不动产推销员	______	______
6. 广告部长	______	______
7. 体育活动主办者	______	______
8. 销售部长	______	______
9. 个体工商业者	______	______
10. 企业管理咨询人员	______	______
	统计“是”一栏得分计______	
A：艺术型职业	是	否
1. 乐队指挥	______	______
2. 演奏家	______	______
3. 作家	______	______
4. 摄影家	______	______
5. 记者	______	______
6. 画家、书法家	______	______
7. 歌唱家	______	______
8. 作曲家	______	______
9. 电影电视演员	______	______
10. 节目主持人	______	______
	统计“是”一栏得分计______	
C：常规性职业	是	否

续表

1. 会计师		
2. 银行出纳员		
3. 税收管理员		
4. 计算机操作员		
5. 簿记人员		
6. 成本核算员		
7. 文书档案管理员		
8. 打字员		
9. 法庭书记员		
10. 人口普查登记员		
	统计“是”一栏得分计____	

第五部分 您的能力类型简评

下面两张表是您在6个职业能力方面的自我评定表。您可以先与同龄者比较出自己在每一方面的能力，再经斟酌后对自己的能力作一个评价。请在表中适当的数字上画圈。数字越大，表示你的能力越强。

注意，请勿全部画同样的数字，因为人的每项能力不可能完全一样。

表A

高↑中↓低	R型	I型	A型	S型	E型	C型
	机械操作能力	科学研究能力	艺术创作能力	解释表达能力	商业洽谈能力	事务执行能力
	7	7	7	7	7	7
	6	6	6	6	6	6
	5	5	5	5	5	5
	4	4	4	4	4	4
	3	3	3	3	3	3
	2	2	2	2	2	2
	1	1	1	1	1	1

表 B

高↑中↓低	R 型	I 型	A 型	S 型	E 型	C 型
	体力技能	数学技能	音乐技能	交际技能	领导技能	办公技能
	7	7	7	7	7	7
	6	6	6	6	6	6
	5	5	5	5	5	5
	4	4	4	4	4	4
	3	3	3	3	3	3
	2	2	2	2	2	2
	1	1	1	1	1	1

第六部分　统计和确定您的职业倾向

请将第二部分至第五部分的全部测验分数按前面已统计好的六种职业倾向（R 型、I 型、A 型、S 型、E 型和 C 型）得分填入下表，并作纵向累加。

测试	R 型	I 型	A 型	S 型	E 型	C 型
第二部分						
第三部分						
第四部分						
第五部分						
总分						

请将上表中的六种职业倾向总分按大小顺序依次从左到右排列：

________型、________型、________型、________型、________型、________型。

最高分←________您的职业倾向性得分________→最低分

第七部分　您所看重的东西——职业价值观

这一部分测验列出了人们在选择工作时通常会考虑的 9 种因素（见所附工作价值标准）。现在请您在其中选出最重要的两项因素，以及最不重要的两项因素，并将序号填入下面相应的空格上。

最重要：________ 次重要：________

最不重要：________ 次不重要：________

附：工作价值标准：

1. 工资高、福利好
2. 工作环境（物质方面）舒适
3. 人际关系良好
4. 工作稳定有保障
5. 能提供较好的受教育机会
6. 有较高的社会地位
7. 工作不太紧张、外部压力少
8. 能充分发挥自己的能力特长
9. 社会需要与社会贡献大

以上全部测验完毕。

现在，将你的测验得分居第一位的职业类型找出来，对照下表，判断一下自己适合的职业类型。

职业索引——职业兴趣代号与其相应的职业对照：

R（实践型）：木匠、农民、操作X光的技师、工程师、飞机机械师、鱼类和野生动物专家、自动化技师、机械工（车工、钳工等）、电工、无线电报务员、火车司机、长途公共汽车司机、机械制图员、机器修理师、电器师。

I（调查型）：气象学者、生物学者、天文学家、药剂师、动物学者、化学家、科学报刊编辑、地质学者、植物学者、物理学者、数学家、实验员、科研人员、科技工作者。

A（艺术型）：室内装饰专家、图书管理专家、摄影师、音乐教师、作家、演员、记者、诗人、作曲家、编剧、雕刻家、漫画家。

S（社会型）：社会学者、导游、福利机构工作者、咨询人员、社会工作者、社会科学教师、学校领导、精神病工作者、公共保健护士。

E（企业型）：推销员、进货员、商品批发员、旅馆经理、饭店经理、广告宣传员、调度员、律师、政治家、零售商。

C（常规型）：记账员、会计、银行出纳、法庭速记员、成本估算员、税务员、核算员、打字员、办公室职员、统计员、计算机操作员、秘书。

下面介绍与你3个代号的职业兴趣类型一致的职业，对照的方法如下：首先根据你的职业兴趣代号，在下面找出相应的职业，例如你的职业兴趣代号是RIA，那么牙科技术人员、陶工等是适合你兴趣的职业。然后寻找与你职业兴趣代号相近的职业，如你的职业兴趣代号是RIA，那么，其他由这三个字母组合成的编号（如IRA、IAR、ARI等）对应的职业，也较适合你的兴趣。

RIA：牙科技术员、陶工、建筑设计员、模型工、细木工、制作链条人员。

RIS：厨师、跳水员、潜水员、染色员、电器修理工、眼镜制作工、电工、纺织机器装配工、服务员、装玻璃工人、发电厂工人、焊接工。

RIE：建筑和桥梁工程、环境工程、航空工程、公路工程、电力工程、信号工程、电话工程、一般机械工程、自动工程、矿业工程、海洋工程、交通工程技术人员、制图员、家政经济人员、计量员、农民、农场工人、农业机械操作工、清洁工、无线电修理工、汽车修理工、手表修理工、管子工、线路装配工、工具仓库管理员。

RIC：船上工作人员、接待员、杂志保管员、牙医助手、制帽工、磨坊工、石匠、机器制造工、机车（火车头）制造工、农业机器装配工、汽车装配工、缝纫机装配工、钟表装配和检验工、电动器具装配工、鞋匠、锁匠、货物检验员、电梯机修工、托儿所所长、钢琴调音员、装配工、印刷工、建筑钢铁工人、卡车司机。

RAI：手工雕刻工、玻璃雕刻工、制作模型人员、家具木工、制作皮革人员、手工绣花工、手工钩针编织工、排字工人、印刷工人、图画雕刻工、装订工。

RSE：消防员、交通巡警、警察、门卫、理发师、房间清洁工、屠夫、锻工、开凿工人、管道安装工、出租汽车驾驶员、货物搬运工、送报员、勘探员、娱乐场所的服务员、起卸机操作工、灭害虫者、电梯操作工、厨房助手。

RSI：纺织工、编织工、农业学校教师、某些职业课程教师（诸如艺术、商业、技术、工艺课程）、雨衣上胶工。

REC：抄水表员、保姆、实验室动物饲养员、动物管理员。

REI：轮船船长、航海领航员、大副、试管实验员。

RES：旅馆服务员、家畜饲养员、渔民、渔网修补工、水手长、收割机操作工、搬运行李工人、公园服务员、救生员、登山导游、火车工程技术员、建筑工人、铺轨工人。

RCI：测量员、勘测员、仪表操作者、农业工程技术员、化学工程技师、民用工程技师、石油工程技师、资料室管理员、探矿工、船烧工、烧窑工、矿工、保养工、磨床工、取样工、样品检验员、纺纱工、炮手、漂洗工、电焊工、锯木工、刨床工、制帽工、手工缝纫工、油漆工、染色工、按摩工、木匠、农民、建筑工人、电影放映员、勘测员助手。

RCS：公共汽车驾驶员、一等水手、游泳池服务员、裁缝、建筑工人、石匠、烟囱修建工、混凝土工、电话修理工、爆炸手、邮递员、矿工、核糊工人、纺纱工。

RCE：打井工、吊车驾驶员、农场工人、邮件分类员、铲车司机、拖拉机司机。

IAS：普通经济学家、农场经济学家、财政经济学家、国际贸易经济学家、实验心理学家、工程心理学家、心理学家、哲学家、内科医生、数学家。

IAR：人类学家、天文学家、化学家、物理学家、医学病理学家、动物标本制作者、化石修复者、艺术品管理员。

ISE：营养学家、饮食顾问、火灾检查员、邮政服务检查员。

ISC：侦察员、电视播音室修理员、电视修理服务员、验尸室人员、编目录者、医学实验室技师、调查研究者。

ISR：水生生物学者、昆虫学者、微生物学家、配镜师、矫正视力者、细菌学家、牙科医生、骨科医生。

ISA：实验心理学家、普通心理学家、发展心理学家、教育心理学家、社会心理学家、临床心理学家、目录学家、皮肤病学家、精神病学家、妇产科医生、眼科医生、五官科医生、医学实验室技术专家、民航医务人员、护士。

IES：细菌学家、生理学家、化学专家、地质专家、地理物理学专家、纺织技术专家、医院药剂师、工业药剂师、药房营业员。

IEC：档案保管员、保险统计员。

ICR：质量检验技术员、地质学技师、工程师、法官、图书馆技术辅导员、计算机操作员、医院听诊员、家禽检查员。

IRA：地理学家、地质学家、水文学家、矿物学家、古生物学家、石油学家、地震学家、声学物理学家、原子和分子物理学家、电学和磁学物理学家、气象学家、设计审核员、人口统计学家、数学统计学家、外科医生、城市规划家、气象员。

IRS：流体物理学家、物理海洋学家、等离子体物理学家、农业科学家、动物学家、食品科学家、园艺学家、植物学家、细菌学家、解剖学家、动物病理学家、作物病理学家、药物学家、生物化学家、生物物理学家、细胞生物学家、临床化学家、遗传学家、分子生物学家、质量控制工程师、地理学家、兽医、放射治疗技师。

IRE：化验员、化学工程师、纺织工程师、食品技师、渔业技术专家、材料和测试工程师、电气工程师、土木工程师、航空工程师、行政官员、冶金专家、原子核工程师、陶瓷工程师、地质工程师、电力工程师、口腔科医生、牙科医生。

IRC：飞机领航员、飞行员、物理实验室技师、文献检查员、农业技术专家、动植物技术专家、生物技师、油管检查员、工商业规划者、矿藏安全检查员、纺织品检验员、照相机修理者、工程技术员、编计算机程序者、工具设计者、仪器维修工。

CRI：簿记员、会计、记时员、铸造机操作工、打字员、按键操作工、复印机操作工。

CRS：仓库保管员、档案管理员、缝纫工、讲述员、收款员。

CRE：标价员、实验室工作者、广告管理员、自动打字机操作员、电动机装配工、缝纫机操作工。

CIS：记账员、顾客服务员、报刊发行员、土地测量员、保险公司职员、会计师、估价员、邮政检查员、外贸检查员。

CIE：打字员、统计员、支票记录员、订货员、校对员、办公室工作人员。

CIR：校对员、工程职员、海底电报员、检修计划员、发报员。

CSE：接待员、通信员、电话接线员、卖票员、旅馆服务员、私人职员、商学教师、旅游办事员。

CSR：运货代理商、铁路职员、交通检查员、办公室通信员、簿记员、出纳员、银行财务职员。

CSA：秘书、图书管理员、办公室办事员。

CER：邮递员、数据处理员、航空邮件检查员。

CEI：推销员、经济分析家。

CES：银行会计、记账员、秘书、速记员、法院报告人。

ECI：银行行长、审记员、信用管理员、地产管理员、商业管理员。

ECS：信用办事员、保险人员、各类进货员、海关服务经理、售货员、购买员、会计。

ERI：建筑物管理员、工业工程师、农场管理员、护士长、农业经营管理人员。

ERS：仓库管理员、房屋管理员、货栈监督管理员。

ERC：邮政局长、渔船船长、机械操作领班、木工领班、瓦工领班、驾驶员领班。

EIR：科学、技术和有关周期出版物的管理员。

EIC：专利代理人、鉴定人、运输服务检查员、安全检查员、废品收购人员。

EIS：警官、侦察员、交通检验员、安全咨询员、合同管理者、商人。

EAS：法官、律师、公证人。

EAR：展览室管理员、舞台管理员、播音员、驯兽员。

ESC：理发师、裁判员、政府行政管理员、财政管理员、工程管理员、职业病防治员、售货员、商业经理、办公室主任、人事负责人、调度员。

ESR：家具售货员、书店售货员、公共汽车驾驶员、日用品售货员、护士长、自然科学和工程的行政领导。

ESI：博物馆管理员、图书馆管理员、古迹管理员、饮食业经理、地区安全服务管理员、技术服务咨询者、超级市场管理员、零售商品店店员、批发商、出租汽车服务站调度。

ESA：博物馆馆长、报刊管理员、音乐器材售货员、广告商、售画营业员、导游、（轮船或班机上的）事务长、飞机上的服务员、船员、法官、律师。

ASE：戏剧导演、舞蹈教师、广告撰稿人、报刊专栏作者、记者、演员、英语翻译。

ASI：音乐教师、乐器教师、美术教师、管弦乐指挥、合唱队指挥、歌星、演奏家、哲学家、作家、广告经理、时装模特。

AER：新闻摄影师、电视摄像师、艺术指导、录音指导、丑角演员、魔术师、木偶戏演员、骑士、跳水员。

AEI：音乐指挥、舞台指导、电影导演。

AES：流行歌手、舞蹈演员、电影导演、广播节目主持人、舞蹈教师、口技表演者、喜剧演员、模特。

AIS：画家、剧作家、编辑、评论家、时装艺术大师、新闻摄影师、演员、文学作者。

AIE：花匠、皮衣设计师、工业产品设计师、剪影艺术家、复制雕刻品大师。

AIR：建筑师、画家、摄影师、绘图员、环境美化工、雕刻家，包装设计师、陶器设计师、绣花工、漫画工。

SEC：社会活动家、退伍军人服务官员、工商会事务代表、教育咨询者、宿舍管理员、旅馆经理、饮食服务管理员。

SER：体育教练、游泳指导。

SEI：大学校长、学院院长、医院行政管理员、历史学家、家政经济学家、职业学校教师、资料员。

SEA：娱乐活动管理员、国外服务办事员、社会服务助理、一般咨询者、宗教教育工作者。

SCE：部长助理、福利机构职员、生产协调人员、环境卫生管理人员、戏院经理、餐馆经理、售票员。

SRI：外科医师助手、医院服务员。

SRE：体育教师、职业病治疗者、体育教练、专业运动员、房管员、儿童家庭教师、警察、引座员、传达员、保姆。

SRC：护理员、护理助理、医院勤杂工、理发师、学校儿童服务人员。

SIA：社会学家、心理咨询者、学校心理学家、政治科学家、大学或学院的系主任、大学或学院的教育学教师、大学农业教师、大学工程和建筑课程的教师、大学法律教师、大学数学、医学、物理、社会科学和生命科学的教师、研究生助教、成人教育教师。

SIE：营养学家、饮食学家、海关检查员、安全检查员、税务稽查员、校长。

SIC：描图员、兽医助手、诊所助理、体检检查员、监督缓刑犯的工作者、娱乐指导者、咨询人员、社会科学教师。

SIR：理疗员、救护队工作人员、手足病医生、职业病治疗助手。

SAC：理发师、指甲修剪师、包装艺术家、美容师、整容专家、发式设计师。

SN：听觉病治疗者、演讲矫正者。

SAE：图书馆管理员、小学教师、幼儿园教师、学前儿童教师、中学教师、师范学院教师、盲人教师、智力障碍人的教师、聋哑人的教师、学校护士、牙科助理、飞行指导员。

附录2：一般能力倾向的自我测验

一般能力倾向测验把人的职业能力倾向分为9种，每种能力由一组5个题目反映。测验时，请您仔细阅读每一题，采用“5等评分法”自己进行评定。然后分别计算出自评等级。

（一）一般学习能力倾向（G）	强 1	较强 2	一般 3	较弱 4	弱 5
1. 快而容易地学习新内容					
2. 快而正确地解数学题					
3. 你的学习成绩					
4. 对课文的字、词、段落篇章的理解、分析和综合能力					

续表

5. 对学习过的知识的记忆能力					
（二）言语能力倾向（V）	强 1	较强 2	一般 3	较弱 4	弱 5
1. 善于表达自己的观点					
2. 阅读和理解能力					
3. 掌握词汇量的程度					
4. 你的语文成绩					
5. 你的文学创作能力					
（三）算术能力倾向（N）	强 1	较强 2	一般 3	较弱 4	弱 5
1. 做出精确的测量					
2. 笔算能力					
3. 口算能力					
4. 打算盘					
5. 你的数学成绩					
（四）空间判断能力倾向（S）	强 1	较强 2	一般 3	较弱 4	弱 5
1. 解决立体几何方面的习题					
2. 画三维度的立体图形					
3. 看几何图形的立体感					
4. 想象盒子展开后的平面图					
5. 想象三维度的物体					
（五）形态知觉能力倾向（P）	强 1	较强 2	一般 3	较弱 4	弱 5
1. 发现相同图形中的细微差别					
2. 识别物体的形状差异					
3. 注意物体的细节部分					
4. 观察物体的图案是否正确					
5. 对物体的细微描述					

续表

	强 1	较强 2	一般 3	较弱 4	弱 5
（六）书写知觉能力倾向（Q）	强 1	较强 2	一般 3	较弱 4	弱 5
1. 快而准确地抄写资料					
2. 发现错别字					
3. 发现计算错误					
4. 能很快查找编码卡片					
5. 对物体的细微描述					
（七）眼手运用协调能力倾向（K）	强 1	较强 2	一般 3	较弱 4	弱 5
1. 玩电子游戏					
2. 打篮球、排球、踢足球一类的活动					
3. 打乒乓球、羽毛球					
4. 打算盘的能力					
5. 打字能力					
（八）手指灵巧度（F）	强 1	较强 2	一般 3	较弱 4	弱 5
1. 灵巧地使用很小的工具					
2. 穿针眼、编织等使用手指的活动					
3. 用手指做一件小工艺品					
4. 使用计算器的灵巧程度					
5. 弹琴					
（九）手腕灵巧度（M）	强 1	较强 2	一般 3	较弱 4	弱 5
1. 用手把东西分类					
2. 在推拉东西时手的灵活度					
3. 很快地削水果					
4. 灵活地使用手工工具					
5. 在绘画、雕刻等手工活动中的灵活性					

统计分数的方法如下：

1. 对每一类能力倾向计算总计次数

对每一道题目，我们采取“强”、“较强”、“一般”、“较弱”和“弱”5等级，供您自评。每组5道题完成后，分别统计各等级被选择的次数总和，然后用下面的公式计算出该类的总计次数（把“强”定义为第1项，以此类推，“弱”定义为第5项；第1项之和就是选“强”的次数和）。

总计次数 =（第1项之和 ×1）+（第2项之和 ×2）+（第3项之和 ×3）+（第4项之和 ×4）+（第5项之和 ×5）

2. 计算每一类能力倾向的自评等级

自评等级 = 总次数 ÷5

3. 将自评等级填入下表

职业能力倾向	自评等级	职业能力倾向	自评等级
G		Q	
V		K	
N		F	
S		M	
P			

根据结果，对照下表，可以找到你适合的职业（等级数下面有重点符号的职业能力倾向等级，表示此职业必须达到的职业能力的最低水平）。

职业类型	职业能力倾向								
	G	V	N	S	P	Q	K	F	M
生物学家	1̣	1̣	1̣	2̣	2	3	3	2	3
建筑师	1̣	1̣	1̣	1̣	2̣	3	3̣	3̣	3
测量员	2̣	2	2̣	2̣	2̣	3	3̣	3̣	3
测量辅导员	4	4	4	4	4	4	3̣	4	3̣
制图员	2̣	3	2̣	2̣	2̣	3̣	2	2̣	3
建筑和工程技术员	2̣	2̣	2̣	2̣	2̣	3	3	3	3
建筑和工程技术专家	2̣	3̣	3̣	3̣	3̣	3	3	3̣	3̣
物理科学技术专家	2̣	2̣	2̣	2̣	3̣	3	3	3̣	3
物理科学技术员	2̣	3̣	3̣	3	2̣	3	3	3̣	3
农业、生物、动物、植物学的技术专家	2̣	2̣	2̣	4	2̣	3	3	2̣	3

续表

职业类型	职业能力倾向								
	G	V	N	S	P	Q	K	F	M
农业、生物、动物、植物学的技术员	2	3	3	4	2	3	3	3	3
数学家和统计学家	1	1	1	3	3	2	4	4	4
系统分析和计算机程序编制者	2	2	2	2	3	3	4	4	4
经济学家	1	1	1	4	4	2	4	4	4
社会学家、人类学者	1	1	3	2	2	3	4	4	4
心理学家	1	1	2	2	2	3	4	4	4
历史学家	1	1	3	4	4	3	4	4	4
哲学家	1	1	4	3	3	3	4	4	4
政治学家	1	1	3	4	4	3	4	4	4
政治经济学家	2	2	2	3	3	3	3	3	3
社会工作者	2	2	3	4	4	3	4	4	4
社会服务助理人员	3	3	3	4	4	3	4	4	4
法官	1	1	3	4	3	3	4	4	4
律师	1	1	3	4	4	3	4	4	4
公证人	2	2	3	4	4	3	4	4	4
图书馆管理学专家	2	2	3	3	4	2	3	4	4
图书馆、博物馆和档案管理员	3	3	3	2	2	4	3	2	3
职业指导者	2	2	3	4	4	3	4	4	4
大学教师	1	1	3	3	2	3	4	4	4
中学教师	2	2	3	4	3	3	4	4	4
小学和幼儿园教师	2	2	3	3	3	3	3	3	3
职业学校教师（职业课）	2	2	2	3	3	3	3	3	3
职业学校教师（普通课）	2	2	3	4	3	3	4	4	4
内、外、牙科医生	1	1	2	1	2	3	2	2	2
兽医学家	1	1	2	1	2	3	2	2	2
护士	2	2	3	3	3	3	3	3	3
护士助手	3	4	4	4	4	3	3	3	3
工业药剂师	1	1	1	3	2	3	3	3	3
医院药剂师	2	2	2	4	2	3	3	3	3

续表

职业类型	职业能力倾向								
	G	V	N	S	P	Q	K	F	M
营养学家	2̣	2̣	2̣	3	3	3̣	4	4	4
配镜师（医）	2̣	2̣	2̣	2̣	2̣	3	3	3	3
配眼镜商	3̣	3̣	3	3̣	3̣	4	3̣	2̣	3
放射科技术人员	3̣	3̣	3̣	3̣	3̣	3	3̣	3̣	3̣
药物实验室技术专家	2̣	2̣	2̣	3	2̣	3	3	3̣	3
药物实验室技术员	2̣	3̣	3̣	3	3̣	3	3	3̣	3
画家、雕塑家	2̣	3̣	4	2̣	2̣	5	2̣	1̣	2̣
产品设计和内部装饰者	2̣	2̣	3	2̣	2̣	4	2̣	2̣	3
舞蹈家	2̣	3̣	3̣	2̣	3	4	2̣	3	3
演员	2̣	2̣	4	3	4	4	4	4	4
电台播音员	2̣	2̣	3	4	4	3	4	4	4
作家和编辑	2̣	1̣	3	3	3	3̣	4	4	4
翻译人员	2̣	1̣	4	4	4	3̣	4	4	4
体育教练	2̣	2̣	2̣	4	4	3	4	4	4
体育运动员	3	3	4	2̣	3̣	4	2̣	2̣	2̣
秘书	3̣	3̣	3	4	3̣	2̣	3̣	3̣	3
打字员	3	3	4	4	4̣	3̣	3̣	3̣	3
记账员	3̣	3	3̣	4	4	2̣	3̣	3̣	4
出纳员	3̣	3̣	3̣	4	4	2̣	3̣	3	4
统计员	3̣	3	2̣	4	3	2̣	3̣	3	4
电话接线员	3̣	3̣	4	4	4̣	3̣	3̣	3̣	3̣
一般办公室职员	3̣	4̣	3	4	4	3̣	3̣	4	4
商业经营管理者	2̣	2̣	3̣	4	4	3̣	4	4	4
售货员	3̣	3̣	3̣	4	4	3	4	4	4
警察	3̣	3̣	3	4	3	3̣	3̣	4	3̣
门卫	4	4	5	4̣	4̣	4	4	4	4̣

续表

职业类型	职业能力倾向								
	G	V	N	S	P	Q	K	F	M
厨师	4	4	4	4	3	4	3	3	3
招待员	3	3	4	4	4	4	3	4	3
理发员	3	3	4	4	2	4	3	3	3
导游	3	3	4	3	3	5	3	3	3
驾驶员	3	3	3	3	3	3	3	4	3
农民	3	4	4	4	4	4	4	4	4
动物饲养员	3	4	4	4	4	4	4	4	4
渔民	4	4	4	4	4	5	3	4	3
矿工	3	4	4	3	4	5	3	4	3
纺织工人	4	4	4	4	3	5	3	3	3
机床操作手	3	4	4	3	3	4	3	4	3
锻工	3	4	4	4	3	4	3	4	3
无线电修理工	3	3	3	3	2	4	3	3	3
细木工	3	3	3	3	3	4	3	4	4
家具木工	3	3	3	3	3	4	3	4	3
一般木工	3	4	4	3	4	4	3	4	3
电工	3	3	3	3	3	4	3	3	3
裁缝	3	3	4	3	3	4	3	2	3

第五章
制订个人职业生涯规划

本章掌握要点：

- 掌握个人职业生涯规划的内涵与意义。
- 了解个人职业生涯规划的模型。
- 掌握自我探索与环境探索。
- 掌握职业生涯机会分析的工具。
- 了解职业生涯目标的意义。
- 掌握确定职业生涯目标的方法以及职业生涯目标的分解与组合。

第一节　个人职业生涯规划的内涵与意义

一、个人职业生涯规划的含义

个人职业生涯规划是指个人根据对自身的主观因素和客观环境的分析，确立自己的职业生涯发展目标，选择实现这一目标的职业，以及制订相应的工作、培训和教育计划，并按照一定的时间安排，采取必要的行动实施职业生涯目标的过程。职业生涯规划是个人对自己一生职业发展的总体计划和总轮廓的勾画，具有粗略性、目标性、长期性和全局性的特点，它为一生的职业发展指明了路径和方向。

但是，要正确理解个人职业生涯规划的含义，必须注意避免以下几点误区：

①职业生涯规划是一种技术性设计。在制订职业生涯规划的过程中，可能要用到许多心理测试工具和决策技术，但是这并不表明这些工具和技术是必不可少的。而且，职业生涯规划要回答的是最核心、最重要的问题，即“我是谁”、“我想做什么”以及“我能做什么”。这些问题往往需要用情感、知觉来“内省”或“感悟”，用比较抽象或模糊的语言来描述，而无法通过科学的测

量来回答。心理测验和决策技术只是一种辅助工具或手段，职业生涯规划的实质并不是这些技术层面的东西，而是基于人生价值、理想、兴趣和能力进行综合分析和判断的人生探索艺术。

②职业生涯规划是一种预测并掌控未来的法宝。人的一生是变幻莫测的，要想对未来料事如神，是一种不切实际的妄想。其实，人生的美好意义也恰在于此。如果未来是可以预知的，人生可以事先加以设计并按部就班地实施，那么人生将会变得多么乏味和无聊。正确的态度是以积极的心态展望未来，直面不确定性的现实，立足于现在随时做出适应性调整。

③职业生涯规划是“对未来的决策”。职业生涯规划所涉及的不是“对未来的决策”而是“目前决策的未来性”。因为，所谓决策只存在于目前，只是关于“目前该干什么”的行动决定。职业生涯决策者面临的问题不是“明天应该做什么”，而是“今天必须为不确定性的未来做些什么准备工作”；不是“未来将会发生什么”，而是“在目前的思想和行动中，必须包括一些什么样的未来性，以及在什么样的时间跨度内如何做出一个合理的决策”。职业生涯规划要做出战略决策，但规划的最终落脚点是在“目前我应该立即干什么”，而不是“为未来决定做的某些事情进行计划”。

④职业生涯规划可以化解和消除风险。对于个人来说，未来不确定性风险是客观存在的，无论人们怎样努力，这种风险本身都是不可能化解或消除的，甚至“使风险最小化”也是不可能的。一个成功的职业生涯规划不是试图消除风险或是使风险最小化，而是了解“所承担的风险是什么?”，明确“应该承担的风险”，使自己获取“承担更大风险的能力”，并能够在不同的行动路线中和不同风险之间做出合乎情感、理性和实际的选择，而不是“以预感、谣言或经验为依据而陷入不确定性之中”。

二、个人职业生涯规划的意义

有人说既然个人职业生涯规划既不能预测未来，又不能减少风险，那么制订个人职业生涯规划有什么意义？我们还有必要规划人生吗？

首先，科学的职业生涯规划是实现理想与目标的重要手段之一。我们说理想与目标是事业成功的先决条件。人生的可贵在于对未来抱有理想和目标。有了理想，生活才会过得充实，生命才有意义。

其次，每个人都是自己人生事业的规划者、设计师和耕耘者。特别是近年来，随着社会的发展，人们文化素质的提高，多数人都想施展自己的才能，成就一番事业，来体现自己的人生价值。然而，由于社会的快速变迁，经济竞争的不断加剧，一些不能体察时代变异和环境变迁的人，在这种多变时代往往手忙脚乱，不知所措，造成内心的惶恐，紧张不安，不知何去何从，其结果不仅事业无成，而且身心也受到严重的影响。因此，在新世纪的变革中，应及早做好职业生涯规划，认清自己，并在自己内在潜能上不断探索、觉察和发展，才能正确掌握人生方向，创造成功的人生。

最后，个人职业生涯规划可以帮助你更快实现人生的理想和目标。虽然，我们可以看到很多人没有制订职业生涯规划，也可能获得事业成功。但是如果制定了职业生涯规划，你的事业会取得更快的进展，取得更大的成就。人的一生只有一次，人的能力、时间和精力都是有限的，要想更有效地使用自己的时间和精力，发挥自己的特长成就一番事业，不好好规划是不行的。

三、个人职业生涯规划的模型

个人职业生涯规划模型主要包括自我评估、组织和社会环境因素分析、职业生涯机会评估、确定职业生涯目标、选择职业生涯路线、制订教育培训计划、评估与反馈七个方面的内容。具体见图 5-1。个人职业生涯规划模型是个体在制订个人职业生涯规划时所遵循的基本步骤，具体内容和方法我们将在下面的内容中逐一加以介绍。

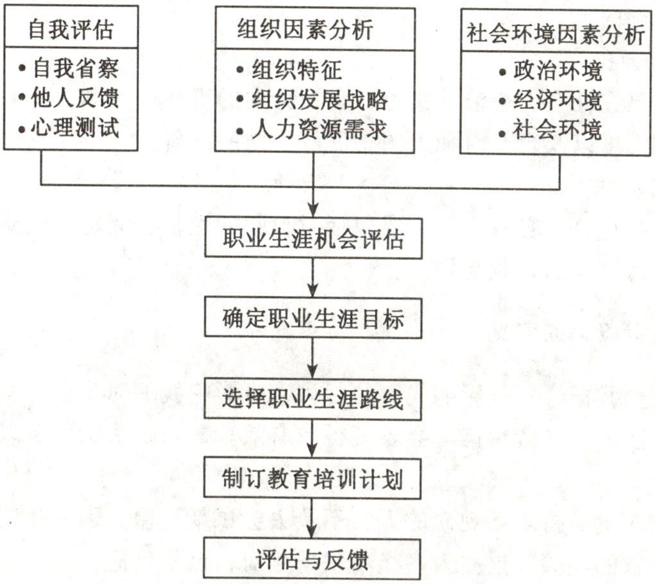

图 5-1　个人职业生涯规划模型

第二节　了 解 自 我

一、自我概念的含义

自我概念（Self-concept）一直是心理学研究上的重要问题，William James（1890）在《心理学原理》（*The Principles of Psychology*）一书中曾指出：个体的自我包含“经验界的我”（Empirical Self）与“知识界的我”（Knowing Self）两个层面。前者是作为客体（Object）的自我，包含个人所具备的各种特质与属性；后者则是主体（Subject）的自我，能够综合经验，设定目标，组织行动，并引导个人的方向。其中，“经验界的我”又可以分为“生理我”（Physical Self）、“社会我”（Social Self）和“心灵我”（Spiritual Self），分别反映出个体生理、社会与心灵三种存在的不同面向，而这三个自我的面向皆伴随有自我评价的感情与自我追求的行为。

（1）生理我

指一个人对自己身体、健康状况、外貌、动作技能等方面的感受。拥有健康的身体是制胜的基本条件，对每个人而言，只有自己喜欢自己，肯定自己，才是最具关键的。

（2）社会我

指对自己在社会上扮演的角色，在社会中的责任、权利、义务、名誉，他人对自己的态度以及自己对他人的态度等方面的评价。

（3）心灵我

在心灵我部分，自我认识主要包括对自我的性格、兴趣、气质、意志、能力等方面的优缺点的评判与评估。

二、自我概念的意义

个体的自我概念不仅影响我们的行为，也影响我们对生活的满意度。对自己有正向看法的人在各种情境会表现得较有效率，对过去的经验以及自我都会感到满意。

反之，对自己持负面观念的人，不敢去尝试新经验，因为他们会预期尝试只会得到失败的经验，这些人多半不快乐且对自己不满意。

了解自我概念可谓是了解个体行为的核心。

人是有弹性的，人不断地在改变，这一次、下一刻可能就会有变化，所以说，改变随时在发生，重点在“察觉”。还有过去的你并不代表现在的你，现在的你也并不代表未来的你，重要的是你希望成为什么样的你。

人并非十全十美，也不是一无是处，肯定自己的优点，接纳自己的缺点，“有时缺点摆对位置会变成优点”。有缺点尽量调整，发挥优势，终能做快乐的自己。

三、了解自我的途径

个体对自我的认识一般有以下三种途径：①自我省察：通过对自己生命历程的回顾，从以往的学习、生活经验中，可以对自己的能力、价值观、兴趣爱好有所知觉。②他人反馈：通过与熟悉的亲人朋友、老师、同学或同事讨论，从他们的反馈中获得对自己的了解。③心理测验与专家资源：通过咨询专业的辅导人员或使用适当的心理测验工具来了解自己。

我们将介绍，如何通过“周哈里窗”来了解自我。

心理学家鲁夫特与英格汉（Joseph Luft 和 Harry Ingham）提出了“周哈里窗”（Johari Window），说明一个人的内在可以根据对自己的了解、不了解和别人对我们的了解、不了解，分成四个部分，如图 5-2 所示。

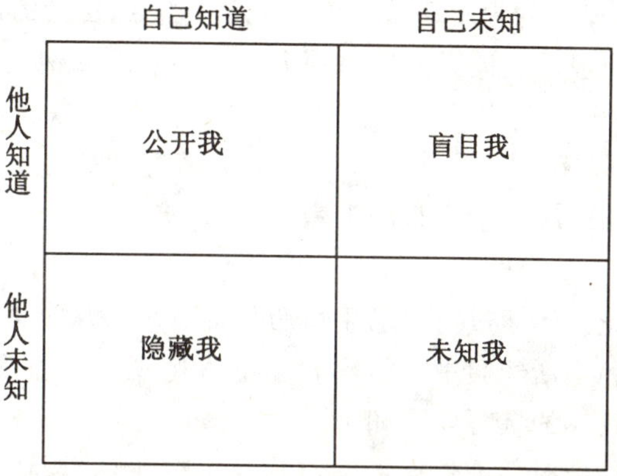

图 5-2 周哈里窗

（1）公开我

左上角那一扇窗称为“公开我”，这个部分指的是我们自己知道而别人也知道的部分。例如：我们的长相、身高、体重及某些属于公开性质的资料，如性别、籍贯、特别的习惯等。

（2）盲目我

右上角那一扇窗称为“盲目我”，这个部分是指自己不知道而别人却知道的部分。例如：个人的口头禅或一些小动作或特定的做事方法，而这是自己平常不自觉的，除非别人告诉你。“盲目我”的大小与个人自我观察、自我省察的能力有关，通常内省特质比较强的人，则可能他的“盲目我”会比较小。

除了自省以外，要想减少“盲目我”的范围，可以通过向了解我们的人主动寻求反馈。如果自己诚恳地真心实意地征询他人的意见和看法，就不难了解“盲目我”。要做到这一点，需要开阔的胸怀，确实能够对待自己的不足，有则改之，无则加勉。否则，就难以获得有效的反馈。

(3) 隐藏我

左下角那一扇窗称为“隐藏我”，这个部分指的是自己知道而别人不知道的部分。例如：许多童年往事，痛苦辛酸的经验，身体上的隐疾等。

(4) 未知我

右下角那一扇窗称为“未知我”，这个部分是指自己不知道而别人也不知道的部分。例如：如果未经某种因缘际会的经验，可能从来也不知道自己会演说，口才非常棒；如果没有当过班干部，不知道原来自己领导统御的能力还不错等。“未知我”通常是指一些尚待开发的能力或特性，当然也包含弗洛伊德所提出的潜意识层面，默默影响着我们的喜怒哀乐。

“周哈里窗”概念的提出是希望人们能清楚掌握自己的四个部分，并且通过自我省察、自我坦诚、他人的反馈等方式，使自己和他人更加了解你自己。

四、撰写自传和人生宣言

下面我们介绍两种方法来帮助大家进行自我省察。

1. 撰写自传

自传主要是让个体通过对自己生命历程的回顾，从过去的家庭经历、教育经历、工作经历和生活经验中，体察自己的人生观、价值观以及自己的理想、兴趣和爱好等。具体的撰写要求如下。

当回顾你的经历时，请重点考虑对你目前的生活/职业生涯目标有影响的方面。因此，你的自传应该包括以下四个部分，每部分250~300字。

①家庭经历。思考从孩童时期开始的经历和活动以及这些经历和活动怎样影响了你的生活/职业生涯选择。关注重要的人或事。

②教育经历。集中写幼儿园到高中这一阶段，你最喜欢的学科或者活动，或者对你的人生产生重要影响的老师、学校。

③工作经历。可以写一些对你最有影响的工作经历。注意“工作”的概念包括无报酬的、志愿者的经历。你可以集中写与领导或同伴的关系、工作组织的性质、具体的工作。

④目前的生活/职业生涯目标。写下三个你目前的生活/职业生涯目标或志向。解释你的家庭、教育和工作经历与你的每个目标有何联系。

自传的写作要充分发挥你的写作才能，在每个部分中不要仅仅是记流水账，而是要分析或者回顾你的经历，以加深对你自身的了解与认识。

2. 撰写人生宣言

所谓人生宣言，就是让个体积极去倾听来自他/她内心深处的呼唤，然后调动自己的情感，用充满想象力和创造力的笔触来描绘自己对人生的理解和看法，以及对自己未来的人生的一种向往。在撰写人生宣言时，不限文体，也不限字数。

范例：我将在平凡的轨迹中真诚地生活。

生命仅仅是一个过程，一个转瞬即逝的过程。

关键是，在时间的苍穹里有没有留下生命流星划过的痕迹，在生活的土壤中有没有洒下辛勤劳作的汗水，即便有，也注定要平凡。

加缪说，生存本身就是一种价值判断，进行呼吸就是在进行判断。已经坚信要更好地活下去，出身、天赋已经无法选择，但自己还是可以选择如何把握自己的灵魂的。

所以，我愿意，在平凡的时光里让思想、情怀、品格盛开，认真地去爱每一个值得我爱的人，在人群里默默地享受挫折洗礼后的喜悦，在我力所能及的范围内，默默地改变环境，让生活充满友爱和信赖。从而在平凡的土地里播下不平凡的人格和操守、尊严和责任。

野火烧不尽，春风拂面而来时，小草又会一年一度地欣欣向荣。平凡的我也许生命尚不如原上的小草，但我将决不遗憾：我曾真诚地生活了。

某大学人力资源管理专业学生：周××

第三节　组织和社会环境分析

组织和社会环境分析是指对自己所处的环境进行分析，以确定是否适应组织或社会环境的变化以及怎样调整自己以适应组织和社会的需要。短期的规划比较注重组织环境的分析，长期的规划要更多地注重社会环境的分析。

一、组织环境分析

1. 组织所在的行业

俗话说“男怕入错行，女怕嫁错郎”，但是，在现代社会，无论是男还是女，选择一个“好的行业”都非常重要。“好的行业”一般是工作条件好、工资高、就业稳定、有很多提升机会，且提供的培训多而广泛。而“不好的行业”则工资福利差、工作条件差、劳动力流动大、提升机会少，而且提供的培训少或没有。当然，所谓“好”与“坏”只是相对而言的，最关键的还是结合自己的价值观、理想、能力、兴趣来选择。

2. 组织文化

组织文化是一种共有的价值观，要融入思想和行为。了解一个组织的文化关键是看，组织要实现自身使命、愿景所必须遵循的最基本的价值标准和价值信仰。价值立场与价值主张是什么？提倡什么？反对什么？弘扬什么？抑制什么？基本商业伦理和组织精神是什么？另外，要注意组织文化是否已转化为员工自觉的行为，否则只是口号。四种主要的组织文化类型如下：

(1) 等级森严式文化

清晰的决策构架、标准化的制度和工序，严格的控制，明确的责任和义务。稳定、可预见和效率被组织长期关注。

(2) 市场为先式文化

组织主要面对的是外部环境，而不是内部管理，它关注与外部机构的交易。利润率、区域市场环境的竞争力以及保留客户都是这类组织的首要目的。其核心价值观就是竞争力和生产力。

(3) 部落式文化

组织中充满了共享价值观和目标，团结互助。注重团队精神、员工的参与感和组织对员工的照顾。部落式文化有几个前提：员工最适合用团队合作和自我提升来管理；顾客最适合用合作伙伴关系来对待；部落式文化其实是在建立一个人性化的工作环境，其主要目的在于给员工更大的自主权，激发他们的参与、贡献和忠诚。

(4) 临时体制式文化

组织认为革新是成功的关键；组织主要致力于开发新的产品和服务；管理的主要任务是培养组织的创造力和鼓励最前沿的活动。

这种文化认为，适应和革新会带来资源和利润，组织应当把重点放在对未来的设计上。

3. 组织人力资源战略

组织的人力资源战略往往决定了组织对员工的要求与态度。采用利诱型战略的组织往往是通过高薪来吸引具有工作经验的员工，但是对员工的投资较少；采用投资战略的组织往往愿意招没有工作经验的大学生，注重对员工的培训；而采用参与战略的组织往往注重员工参与决策和管理，发扬民主管理的精神。组织人力资源管理战略模式的种类如下：

①利诱战略（Inducement Strategy）。使用此种战略的组织主要目的是为寻求具有高度稳定性及可靠性的员工。此种战略高度仰赖薪酬战略来留住员工，因此，通常员工的薪资都不低；另外，由于工作高度分工，员工招募甄选都较为简单，培训成本也很低，雇佣关系为纯粹的利益交换关系。

②投资战略（Investment Strategy）。使用此战略的组织多处于一个不断成长和创新的环境中，因此，使用投资战略的组织会聘用高于公司需求数量的员工，同时相当重视员工的教育训练，以储备多样性技能的员工；另一方面，雇佣关系建立在长期的观点上，员工工作保障高，以期这些多样性技能的员工能对组织有更多的贡献。

③参与战略（Involvement Strategy）。此战略的特点是将权力下放至最基层，让员工有参与感，进而提升员工的参与性、主动性与创新性。无论是工作设计、教育训练或薪资制度皆以团队导向为基础，强调员工的参与，以及与其他成员的互动。

4. 组织提供的职业发展路径以及职业发展政策

有的组织提供单一的发展路径，有的组织提供双阶梯或多阶梯的发展路径。有的组织强调专业化发展和垂直晋升，而有的组织却强调技能的多元化和水平发展。在职业发展政策上，有的组织为员工的职业发展提供较多的指导与帮助，而有的组织则主要靠员工自身的努力。

5. 组织报酬的侧重点（金钱、社会、内在）

不同的组织由于自身的规模、实力和发展战略的不同，往往会采取不同的策略来吸引和留住员工。有的企业采用较高的薪水来吸引和留住员工，而有的企业则依靠系统全面的培训体系来吸引员工，另外，像美国的西南航空公司主要依靠良好的组织文化来吸引外来求职者。

在评估组织报酬的侧重点的时候，要结合自身的职业发展阶段和需求来进行判断和决策。

二、社会环境分析

①经济发展水平。经济环境对人的职业生涯发展也产生影响。诸如经济增长率、经济建设的速度等。当经济振兴时，百业待举，新的行业不断出现，新的组织不断产生，机构增加，编制扩容，为职业的选择及晋升创造了条件。

②社会文化环境。社会文化环境包括教育条件和水平、社会文化设施等。在良好的社会文化环境中，个人能受到良好的教育和熏陶，从而为职业发展打下更好的基础。

③政治制度和氛围。政治和经济是相互影响的，政治不仅影响到一国的经

济体制，而且影响到组织的体制，从而直接影响到个人的职业发展；政治制度和氛围还会影响个人的追求，从而对职业生涯产生影响。

④社会价值观。一个人生活在社会环境中，必然会受到社会价值观的影响，大多数人的价值取向都是为社会价值观所左右的。一个人的思想发展成熟的过程，其实就是认可接受社会主体价值观的过程。社会价值观正是通过影响个人价值观而影响个人的职业选择。

第四节　职业生涯机会分析

我想往哪一路线发展？我适合往哪一路线发展？我可以往哪一路线发展？这三者的结合就是你自己的职业生涯机会。职业生涯机会分析的步骤如图 5-3 所示。

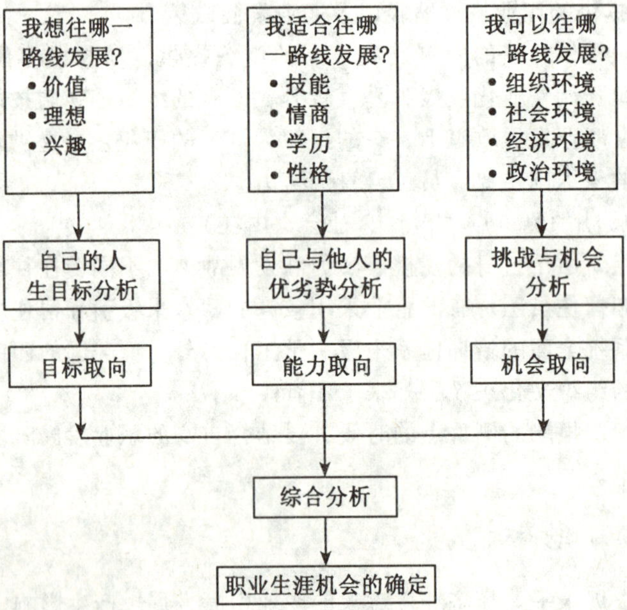

图 5-3　职业生涯机会分析

一、SWOT 分析的含义

SWOT 分析是战略管理中经常使用的分析工具：S 代表优势（Strength），W 代表弱势（Weakness），O 代表机会（Opportunity），T 代表威胁（Threat）。

其中，S、W 是内部因素，O、T 是外部因素。在进行职业生涯机会评估的时候，SWOT 分析是检查自己的技能、能力、职业、喜好和职业机会的有用工具。其主要思想是通过分析组织和个人内部的优势与劣势，以及外部环境的机会与威胁，制定未来发展的策略。

二、SWOT 分析的步骤

1. 罗列组织内部的优势和劣势，外部可能的机会与威胁

①列出自认为所具备的很重要的优势和对你的职业选择产生影响的劣势，然后再从中标出那些你认为对你很重要的优势和劣势。具体如图 5-4 所示。

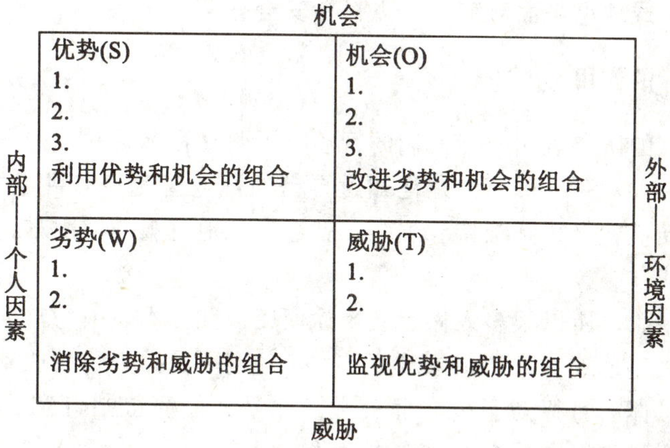

图 5-4　SWOT 分析

②将自身的优势、劣势与外部的机会、威胁相组合，形成 SO、ST、WO、WT 策略。

③对 SO、ST、WO、WT 策略进行分析和选择，确定个体目前应采取的具体战略与策略。

第五节　确定职业生涯目标

一、目标的含义

目标是希望达到的未来状态，即指你想要完成的事，它可能很庞大或很渺小，也许是未来或就在今天。确定目标的原则可适用于各个不同的生活层面，

而最基本的目的还是确定人生的终极目标。确定目标也意味着，着手做任何一件事情，先认清方向。如此，不但可以对目前所处的状况了解得更透彻，而且在追求目标的过程中，也不至于误入歧途，白废工夫。

另外，“目标”不见得都是有意识的产物。有些人自我意识薄弱，只知道遵循家庭、社会或环境所赋予的目标前进。这类目标多半出于个人主观好恶，不符合客观原则。它之所以被接受，是因为有些人依赖心过重，生怕不顺从别人的要求便会失去爱，因而必须靠别人来肯定自我价值。

确立人生目标最有效的方法，就是认定自己的人生哲学或基本信念。只有心中秉持恒久不变的真理的人，才能屹立于动荡的环境中。因为一个人的应变能力取决于他对自我、目标以及价值观的不变信念。确立人生目标后，我们就不必借助成见或偏见来面对变局，以保持安全感。

二、目标的作用

心理学家的研究表明，当人们的行动有了明确目标，并能把自己的行动与目标不断地加以对照，进而清楚地知道自己的行进速度和与目标之间的距离，人们行动的动机就会得到维持和加强，就会自觉地克服一切困难，努力达到目标。

在生活中，之所以很多人做事会半途而废，往往不是因为难度较大，而是觉得距成功太遥远或者自己想象难度较大。他们不是因失败而放弃，而是因心中无明确而具体的目标乃至倦怠而失败。如果我们懂得制订和分解自己的目标，一步一个脚印地向前走，也许成功就在眼前。

具体而言，目标具有以下几点作用：

①给人的行为设定明确的方向，使人充分了解自己每一个行为所产生的效果。

②使自己知道什么是最重要的事情，有助于合理安排时间。

③能清晰地评估每一个行为的进展，正面检讨每一个行为的效率。

④能预先看到结果，稳定心情，从而产生持续的信心、热情与动力。

哈佛大学目标对人生影响调查

哈佛大学有一个非常著名的关于目标对人生影响的跟踪调查。对象是一群智力、学历、环境等条件都差不多的年轻人，调查结果如下：

在普通的人群中，只有3%的人，会认真制订目标并写下来，然后努力去实现，并经常检查反思；有10%的人，会认真思考人生的目标和意义，但是没有写下来；60% 的人，曾经模模糊糊地想过，但不是很清楚；27% 的人，没有人生的目标，过一天算一天。

25 年以后，3% 的有清晰且长期目标的人，几乎都不曾更改过自己的人生目标。他们都朝着同一个方向不懈地努力，现在，他们几乎都成了社会各界的顶尖成功人士，他们中不乏白手创业者、行业领袖、社会精英。

10% 的有清晰且短期目标的人，大多生活在社会的中上层。他们的共同特点是，那些短期目标不断被达成，生活状态稳步上升，成为各行各业的不可或缺的专业人士，如医生、律师、工程师、高级主管等。

60% 的有较模糊目标的人，几乎都生活在社会的中下层面，他们能安稳地生活与工作，但都没有什么特别的成绩。

27% 的没有人生目标，得过且过的人，几乎都生活在社会的最底层，他们的生活都过得很不如意，常常失业，靠社会救济，并且常常都在抱怨他人，抱怨社会，抱怨世界。

资料来源：丹妮·冯．哈佛图书馆墙上的训言．北京理工大学出版社，2008.

虽然，很多人都知道目标对个人成功的重要性，但是很多人依然没有人生的目标，究其原因，主要有以下几点：

①不了解目标的重要性，从小没有人教导我们什么是目标，更不知道为什么要设定目标。

②不知道如何设定目标，在我们的学校教育当中从来没有教导我们如何设定目标，如何去达到目标。

③因为害怕被别人拒绝，假如我们不设定目标，我们就不会被别人批评，嘲笑。我们可以免除害怕被拒绝的恐怖。

④害怕自己会失败，一般成年人在生活上失败最大的原因就是对失败的恐惧感，总以为自己不行，自己可能会损失钱财，浪费时间。

实际上，我们每个人都拥有巨大的潜能，只要有明确的人生目标，然后，全力以赴，最终的结果往往会超越你自己的想象。

第六节　选择职业生涯路线

职业生涯路线其实就是人生目标的实现路径。确定职业生涯路径，就是对人生的目标进行合理的分解与组合。

一、目标分解的概念与意义

目标的分解是根据观念、知识、能力的差距，将职业生涯长期的远大目标分解为有时间规定的长、中、短期目标，直至将目标分解为某确定日期可以采取的具体步骤。

目标分解是将目标清晰化、具体化的过程，是将目标量化成可操作的实施方案的有效手段。

目标分解帮助我们在实现环境和美好愿望之间建立起可以拾阶而上的路径。一直分解到你知道为实现你十年以后的目标今天干什么、明天干什么。如果你不知道明天干什么，你十年后的目标永远是一个美好的愿望，变成不了现实。所以目标分解是实现目标非常重要的方法。

案例

想象五年后的你

让我与你分享一段小故事，或许在这个阶段，可以很实际地帮助你走出目前的困境。

1976 年的冬天，当时我 19 岁，在休斯敦太空总署的太空梭实验室里工作，同时也在总署旁边的休斯敦大学主修计算机专业。纵然忙于学校、睡眠与工作之间，这几乎占据了我一天 24 小时的全部时间，但只要有多余的 1 分钟，我总是会把所有的精力放在我的音乐创作上。

我知道写歌词不是我的专长，所以在这段日子里，我处处寻找一位善写歌词的搭档，与我一起合作创作。我认识了一位朋友，她的名字叫凡内芮（Valerie Johnson）。自从 20 多年前离开得州后，就再也没听过她的消息，但是她却在我事业的起步时，给了我最大的鼓励。仅 19 岁的凡内芮在得州的诗词比赛中，不知得过多少奖牌。她的写作总是让我爱不释手，当时我们的确合写了许多很好的作品，一直到今天，我仍然认为这些作品充满了特色与创意。

一个星期六的周末，凡内芮又热情地邀请我至她家的牧场烤肉。她的家族是得州有名的石油大亨，拥有庞大的牧场。她的家庭虽然极为富有，但她的穿着、所开的车与她虔诚待人的态度，更让我加倍地从心底佩服她。凡内芮知道我对音乐的执著。然而，面对那遥远的音乐界及整个美国陌生的唱片市场，我们一点渠道都没有。此时，我们两个人坐在得州的乡下，我们哪知道下一步该如何走。突然间，她冒出了一句话：

“想象你五年后在做什么？”

我愣了一下。

她转过身来，手指着我说：“嘿！告诉我，你心目中最希望五年后的你在做什么，你那个时候的生活是一个什么样子？”我还来不及回答，她又抢着说：“别急，你先仔细想想，完全想好，确定后再说出来。”我沉思了几分钟，开始告诉她：“第一，五年后，我希望能有一张唱片在市场上，而这张唱片很受欢迎，可以得到许多人的肯定。第二，我住在一个有很多很多音乐的地方，能天天与一些世界一流的乐师一起工作。”

凡内芮说：“你确定了吗？”

我坚定地回答，而且拉了一个很长的 Yes！

凡内芮接着说：“好，既然你确定了，我们就把这个目标倒算回来。如果第五年，你有一张唱片在市场上，那么你的第四年一定是要跟一家唱片公司签上合约。”

“那么你的第三年一定是要有一个完整的作品，可以拿给很多很多的唱片公司听，对不对？”

“那么你的第二年，一定要有很棒的作品开始录音了。”

“那么你的第一年，就一定要把你所有要准备录音的作品全部编曲，排练就位准备好。”

“那么你的第六个月，就是要把那些没有完成的作品修饰好，然后让你自己可以逐一筛选。”

“那么你的第一个月就是要把目前这几首曲子完工。”

“那么你的第一个礼拜就是要先列出一整个清单，排出哪些曲子需要修改，哪些需要完工。”

“好了，我们现在不就已经知道你下个星期一要做什么了吗？”凡内芮笑笑地说。

“喔，对了。你还说你五年后，要生活在一个有很多音乐的地方，然后与许多一流的乐师一起忙着工作，对吗？”她急忙地补充说，“如果，你的第五年已经在与这些人一起工作，那么你的第四年照道理应该有你自己的一个工作室或录音室。那么你的第三年，可能是先跟这个圈子里的人在一起工作。那么你的第二年，应该不是住在得州，而是已经住在纽约或是洛杉矶了。”

次年（1977 年），我辞掉了令许多人羡慕的太空总署的工作，离开了休斯敦，搬到洛杉矶。

说也奇怪：不敢说是恰好五年，但大约可说是第六年。1983 年，我的唱片在亚洲开始销售，我一天 24 小时几乎全都忙着与一些顶尖的音乐高手日出日落地一起工作。

每当我在最困惑的时候，我会静下来问我自己：五年后你“最希望”看到你自己在做什么？

如果，你自己都不知道这个答案的话，你又如何要求别人或上帝为你做选择或开路呢？别忘了！在生命中，上帝已经把所有“选择”的权力交在我们的手上了。

如果，你对你的生命经常在问“为什么会这样?”、“为什么会那样?”的时候，你不妨试着问一下自己，你是否很“清清楚楚”地知道你自己要的是什么？

如果连你自己要的是什么都不知道的话，那么爱你的主又如何帮你安排呢？不是吗？

而在你旁边的人，再怎么热心地为你敲锣打鼓，爱你的主也顶多给一些慈悲的安慰。因为连你自己都还没有清楚地告诉他，你要的是什么？那么你又岂能无辜地怪上帝没有为你开路呢？不是吗？

资料来源：李恕权．挑战你的信仰．扬智出版社，2000.

二、目标分解的方法

目标分解的方法主要有按性质分解和按时间分解。按性质分解：外职业生涯目标和内职业生涯目标；按时间分解：最终目标、长期目标、中期目标、短期目标。

1. 按性质分解

外职业生涯是指从事职业时的工作单位、工作地点、工作内容、工作职务、工作环境、工资待遇等因素的组合及其变化过程。

外职业生涯的构成因素通常是由别人给予的，也容易被别人收回。外职业生涯因素的取得往往与自己的付出不符，尤其是在职业生涯初期。有的人一生疲于追求外职业生涯的成功，但内心极为痛苦，因为他们往往不了解，外职业生涯的发展是以内职业生涯发展为基础的。

内职业生涯是指从事一项职业时所具备的知识、观念、心理素质、能力、内心感受等因素的组合及其变化过程。

内职业生涯各项因素的取得，可以通过别人的帮助而实现，但主要还是由自己努力追求而得以实现。内职业生涯的各项因素内容一旦取得，别人便不能收回或剥夺。

内职业生涯的发展是外职业生涯发展的前提，内职业生涯发展带动外职业生涯的发展。它在人的职业生涯成功乃至人生成功中具有关键性作用。因而在职业生涯的各个阶段，我们都应该重视内职业生涯的发展。尤其是在职业生涯早期和中期，我们一定要把对内职业生涯各因素的追求看得比外职业生涯更重要。

内职业生涯因素匮乏的人总是担心下岗的名单中会有自己的名字，内职业生涯丰富的人会抓住每一次发展的机会，甚至能主动为自己和别人创造发展机会。

案例

齐瓦勃的人生之路

齐瓦勃出生在美国乡村，只受过很短的学校教育。15岁那年，家中一贫如洗的他就到一个山村做了马夫。然而雄心勃勃的齐瓦勃无时无刻不在寻找着发展的机遇。

三年后，齐瓦勃终于来到钢铁大王卡内基所属的一个建筑工地打工。一踏进建筑工地，齐瓦勃就抱定了要做同事中最优秀的人的决心。当其他人在抱怨工作辛苦、薪水低而怠工的时候，齐瓦勃却默默的积累着工作经验，并自学建筑知识。

一天晚上，同伴们在闲聊，唯独齐瓦勃躲在角落里看书。那天恰巧公司经理到工地检查工作，经理看了看齐瓦勃手中的书，又翻开了他的笔记本，什么也没说就走了。

第二天，公司经理把齐瓦勃叫到办公室，问你学那些东西干什么？齐瓦勃说："我想我们公司并不缺少打工者，缺少的是既有工作经验、又有专业知识的技术人员或管理者，对吗？"经理点了点头。不久，齐瓦勃就被升任为技师。

打工者中，有些人讽刺挖苦齐瓦勃，他回答说："我不光是在为老板打工，更不单纯为了赚钱，我是在为自己的梦想打工，为自己的远大前途打工。"我们只能在业绩中提升自己。我要使自己工作所产生的价值，远远超过所得的薪水，只有这样我才能得到重用，才能获得机遇！

抱着这样的信念，齐瓦勃一步步升到了总工程师的职位上。25岁那年，齐瓦勃又做了这家建筑公司的总经理。后来，齐瓦勃终于自己建立了大型的伯利恒钢铁公司，并创下了非凡业绩，真正完成他从一个打工者到创业者的飞跃。

资料来源：王飚．做人与处事．2001年第10期．

齐瓦勃的内职业生涯道路：很短的学校教育—雄心勃勃，寻找发展的机遇—决心做同事中最优秀的人—默默积累工作经验—自学建筑知识、管理专业知识—使工作产生的价值远远超过所得的薪水—在业绩中提升自我。

齐瓦勃的外职业生涯道路：山村马夫—建筑工人—技师—总工程师—总经理—企业家。

齐瓦勃的外职业生涯发展不是偶然的，不是天上掉馅饼。他的外职业生涯是在其知识、观念、经验、能力等内职业生涯因素内容不断更新、水平不断提高的基础上发展的。

外职业生涯目标侧重于职业的外在过程标记：职务目标、经济目标。

内职业生涯目标侧重于在职业生涯过程中的知识、经验的积累，观念、能力的提高和内心的感受。

2. 按时间分解

按时间分解是给按性质分解的目标做出明确的时间规定。首先可以分为最终目标和阶段目标。阶段目标是人生某个发展阶段的目标，最终目标取决于一个人的价值观念、知识能力水平，是对环境、组织、自身条件、家庭条件做大量分析之后得到的结果。阶段目标又可以分为近期、短期、中期和长期目标。具体分类如下：

①最终目标：至退休或去世。

②长期目标：十年以上。

③中期目标：两年以上。

④短期目标：一至两年。

⑤近期目标：数月。

各阶段目标的特征如下：

(1) 短期目标的特征

①目标可能是自己选择的，也可能是被动接受的。

②未必由自己的价值观决定，但是可以接受。

③目标切合实际，具有操作性。

④明确具体的完成时间。

⑤朝向长期目标，以迂为直。

⑥接受已经发生的事实。

(2) 中期目标的特征

①基本符合自己的价值观。

②能用明确的语言定量说明。

③比较明确的时间，且可做适当的调整。

④对目标实现的可行性作过评估。

⑤全局眼光与长期目标一致。

⑥改变有可能改变的事情。

(3) 长期目标的特征

①目标是自己认真选择的，和社会发展需求相结合。

②非常符合自己的价值观，为自己的选择感到骄傲。

③有实现的可能，并具有挑战性。

④能用明确的语言定性说明。

⑤在一定时间范围内实现即可。

⑥目标始终如一，长期坚持不懈。

⑦立志创造美好未来。

三、目标的组合

目标组合是处理不同目标的相互关系的有效方法。如果只看到目标之间的排斥性，就只能在不同目标之间做出排他性选择；如果能看到目标之间的因果关系与互补性，就会积极进行不同的目标组合。

目标组合是处理不同目标之间相互关系的有效措施。目标组合主要着眼于各目标之间的因果、互补关系。具体而言，有以下三种组合方式：

①时间组合：并进、连续。

②功能组合：因果、互补。

③全方位组合：职业生涯、家庭生活、个人事务。

第七节　教育培训计划

在 Super (1990) 的人生彩虹模型中，我们可以看到，教育培训在个体的职业生涯中重复出现。布利斯 (1981) 的“三个组成部分”的观点也包含同样的观察结果。我们已经看到教育培训是如何贯穿终生的，以及教育是如何帮助你发展迁移技能的。教育和培训是预测个体在职业方面发展的重要指标，也是个体职业生涯的一个重要组成部分。因此，我们在制订教育培训计划时，要树立终身教育的观念，而不是仅仅把教育和培训当做就职前的准备。终身教育观和传统教育观之间的区别如表 5-1 所示。

表 5-1　终身教育观与传统教育观的比较

	传统教育观	终身教育观
学习时间	幼儿期、少年期、青年期	人生各阶段
教育目的	传授基础知识	培养生活和工作能力
教育的作用	文凭作为挑选人才的凭证	发掘潜能、提高实际能力
教育领域	限定的、隔离的	沟通的、融合的
学习内容	根据外在的安排和要求	根据自身的需要
学习对象	学校里的老师	能者为师，先者为师
考试场所	教室	处处是考场
考核标准	分数	事情结果
学习工具	主要用书本学习	各种学习工具和媒体
学习观点	学习与工作生活是分开的	学习、工作、生活一体化
文盲	不识字的人	不会自觉继续学习的人

制定教育培训的方法就是根据职业生涯发展目标和现有能力之间的差距，制定教育培训的内容、时间、地点、方式等。教育培训计划贵在可实施性，包括在职学习和脱产学习。

第八节　评估与反馈

职业生涯规划完成后，就明确了在一定的时间内要完成的任务，这也就成了工作和生活的方向与依据，并具有较强的指导性、规范性和约束性。

但是，社会在不断发展，情况在不断变化，导致现实的人生发展不可避免地会与原来的规划出现较大的偏差。这时就需要我们及时地对原来的职业生涯目标和规划进行评估，并做出适当的调整，以便更好地符合自身的发展和社会发展的需要。职业生涯的评估与反馈过程，是个人对自我的不断认识的过程，也是不断优化个人职业生涯规划的过程，是顺利实施个人职业生涯规划不可缺少的环节。

根据人际关系范围，将职业生涯评估与反馈的类型分为自我评价、家庭评价、企业评价和社会评价四类。具体内容见表5-2。

表5-2　**职业生涯评估体系**

评价方式	评价者	评价内容	评价标准
自我评价	本人	1. 自己的才能是否充分施展 2. 对自己在企业的发展、社会进步中所作的贡献是否满意 3. 对自己在职称、职务、工资待遇方面的变化是否满意 4. 对处理职业生涯发展与其人生活动的关系的结果是否满意	根据个人的价值观念及个人的知识、水平、能力
家庭评价	父母、配偶、子女等家庭成员	1. 是否能够理解和肯定 2. 是否能够给予理解和帮助	根据家庭文化
企业评价	上级、平级、下级	1. 是否有下级、平级同事的赞赏 2. 是否有上级的肯定和表彰 3. 是否有职称、职务的晋升或相同职务责权利范围的扩大 4. 是否有工资待遇的提高	根据企业文化及其总体经营结果
社会评价	社会舆论、社会组织	1. 是否有社会舆论的支持和好评 2. 是否有社会组织的承认和奖励	根据社会文明程度、社会历史进程

关　键　词

职业生涯规划　　职业生涯机会　　职业生涯目标　　职业生涯路线　　职业生涯评估与反馈

复习思考题

1. 什么是“自我”？如何才能更加了解自我？
2. 如何运用周哈里窗来了解自我？

3. 在进行职业生涯机会分析时，我们可以运用哪些工具？
4. 确立职业生涯目标有何重要意义？
5. 如何对职业生涯目标进行分解和组合？
6. 你觉得影响个人职业生涯决策的主要因素有哪些？

第六章 职业生涯早期管理

本章掌握要点：

- 了解个人职业生涯早期的特征和所面临的问题。
- 了解职业生涯早期个人需要完成的主要任务。
- 理解树立个人品牌的技巧和方法。
- 了解导师选择过程中需要注意的事项。
- 掌握组织与雇员相互接纳的内涵与标志。

关于职业生涯早期阶段的划分不同的学者有不同的看法。但是，在今天这种动态的环境中以及人们具有多份职业的情况下，使用年龄分段是不合适的。根据已有学者的研究，我们认为职业生涯早期阶段从开始进入劳动市场到人们形成发展方向以及努力使工作进入稳定期为止。这一阶段一般发生在 20 岁至 30 岁之间，是一个人由学校走向社会，由学生变成雇员，由单身生活变成家庭生活的过程，一系列角色和身份的变化，必然要经历一个适应的过程。

第一节　职业生涯早期的个人特征

人的总体生命空间是由三个生命周期组成的：生物社会生命周期、职业生命周期、家庭生命周期。人的生物社会生命周期贯穿人的一生，职业生命周期从 20 岁左右开始至 60 岁（或更长）结束，家庭生命周期则从 25 岁左右开始贯穿人的后半生。

在职业生涯早期阶段，个人正值青年时期，无论从个人生物社会生命周期、职业生命周期还是从家庭生命周期来看，其任务都较为单纯、简单。该时期个人的主要任务：一是进入组织，学会工作；二是学会独立开展工作；三是完成向成年人的过渡。

这一时期，其突出的个人和心理特征如下：

第一，进取心强，具有积极向上、争强好胜的心态。进取心是一种积极的推动力量，这种心态能促使雇员不断上进，以求发展。但由于年轻气盛，难免表现出浮躁和冲动，表现在职业工作上这山望着那山高，很少检查自己主观上的不足，经常高估自己，低估他人；工作一旦出现失误就怨天尤人，强调客观原因；在自己工作的团队中，由于个人争强好胜易造成对他人不服气，不认输，很可能危及人际关系的和谐；由于尚处在职业生涯初期，因而对职业锚的选择犹豫不决或者经常变动。

第二，职业竞争力不断增强，希望能做出一番轰轰烈烈的事业。对于刚就业的青年人来说，精力最旺盛，充满朝气，初生牛犊不怕虎，具有远大的职业理想和抱负，成功的心理要求强烈。随着工作时间的延长，他们会逐步提高工作能力，积累经验，熟悉工作环境，对职业成功的信心不断增加，所以踌躇满志，决心做出一番事业，不枉此生。

第三，开始组建家庭，逐步学习调适家庭关系的能力，承担家庭责任。职业生涯早期，常常是雇员处于由单身向组建家庭或有第一个子女过渡的时期，这一时期的家庭问题相对较少、任务较轻。但由于雇员开始成家，或有了第一个小孩，不可避免地会产生处理同配偶的关系和担当抚育子女的任务。这一时期的家庭责任是使雇员自我意识逐渐削弱，家庭观念增强，逐步学会与配偶相处，并开始具有养家的动机和责任心。在职业生涯早期阶段，个人尚是职业新手，一切还在学习、探索之中，而这一阶段的心理特征将对其职业生涯发展产生重要影响。

第二节　职业生涯早期面临的主要问题

在职业生涯早期的个人组织化阶段，新雇员对组织尚不十分了解，与上司、同事群体之间尚不熟悉，处于互动适应期，由于未能觉察彼此的需要和适应组织的特点，可能会引起某些矛盾和问题。这一时期常见的问题主要如下：

1. 现实冲击

现实冲击（Reality Shock）是指由新雇员对其工作所怀有的期望与工作实际情况之间的差异所引起的新雇员的心理冲击。现实冲击通常发生于一个人开始职业生涯的最初时期，在这一时期，新雇员的较高工作期望所面对的却是枯燥无味和毫无挑战性的工作现实。对于许多第一次参加工作的人来说，这可能是一个比较痛苦的时期，因为他们天真的期望将第一次面对现实生活的冲击。

2. 新雇员难以得到第一任上司的信任和重用

新雇员刚刚进入组织，对组织的人员和环境都不了解，组织对他也缺乏深人的了解，因此，很难立即取信于自己的第一任上司。在这种情况下，上司往往会认为只有等到新雇员真正了解公司运作的真实情况之后，才可以让其承担重要的工作，因此，最初交给新员工的工作往往是过于容易或者很乏味。当然，在新员工进入组织的最初数周内上司采取这种做法是完全可以理解的。但是，如果数月、一年甚至更长的时间内都持这样不信任的态度，就会大大压抑新雇员的积极性和才能的发挥，并直接影响到其未来职业生涯的发展。

3. 组织成员往往会对新雇员心存偏见或嫉妒

当有新员工进入组织时，往往会引起一部分老员工的不快。一方面，他们认为新员工单纯幼稚、好高骛远、书生意气、经验不足、自视清高等。另一方面，他们感觉新员工是一种威胁，因为新雇员往往更年轻，比他们有着更好的教育和较高的起薪，所以，他们不知不觉地总想表明新员工没有什么了不起，于是常常故意给新员工的工作制造一些麻烦，迫使他们就范。

因此，作为一个新雇员，要想解决职业生涯早期阶段存在的问题，必须较好地完成自己从学生到雇员的角色转变，同时尽快融入新的组织，被领导和同事所接受，尽早地建功立业。

第三节　职业生涯早期个人所面临的任务

一、职业生涯角色的转换

1. 从校园到工作场所

在有关大学毕业生和就业的论述中，Phillip Gardner 和 WenYin Liu（1997）指出，雇主认为大学毕业生对于适应新的、变化的工作场所缺乏准备。总的来说，问题并不涉及专业领域，大学毕业生们苦于应付的问题更可能是人际关系或个人的能力——这些技能在课堂中并不直接传授。

Phillip Gardner 和 WenYin Liu（1997）进一步举例说明了存在问题的领域，这些领域是技术类和非技术类毕业生在他们第一份工作中都会面临的。

（1）技术类毕业生的问题领域

①以小组的形式演示。

②商业背景的写作。

③将专业知识应用于现实情景。

④领导团队。

⑤将学习和商业操作进行整合。

⑥团队工作技能

（2）非技术类毕业生的问题领域

①目标设定。

②时间管理和优先顺序排列。

③理解工作场所的价值观和伦理道德。

④系统协调。

⑤处理冲突和批评。

⑥起草项目计划。

另外，Phillip Gardner（1998）也指出，出勤率低、不遵从指导和缺乏原创性是大学毕业生被公司解雇的最常见的原因。显然，自我管理技能的缺乏和人际技能薄弱才是问题的核心。其中某些问题归咎于自我和有关职业的知识欠缺，人际问题解决技能的匮乏，消极的自我对话，工作情景中缺乏自我觉察以及在工作情景中对反馈和个人经验的控制和监督不力。

佛罗里达大学的管理学教授 Daniel Feldman（1987）向即将毕业的大学生们指出，他们将要进入的世界与他们将要离开的世界是两个截然不同的世界。他具体比较了以下内容：①大学文化与工作文化；②你的教授的态度和行为与你的老板的态度和行为；③大学中学习过程的性质与工作中学习过程的性质。表 6-1 详细阐述了这些观点。

表 6-1　　大学环境与工作环境

文学文化	工作文化
1. 弹性的时间安排	1. 更固定的时间安排
2. 你能够逃课	2. 你不能旷工
3. 更有规律、更个别的反馈	3. 无规律和不经常的反馈
4. 长假和自由的节假休息	4. 没有寒暑假，节假休息很少
5. 对问题有正确答案	5. 很少有问题的正确答案
6. 教学大纲提供清晰的任务	6. 任务模糊不清晰
7. 分数上的个人竞争	7. 按团队业绩进行评估
8. 工作循环周期较短	8. 持续数月或更长时间的工作循环
9. 奖励以客观性标准和优点为基础	9. 奖励更多依据主观性标准和个人判断
你的教授	**你的老板**
1. 鼓励讨论	1. 通常对讨论不感兴趣
2. 规定完成任务的时间	2. 分派紧急的工作，交付周期很短
3. 期待公平	3. 有时很独断，并不总是公平
4. 知识导向	4. 结果（利益）导向

续表

大学的学习过程	工作的学习过程
1. 抽象性、理论性原则 2. 正规的、结构性的和象征性的学习 3. 个人化的学习	1. 具体的问题解决和决策制定 2. 以具体、真实的生活为基础 3. 社会性、分享性学习

表6-1精确地指出了为什么一些大学生在适应自己的首份工作时困难重重。这些问题包括时间的使用、模糊的结构、组织文化、持久的努力和更复杂的人际关系。

在从大学校园文化向全职就业文化转变的过程中，我们认为有10种可能的调整领域（见图6-1），要求发展新的认知。这些是作为一名新雇员进行自我思考的新方式，将使新员工更有效地解决相关问题和制定恰当的决策。

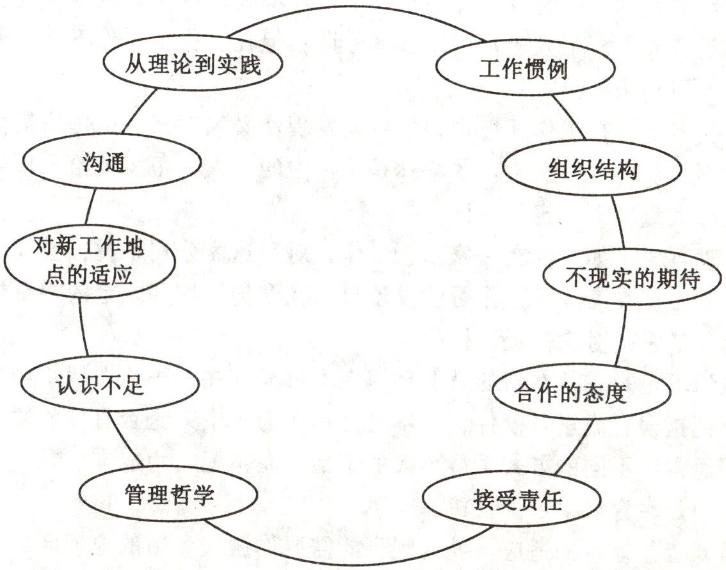

图6-1 从校园到工作的调整领域

2. 从校园到工作的调整领域

①从理论到实践。不同于课堂中的多项选择测验，在工作环境中，很少有正确答案。员工们不断面临着需要他们务实和能够有效应付意外情况和危险的挑战。通常，决策制定的核心是如何达到务实或最佳的问题解决，而非获得正

确的答案或理论设想。

②工作惯例。许多大学生报告说每天工作8小时每周工作40小时或50小时，这样的调整是一个大问题。大学的特征是周期短（季度、学期、一小时班会），弹性时间安排以及节假日休息。而工作情景的周期更长，日程安排更固定，休息时间更少。

③组织结构。对比工作组织和大学校园的不同之处，就要考虑老板、教授、雇员、监督者以及模糊性等因素。了解一个工作组织的文化需要一些时间，甚至要犯一些错误，因为它们通常与校园差异很大。

④不现实的期待。新员工必须管理他们的期望值，不要期待太多太快。比如，新员工可能收到的反馈是模糊和零星的，可能每6个月才一次；课堂中反馈每学期至少2~3次。

Ed Holton（1995）指出，这是雇主在应付新雇员时所面临的最令人头疼的问题之一。

⑤合作的态度。尽管有差异存在，工作环境要求同事间融洽相处。如果你与某位教授有冲突，个人通常可以选择停课；但在工作中，你不大可能如此轻易地换掉上司和同事。

⑥接受责任。在工作环境中，你可能发现你必须对某一工作情景做出重要决策，而不能从监督中获益。尽管你是工作中的新人并很少被给予指导，但你仍然要履行大量决策制定的责任。

⑦管理哲学。如果你在一家私企工作，对于这家公司来说，盈利是他们持久生存的基础。在商业中，你可能发现自己在维护机构和既定的行事规则，而在大学里你通常是对它们提出挑战。

⑧认识不足。完美在新的就业环境中不可能存在——错误偶尔会产生。你必须学会把错误看成学习事件，而不是对你作为一个人是否有价值的评说。雇主和教授通常以不同的方式看待个人的不足。雇主视之为成本问题，而教授通常认为它们是教育和学习的良机。

⑨对新工作地点的适应。就业很可能需要你搬迁到新的地理区域。留意那些新的生活方式的情景。你不仅要适应工作本身，同时要适应诸如通勤这样的新需要，以及有利于个人发展和休闲娱乐的新机会。

⑩沟通。在新的就业环境中，重要的是能有效地与他人沟通，让别人知道你是谁，你已经完成了什么，以及你应当如何被认可。你会发现自己每周（甚至每天）要写一份工作报告作为工作的一部分，而不像在大学，每门课每学期只需要写一篇论文。

二、树立自己的品牌

美国钢铁大王卡内基小时候有一次路经一个尚未竣工的摩天大楼的建筑工地，与衣着华丽的老板攀谈起来。“我长大后要怎样才能像你这样?”卡内基以羡慕的口吻问道。“第一要勤奋工作……”“这我早知道了，老生常谈，那第二呢?”“买件红衣服穿!”

聪明的卡内基满脸狐疑：“这……这和成功有关?”“有啊!”那人顺手指了指前面的工人说道，“你看他们都是我的手下，但都穿清一色的蓝衣服，虽然，他们中有些人很勤奋，也很能干，但是我不认识他们……”说完他又特别指向其中一位工人：“但那个穿红衬衫的工人就不一样，他很醒目，一开始我就注意到他了，后来，通过长期观察，发现他很能干，也很勤奋，所以过几天我会请他做我的副手。”

从上面这个小故事，我们可以看到，对于职场新手来说，能否“穿上自己的红衣服”，也就是能否树立自己的品牌，并引起领导的注意，对取得职场的成功有着重要的意义。

那么如何才能树立自己的品牌呢?

1. 注意时间和日程管理

要想在工作中形成良好的第一印象，最简单的一种方法是始终保持准时。无论是上班、开会还是完成老板交代的任务。不过下班的时候，最好不要每天一到点就下班。

如果你是一个专业人员，人们可能期望你比一般计时员工对工作更投入。

2. 印象管理

印象管理开始于工作第一天，在大多数组织中印象管理非常重要。除了着装以外，另一个重点是，保证没有将电话或办公设备用于私人或社交活动。经理人员能很快识别新员工的这类行为，这无疑是一种消极的印象。更重要的是，你一定要知道办公室同僚希望别人在私下或公共场合如何称呼自己。所以要弄清楚他们的头衔。

另外一个明智之举是，不要急于装饰你的办公区或工作区。观察与你同一级别的员工在这方面是如何做的。小心你的招贴画和卡通图片可能引起同事或顾客的反感。

印象管理还涉及工作绩效。要保质保量地完成各项工作任务，与此同时要及时汇报自己的工作情况，让领导清楚你所做的重要工作和取得的成绩。但注意要实事求是，不能夸大其词。

在行为举止方面，不要使你的同事觉得你不像一个新来的专业人员，虽然，不必要故作老成，但是从小事做起，要体现出专业素质。

最后一点，要意识到你的私人行为会被记录在案，并影响你的工作评价或职业发展。在大学中，“不太合群”的名声也许还可以被人们接受，但在工作组织中，人们会认为这是不成熟的表现，从而限制你晋升的潜力。

3. 管理你的老板

对许多大学生来说，这又是一个需要适应的重要领域。从最开始，你要让你的老板成为自己职业生涯发展的盟友。在你走上工作岗位的第一天，就向你的老板询问那些在程序、政策或资料方面可能对你有帮助的人们的名字。然后当你随同事工作时，就称呼他或她的名字请求帮助。

为使你的老板感到满意，你需要按时完成任务并保证质量，行事专业，态度积极。事实上，雇主对新员工抱怨最多的是他们消极的态度。积极的态度将表现在你随时准备学习和改变，表现在你对不完美组织的耐心，以及必要时向前多迈一步的意愿。

你要使自己拥有知道如何保守机密和忠于职守的好名声。如果你犯了错误，最好尽快告知老板，并采取必要的步骤从错误中吸取经验以避免将来重犯。如果你的老板意外抓到你失职，或从他人处得知你的错误，他常常会更加恼怒。

让老板满意意味着，在你工作的第一年，你必须牺牲自己的周末时间来完成老板需要处理的临时性的紧急任务。这种灵活、合理和愿为组织做出牺牲的意愿常会为你从组织的高层管理处赢得“职业生涯发展分”。

Ed Holton（1995）所指的“追随技能”是与“领导技能”相对而言的，做一个好的下属，善于学习领导的长处，用自己的长处弥补领导的不足，帮助领导成功，将是你重要的任务。

有时你会遇到一个不公、过分刁钻，甚至虚假的上司，你先不要急于放弃工作，相反，最好争取晋升或从这个上司手下调离。此外，不要因为这样一位上司使自己产生一种消极的工作态度或不良业绩。

4. 发展与同事的关系

发展与同事的关系是适应工作的另一个重要方面。一方面，为了完成任务，你需要在团队中与同事合作。另一方面，在获得认可与晋升的问题上，你很可能与这些同事存在竞争。作为职场新人在人际关系的形成上不要操之过急。有消极态度或对组织怀有怨恨的人可能最初对你很友好——但是，你要与他们保持距离。用心利用午餐时间发展持久的友谊，开始要友好地对待每一个人，当你能够断定哪些人对自己和组织抱有积极态度并能出色完成工作时，那么主动上前与他们建立友谊。

注意不要让同事成为你的心腹知己，因为一段时间后，你可能与这些人形成监督与被监督的关系，或者其他各种双重关系，这会产生各种伦理道德问题。

Ed Holton（1995）指出，在你把自己证明给你的同事之前，你都是一个局外人。你要表明你是这个组织的一部分而不是站在外面试图改变它。还有承认你的无知也许比表现自己的有知更重要。

作为一个新的专业人员，你可能对秘书、办公室人员、售货员或生产工人等员工负有监督责任。从你工作第一天开始，尊重这些底层的同事很重要。

案例

品牌的你，全新的你

建立品牌不仅仅是企业的事，20 世纪 90 年代，管理学大师汤姆·彼得在《稳固的企业》这本书里写了一篇文章，奉劝个人也要向企业学习，建立自己的品牌战略。

彼得论证说，在现代的职场世界，我们每个人都是自己公司的 CEO、我们自己的 CEO。所以，既然索尼公司可以为自己的游戏站、随身听或者其他电子产品制造声势，为什么一个人就不能为自己造一点声势呢，虽然投入的预算要小得多。

确定你自己的品牌，要从寻找自己与众不同的特质开始。问问你自己：我和旁边的人到底有什么不同？让我与其他人不同的主要性格、特征、特质是什么？

企业在打造品牌的时候通常会采用“特色—实惠”模式。某种商品或服务的每一种特色都能给消费者带来一种可以确认的实惠。问问你自己：我做的哪些事情可以让自己增值？我过去做过哪些事情可以用来提升我的个人品牌的无形资产？这样做可以让你更加了解自己的个人品牌价值。

接下来你就应该推广自己的品牌了。当今社会，羞怯和谦虚是得不到奖励的。就像企业一样，要想保持品牌的知名度就必须保持高水平的曝光率。建立人际关系网，找人推荐，在单位参加或者主持会议都是增加曝光率的方法。不过，必须要记住，曝光率也容易带来潜在的麻烦。一些企业已经知道品牌形象是多么容易被破坏，为此付出了昂贵的“学费”。要想打造自己的个人品牌的人就必须保持高度的警惕性。你的言行始终符合自己的品牌定位。

就个人品牌而言，可信性和个人能力是必不可少的素质。一些影响最大的品牌都是通过与消费者的不断接触来巩固自己的地位的。同样，最具有影响的个人品牌也应该是让别人都想与之来往的。在实践中，这意味着，一个人必须有别人需要的东西。能力、人际关系、好公司，都是很有价值的。

问问自己："别人为什么想和我交往呢？"估计你找到答案没有花费太多的时间。幽默、智慧、魅力，无论你的答案是什么，继续培养这种特质吧。如果你能够有效地推销自己，你就能够创造更好的声誉。

在未来的世界里，成功的人士将是那些能够创造出个人品牌的人。就像彼得所说的那样："很简单：你是一个品牌，你管理着自己的品牌。"①

三、寻找自己的导师

作为一名职场新人，要想尽快熟悉工作、融入组织取得职场成功，就需要获得导师的帮助。但是，并不是每个组织都会给员工安排一名正式的导师，这就需要我们自己承担起寻找一位导师的责任，组织内外的都可以。

虽然，可以做导师的候选人并不少，但是找一位理想的导师并不容易。一般来说，理想的导师应该符合以下四个主要标准：

①具有很强的沟通能力。导师和被督导的对象都应该善于与人沟通。否则的话督导会变成一个让双方都畏缩、厌烦和难以忍受的过程。

②对督导这样一种双向交流活动非常投入。如果一种关系不是对双方都有利，那么它就不会保持长久。

③诚实。他们要彼此诚恳和坦白，不介意与对方分享自己成功与失败的感受。

④具有积极参与的愿望。如果督导活动的任何一方不是心甘情愿加入的，那么督导不可能成功。

在与导师接触的过程中，事情不是，也不可能是一帆风顺的。为了克服督导过程中可能遇到的困难，我们需要及时识别不好的苗头，避免督导关系的破裂。

---

① 斯蒂芬·库姆博．成功人士职业生涯完全手册．李玉霞等译，广东经济出版社，2003.

一般来说，不好的苗头包括以下几点：

①辅导成效不佳，辅导后彼此联络不积极。

②导师不太愿意解决困难的问题。

③表现消极，不愿意积极参与。

④缺乏沟通和理解。

⑤出现不恰当举动，导师过于独断和专制。

⑥不愿付出时间。

督导关系偶尔也会破裂，为了妥善地收拾局面，明智的处理方法是找一个能为双方开脱的借口。这样，如果督导关系已经明显无法维系下去的话，那么没有任何一方需要单方面保持这种关系，真正做到好和好散。

第四节 职业生涯早期组织所面临的任务

一、组织社会化

组织社会化（Organizational Socialization）是指新雇员转变为有效率的组织成员的过程。如表6-2所示，有效的社会化包括为胜任本职工作做准备，对组织有充分的了解以及建立良好的工作关系。社会化包括三个阶段：预期社会化阶段、磨合阶段和适应阶段。

表6-2 社会化过程中雇员应该学习和培养的内容

历史	公司的发展目标、价值观、文化传统、行为准则、发展史及成员的背景
公司的目标	公司的指导原则及宗旨
语言	公司独有的俚语、行业术语和专业技术用语
策略	怎样通过正式和非正式的工作关系以及公司权力结构来获取信息
人员	与公司其他雇员建立良好的工作关系
娴熟的技能	知道需要学习哪些内容，对工作所需的知识、技能和能力能有效地获取和运用

资料来源：Based on G. T. Chao, A. M. O'Leary-Kelly, S. Wdf, H. Klein, and P. D. Gardner, "Organizational Socialization: Its Content and Consequences," Journal of Applied Psychology 79 (1994): 730-743.

1. 预期社会化阶段

预期社会化阶段指人们在进入公司之前的阶段。在预期社会化（Anticipatory Socialization）阶段，人们形成了对公司、所从事工作、工作环境和人际关系的预期。

这些预期是在人员招聘和甄选过程中，通过与公司代表（如招聘负责人、未来的同事和经理）接触而形成的。同时，也可以通过以前类似的工作经验产生相应的预期。

公司要向未来的雇员提供真实的工作信息。真实的工作预览（Realistic Job Preview）可以让求职者准确地掌握有关工作、工作环境、公司以及地理位置的优劣势和真实信息，以确保雇员能形成合理的预期。在招聘和甄选过程中，公司应尽早提供这种信息。

2. 磨合阶段

当雇员开始一份新的工作时，就进入了磨合阶段（Encounter Phase）。不管在面试和实地考察时雇员获得的信息是多么真实准确，一旦雇员真正开始新工作，仍然会感到震惊。雇员需要熟悉工作任务，接受适当的培训，并了解公司的运作程序。

在磨合阶段，富有挑战性的工作以及乐于助人的经理和同事都能促使雇员尽快了解和学会一项新的工作。新雇员通常把经理看做了解工作和公司的重要信息来源。

研究表明，新雇员与经理的关系状况会对社会化过程带来深远的影响。如果新员工能与其经理建立良好的关系，则可以减少不合理预期带来的负面影响。经理通过帮助新员工理解其角色，提供公司有关的信息，理解新雇员面临的工作压力和问题，来同新员工建立起高质量的工作关系。

3. 适应阶段

在适应阶段（Settling-in Phase），雇员开始胜任工作并建立良好的社会关系。他们开始着手解决工作中的冲突（如工作负担过重、工作要求相互冲突）以及工作活动与非工作活动之间的矛盾。雇员会非常关注公司对其工作绩效的评估，并渴望了解公司内部的职业生涯发展机会。

雇员只有完成了社会化进程的三个阶段，才能真正为公司作出贡献。

对员工的社会化有以下基本假定：

(1) 社会化对员工的绩效表现及组织稳定性有重大影响

工作绩效在很大程度上取决于工作承担者对该做什么与不该做什么的理解。而正确地理解工作也意味着社会化过程的有效实施。此外，适应组织的程度如何也是绩效评价的构成内容。总之，适宜的社会化已经成为影响实际工作绩效与评价标准的重要因素。

（2）社会化能够增强组织的稳定性

当工作与员工的匹配能够维持多年并且将离职率降至最低时，组织就是相对稳定的。组织的目标也能够在新老员工之间进行传递。

（3）焦虑和不安困扰新员工

从局外人到局内人的转化带给人焦虑与不安。之所以压力巨大，是由于新成员缺乏对新环境的了解——不仅是工作本身，还包括新上司、新同事、新的工作地点以及新的规章制度。孤独和隔绝的感觉并不少见。这种焦虑状态至少有以下两种含义。

其一，新员工需要特别的帮助以得到放松。这常常意味着可以通过提供适宜的信息来降低不确定性和模棱两可的状态。

其二，紧张的情绪对于激励个体尽快地学习新角色所需的价值观和行为模式非常有益。新成员往往对新角色感到紧张，同时对新角色充满期待，很快就会成为被组织接受的成员了。

（4）社会化并非发生在真空中

与社会化相关的学习远不止了解正式的工作说明和人力资源管理人员或经理对其所寄予的期望。新成员所能接触到的同事、管理制度、员工、客户以及他人做出的敏感或不敏感的言谈和行为，都会影响到其社会化。

（5）个体适应新环境的过程具有相似性

尽管调整和适应的内容与形式五花八门，但是减少新员工在进入组织时的焦虑和不安却是最主要的任务。招聘和甄选时得到的信息经常是不完全和被扭曲的。新员工必须在工作岗位上转变他们对工作角色的原有理解，从而适应真实信息的要求。调整需要一段时间——每一个新员工都需要经历一个适应期，而这个适应期都遵循一个相对标准的模式。

二、新员工上岗引导

新员工上岗引导（Orientation）包括将新员工介绍给组织以及其工作部门成员的各项活动。它是对招聘和甄选阶段所获取信息的拓展和延伸，并且帮助消除那种每个人在开始新工作时都会遇到的紧张和焦虑。例如，上岗引导计划应当让新成员熟悉组织的目标、历史、哲学、流程和规章；了解相关的人力资源管理政策，比如工作时间、发薪程序、加班需要以及公司福利；熟悉特殊岗位的特殊义务和责任；浏览公司的基础设施；将新成员介绍给他/她的上司和同事。

谁应该负责引导新员工呢？可以是新员工的上司、人力资源管理人员，也可以借助电脑程序，或是以上几种方式的结合。在一些中型企业和大部分大企业中，人力资源部门负责解释诸如组织政策和员工福利之类的事情。而在另一些中型企业和大部分小型企业中，新员工则完全是从他们上司那里得到上岗引导。当然，新员工的上岗引导也并非一定要采取正式的方式。比如在一些小组织中，新员工上岗引导可能仅仅意味着新员工向其上司报到及以后上司把他介绍给其他同事这一过程，接下来是一段对公司的短暂参观，然后新员工被带到工作岗位开始工作。

三、提供挑战性的工作

为了使新雇员更快地成长，应该鼓励新雇员的管理者把具有挑战性的工作安排给新雇员。成功实施这一政策需要管理者承担一定的风险，因为管理者对下属的工作表现负有责任。如果分配的任务超过下属员工的能力范围，管理者和下级将共同承担失败的损失。因此，只有在下级证明其能力后，管理者才会愿意通过日益给下级增加更难和更具有挑战性的工作来慢慢培养他们。虽然新员工在工作方面具有潜能，但是还没有得到证明，因此，将有可能失败的任务交给他们是危险的。然而研究表明，在经历了最初工作的挑战的员工，在今后工作效率更高了。

如果分配给新员工的工作的性质不是天生具有挑战性，新员工的管理者可以将任务强化。通常强化任务的方法包括，给新员工更多的权力和责任、允许新员工直接与顾客和消费者沟通以及让新员工实现自己的想法。

总之，富有挑战的、强化的早期工作经历不仅仅使员工受益于职业生涯的早期阶段，而且为职业生涯中期成功打下了基础。

四、及时有效的绩效反馈

虽然绩效评价和反馈在职业生涯的各个阶段都很重要，然而，由于新员工急需要得到组织的肯定和提升自己的能力，在这个阶段的反馈和评价就显得尤为重要。在给予挑战性的工作的同时，新员工还想知道这份工作完成得如何，组织会如何看待。这些信息对其今后的发展会产生一定的影响。

对于反馈意见，一方面新人想听到真实的情况，借以提高自己的能力和弥补工作上的不足；另一方面则希望听到好的评价，以增强信心，保护自尊。所以上级给予的反馈应该同时具有指导性和支持性。

这样做并不是一件容易的事情，而且这一工作只由上级来完成可能会有所偏颇。所以，现在各个组织都在尝试改善反馈流程和建立更加完善的绩效考评制度，以尽可能地为员工提供真实的反馈。

第五节 组织与个人的相互接纳

一、相互接纳的内涵

在职业生涯早期，通过新员工个人和组织双方共同的努力，最终的理想结果应该是组织和个人彼此相互接纳。所谓相互接纳也就是指新员工在进入组织的职业生涯早期，经过个人组织化阶段之后，个人与组织相互经过进一步认识与了解，达到认同，雇员获得组织正式成员资格，希望贡献于组织，并在组织中获得发展的过程。

组织与雇员相互接纳包括以下几个方面的含义（吴国存，1999）：

①所谓相互接纳，是指组织与新雇员个人之间的相互关系。双方必须相互认同与接纳，只有单方认同，并不是相互接纳。

②相互接纳使新雇员与组织之间的关系清晰化、明确化、确定化。组织确认了新雇员作为组织正式成员的资格，新雇员则获得了组织正式成员的身份。

③相互接纳是一种心理契约。新雇员与组织之间没有书面的接纳证明，只是在思想认知、情感上，以及工作行为上相互承认、认同和接受。例如，新雇员以自己对组织价值观和组织纪律的服从，以及努力工作和贡献，表示对组织的认可。而组织则以薪资报酬、挑战性工作、组织奖励和晋升等方式，表明对新雇员及其工作的承认。

④相互接纳可以用具体的事物标明。尽管相互接纳是一种心理契约，但是仍然有显著的标志。新雇员努力工作以及安心于组织，便是他向组织发出的认同信号。组织给新雇员增薪、晋升等，则象征组织对新雇员的接受。

⑤相互接纳是一个过程，因而是一个时间阶段。这一阶段无确定期限，期限的长短，受工作性质、部门类型、上司风格、组织文化、新雇员的实绩等诸多因素的影响。但是，一般是发生于受雇的前几年。

二、相互接纳的标志

组织与新雇员相互接纳需要一定时间和过程，在这一过程中雇员与组织是如何相互接纳的呢？相互间有哪些行为事件和信号可以表明相互接纳了对方？

1. 新雇员接纳组织

新雇员在组织中经过一段时间的适应后，逐渐适应了组织生活，便会发出接纳组织的信号。这些信号包括以下内容：

第一，当新雇员决定留在组织中时，这是新雇员接纳组织和雇佣条件的一个重要信号。因为在劳动力市场充分开放，新雇员具有有效竞争力的条件下，其流动率一般较高，如果组织环境不理想，新雇员会准备随时离开组织。而新雇员决定留下暗示了其对组织和工作环境的基本接受。

第二，新雇员关心组织的发展，是其决定留在组织和接纳组织的又一明显信号。组织的发展与雇员的发展密切相关，具有团队意识和参与意识的新员工不仅关心组织的发展，服从组织，而且力求融入组织，注重发扬团队精神，具有积极参与组织各项活动的意识和要求，表明雇员个人在情感上接受了组织，而且接纳程度比较深。

第三，组织有时会向新雇员许诺在将来某一时间有富有挑战性的工作，增加工资或晋升，但目前需要接受枯燥的工作或低薪和低等级职务。如果雇员心甘情愿地接受不合意的工作、报酬或比较低的职务等级，并认为这只是暂时的情况，相信和期待组织的承诺一定可以兑现，这便是新雇员接受组织的又一信号。因为雇员愿意暂时承受这些压力，就表明他信任组织，对组织充满信心。

第四，新雇员发挥出较高水平的内在激励，是其接纳组织工作和工作情景的明显信号。高水平的内在激励，主要表现为工作积极性、自觉性、创造性的充分发挥，具体体现为满腔热情地对待工作，具有高度的责任心、事业心，愿意承担更多的工作任务，吃苦耐劳，积极参加创造性、挑战性的组织工作等。雇员的内在激励水平以及工作积极性的高低与其对组织的归属感明显相关。内在激励水平高是其归属感强烈的明显体现，也是雇员接纳组织的重要标志。

2. 组织对新雇员的接纳

组织接纳新雇员的标志性事件主要有以下七种（吴国存，1999）：

第一，正面的实绩评定。在第一次正式或非正式的工作业绩评定中，组织对新雇员给予正面的肯定和表扬，是表明组织接纳的最常见的事情。但是，这种做法往往是虚名，并不确定。当上司说你“进步不小，表现不错”时，可能表明你仍处于使用、考察期，并未确定组织一定接纳你。尽管如此，这至少还是一个准备接纳或有利于组织接纳的好信息。

第二，分享组织的机密。表明组织接纳一名新雇员最普通和有意义的办法是向新员工提供特种信息。特种信息是有关组织内人和事的“内幕”和“真相”。组织的机密，大致有四方面的内容：①与工作有关的具体信息；②关于别人对新雇员的真实看法；③组织内部的非正式程序和规则；④组织内部关键事件的真相。当新雇员证明自己有工作能力，接受了组织核心价值观时，他的上司或同事才有可能向其发布并共享特种信息，至此，他被组织接纳就显而易见了。

第三，流向组织内核。企业内各级组织都有一个核心，或称内核。这是组织重大事情的决策和执行指挥部门。对于有才干的、接受组织价值观的新雇员，组织非常信任，视其为骨干，向其直接通告组织意图，并听取他们的意见和建议。这种推动新雇员流向组织内核的过程，象征着组织在更大程度上接纳了雇员。

第四，获得晋升。这是显而易见的有形奖励，新雇员对此很重视，将之作为组织接纳的证据。晋升是一种垂直运动，意味着雇员职业生涯发展穿越了一种等级边界。需要指出，流向组织内核不同于晋升，没有发生职务等级向上的运动，只是反映新雇员同组织（核心人物或组织代表）关系的密切，以及自己在组织中的地位和作用有所提高。当然，流向组织核心也不同于穿越一种职能边界和进行横向运动的职能变换。在现实生活中，流向组织内核、提升和职能交换，有可能同时发生在一个人身上，但是，更多的情况则是只有流向组织核心的运动，而未必获得提升或经过一次横向变动。

第五，增加薪资。若是常规的、集体的提薪，并不意味组织真的已经接纳了你，很可能是你恰好赶上增薪。在这种情况下，如果给你的增薪幅度比较大，表明组织有接纳你的意思。若是非例行的超常规增薪，增薪幅度也大，很可能说明组织充分肯定了你的工作实绩，并接纳你。

第六，分配新工作。象征组织接纳的最重要的事件是，新雇员由暂时的、练练手的初次工作分配，转向第二次分配。当然，第二次分配的工作绝不是初次分配的简单工作类型的重复，而是富有挑战性的工作，或者直接关系组织发展的重要工作。

第七，举行仪式活动。许多组织接纳新雇员是以一种礼仪活动作为象征，例如，迎新仪式、宴会、茶话会等。或者给新雇员授予某种具体的特权或符号，例如制服、会员资格、信用卡、私人办公室、停车泊位等，表示组织正式予以接纳。举行仪式活动很有意义，它可以改善和密切新雇员与组织中其他成员的关系；新雇员也以此为标志，以成为组织的正式成员而自豪。

案例

阳光总在风雨后

牟佳曾是一家大公司的分公司总经理，到某公司应聘分公司总经理的职位，谈好是从销售经理做起，老板给一个考察期。到分公司开始实习时，他没想到，实习要带车送货，做销售代表的工作。刚开始接受不了，但还是坚持了三个月，因为他觉得，他对这个公司不熟悉，对这个行业不熟悉，需要做基层销售代表的工作，这样可以很快地了解公司，熟悉业务。

另外他拿销售经理的工资，自己也觉得比较满意。他知道这是领导对他的考验，只不过这种考验的方法比较“残酷”而已，于是坚持了下来。三个月以后，他开始负责片区的销售，手下有两个销售代表，于是他带领这个小团队努力工作，完成了公司下达的任务。

半年以后，分公司的销售经理调走了，他被任命为销售经理。一年以后，分公司总经理另有任命，他被提升为分公司总经理。在谈到往事时，他说：“我当时是忍辱负重地工作，心中有很多怨言，但我知道老板是在考验我，还好工资不变，坚持了下来，最终赢得了老板的信任。”

资料来源：http：//www. tianya. cn/publicforum/Content/no100/1/26659. shtml

关 键 词

职业生涯早期　职业生涯转换　组织社会化　个人品牌　导师　上岗引导

复习思考题

1. 什么是职业生涯早期阶段？
2. 如何有效地实现职业生涯转换？
3. 职业生涯早期个人的主要任务是什么？
4. 如何正确选择自己的导师？
5. 如何有效地进行新员工的组织社会化？

第七章
职业生涯中期管理

本章掌握要点：

- 职业生涯中期更多的是一种思想状态而不是生活中的一个特定阶段。
- 职业生涯中期到来的一个标志是，人们在可预见的未来把自己定位于一个特定种类的工作。
- 职业生涯中期的发展是艰难的，同时也是有很多机会的。

第一节　职业生涯中期的基本内涵

本章主要针对那些正处在职业生涯中期同时也希望能给自己的职业生涯注入新的力量的白领雇员。面对频繁的裁员和重组现象，他们可能正感受着不安并努力探寻着一种不被轻易替代的方法；他们也可能正因为“职业高原现象”而饱受困扰；又或许他们希望自己的工作在他们余下的生活中能带给他们更多的意义。他们所追求的，正是一种能够更加有效地控制他们职业生涯的方法。

我们可以看到，实现职业生涯目标的方式已经发生了很大的变化。20世纪末，工作世界的变化已经达到了一定的程度，众多的大型组织都宣布，除了长期稳定的雇佣之外，其他的雇员都不再会是稳定且无变化的了，长久以来被证明成功的职业生涯发展路径已经不再具有可靠性了。这些转变意味着更多的处于职业生涯中期的员工需要外在的帮助来达到他们的目标，因此，提供帮助的人同样也需要理解这些变化。

一些大型的公司已经开始花费大量的时间和资本来解读商业大环境下的雇佣趋势与雇佣关系的转变了，同时尝试有效地适应这些变化以保证企业的繁荣昌盛，并且新的雇佣政策也已经将这些变化体现在雇员与雇主的合同中了。

作为个体的职员通常没有这么多的时间和资源来探索这些变化，也没有那么多时间来为自己适应环境采取主动行为。他们忙着工作，或努力保持他们现在正在从事的工作，或忙着寻找新的工作（假如他们被裁员了），所有人都只忙着工作，改变生活。

为了在自己的职业生涯发展中扮演一个更加积极的角色，人们总会在其职业管理活动采取一些策略。作为个人，如何突显个性而又能主动地应对雇佣环境的变化？理解和把握未来工作环境的变化，对建立主动的、前瞻性的应对策略非常关键。

职业生涯中期更多的是一种思想状态而不是生活中的一个特定阶段。在本书中，作者认为当个体在经历了一个从事各种不同工作的初始阶段并且有了对工作世界的初步了解之后，他就进入了职业生涯中期阶段。职业生涯中期到来的一个标志是，人们在可预见的未来把自己定位于一个特定种类的工作。当然，随着时间的流逝，他们对工作的承诺有可能会发生演变或者彻底的转变，本章的焦点就在于探讨如何管理和应对这种转变。

第二节　环境变化给职业生涯中期管理带来的转变

一、第二次世界大战后美国雇佣关系状况

第二次世界大战后美国雇佣关系的一般状况是：稳定的、无个性的、有组织的，被称为美国经济的“黄金时期”或者“迷茫时期”。美国公司相互竞争来填补第二次世界大战后疯长的国内市场需求同时重建世界经济。与此同时，个体经济也成熟起来，各种不同收入等级的雇员无一例外地看到了他们的工资以相同的比率在提升，这种现象部分缘于雇主的经济状况，部分缘于战争影响下滋生的平等主义思潮。

在那个时代经商比在现今要容易得多，许多现在对公司的战略有着巨大影响的因素在当时看来都只是不变的常量而已，比如：重组、劳动力成本、政治环境等，因为当时大多数公司的竞争只是限于美国市场的。由于外在环境的可变性很小，内部效率的高低就成为企业竞争力强弱的标志。员工保持能力成为雇主最关注的因素，因为这是保持企业作为一个系统有效传递和保持其知识、行为方式的主要手段。最后，由于环境的转变发生得比较缓慢，相关企业也有足够的时间用来发展和留住员工。

保留员工的期望使得大型组织衍生出了一系列的相似的职业生涯规范。

第一，处于市场领先地位的公司大力发展内部劳动力市场，企业列示了职业发展路径以便给员工展示发展机会并对他们在内部晋升中的忠诚给予奖励。这样，晋升就成为职业生涯成功的一个判断标准。实际上，在这个过程中，初始流行的关于职业生涯的定义被推进了，鉴于这些组织在这个时期的关键作

用，他们定的这些标准对人们如何规划他们的职业生涯起到了很大的影响。

第二，职业规范是员工应该被分配来从事什么类型的工作并首先取决于组织管理层的决定，同时工作的分配也反映了管理层认为哪些任务应该被完成以及什么样的人可以完成这些任务。

第三，职业规范是处于雇员与雇主之间的心理契约要求在员工能够恰当地完成他们的工作并对组织保持忠诚的情况下公司应采取长期雇佣的方式。

尽管，与现今不稳定的合同相比，这样长期稳定的合同显得非常有吸引力，但是它也不可避免地有着不良的一面。比如，学者指出这一时期的合同形式引致了员工自给自足、独立和谦卑行为的弱化。英国商业界权威人士查尔斯在其职业生涯的头十年（1956—1965 年）就是壳牌的一个员工，他在叙述他的职业的时候这样写道："你必须舍弃自己的想法并将你的一生都贡献给你的雇主，因为他们拥有你。"他的想法得到了多方面的证实，于是他开始离开公司去寻找自己的自由，这就是他自我指导而非雇主指导的个人职业生涯的开始。对那些希望有多种不同职业选择并且追求自由的人来说，这样基于组织的职业并不适合他们。

二、近 40 年来经济技术发展对雇佣关系的影响

20 世纪 70 年代早期以来，全球经济的变化深刻地影响着管理实践。

这一时期，由于第二次世界大战后的国家（比如法国、德国和随后的日本）经济的迅速恢复及其在国际市场上的积极参与，美国的企业遭受了巨大的竞争压力。技术改革（比如集装箱运输、商务航运业的发展和传真机的出现）不仅改变了做事的方式还改变了事情完成的地点。这些技术改革给企业提供了更多可行的战略选择，因为它们使得企业有可能将工作场所转移到一些更加有优势的地方去。

以工业为基础的消费经济日渐成熟，同时服务也变得越来越重要，这些因素也加剧了市场竞争的激烈程度和复杂程度，企业纷纷通过发展自己的产品服务组合来获取更多的利润。

上层管理者不得不与那些更加强势且具侵略性的职业投资者进行博弈。当金融服务业发展起来之后，大部分的股票和债券将控制在特定的机构和职业理财者而不是个体手中。1965 年，这些机构仅仅拥有美国 16% 的普通股，但到了 2001 年，这一数字就上升到了 61%。职业理财者对短期利益的追求给大型且公开上市的企业保持稳定增长的利润的行为带来了一定的压力。

为了推动利润的长期稳定增长，同时也为了保证资金以使得新的战略行为能变得更加有竞争力，企业纷纷采取了成本控制的方法。由于美国劳动力的高

工资使得这一任务在美国变得尤为艰巨。

为了减少成本并保持竞争优势，美国公司的许多商业活动都被移到了境外。即使在本土，企业也开始通过改变公司所在地来减少薪水和其他成本。纽约时报 2000 年 7 月的一篇文章指出：到 20 世纪 90 年代，美国公司的换址数量比 1980—1994 年这段时间的换址数量翻了一倍，而公司地点的选择主要考虑的是成本和当地劳工的素质。比如 Rayonier INC. 公司从康涅狄格州搬到佛罗里达州的时候，公司的成员就从 85 人变成了 72 人，在这些员工里面，只有 44 个人是选择了调动的，另外 28 个人虽然与以前的员工有着相同的技能和知识，但他们的工资却比原来的员工低了至少 10%。此外，佛罗里达州的工资涨幅相比康涅狄格州要慢得多。

竞争的压力促使企业加速了改革进程。内部组织结构扁平化有利于增加企业的灵活性，并且当组织转变它们的战略焦点的时候，它们往往更倾向于雇佣那些已经拥有相应知识和技能的人而不愿意对内部员工进行培训。与第二次世界大战后的成长相同，公司的成长仍然建立在内部效率的基础上，然而，获得这种内部效率的方式却发生了巨大的变化，一些适用于多种工作质量和流程改进的通用系统开始出现了，比如全面质量管理和 6σ。此外，大多数企业开始采用多种软件组合而非单一软件系统来支持自己的商业运营。

由于这些管理方式的改革在企业管理领域收到了良好的效果，美国的一些其他机构（比如政府、教育机构和非营利性机构）也纷纷开始采用相同的成本控制方法了。

这些趋势丝毫没有减退的倾向，2003 年的一项研究显示雇主纷纷开始转移白领性质的工作，这是出于对世界各地教育水平得到了普遍的提高，一些远程交流工具的出现以及海外劳动力的低成本等因素的考虑。调查资料显示，美国 700 个服务业的工种，在未来的 15 年内，大约 550 个工种将会一定程度地受到越洋外聘的影响。

总结而言，从一个雇主的角度来说，赢得利润变得越来越复杂并且越来越有难度，快速变化的环境要求他们时刻注意提高企业的能力并且采取一些变革的手段。对于美国和其他一些高工资水平的发达国家的企业来说，它们可以通过组织结构重组、质量控制系统以及海外员工招聘、外包等方式来控制成本。企业已经投入使用的一种机制就是裁员和重组，而这恰恰就是雇主与雇员之间心理契约形成的主要成因。

对于发达国家的员工来说这些意味着什么，同时他们该如何应对这些趋势是我们关注的焦点。这些雇佣新动态表明员工在其职业生涯中期时会面临更多的工作变动，并且每次工作变动时他们都将面临更高的进入壁垒。这同时也意味着一些主动性高的员工会根据雇主的行为来确定自己的职业生涯发展路径，他们会试图理解某一工作在未来几年内的变动趋势并通过提高自己的技能和能力来保持或者增加自身的价值。

三、雇佣关系变化对员工职业发展的影响

1993 年 3 月，《财富》杂志的文章《新型失业》描述了大量白领工作者的职业困境。文章指出了传统雇佣状态的改变使得许多雇员尤其是白领类雇员无所适从。这篇文章运用了很多个案分析，比较经典的有以下几个：

Leslie Goldberg，45 岁，洛杉矶人，她认为自己很幸运地在人力资源和员工培训领域找到了一份新的工作，而这份工作是她花费了一年的时间找到的，并且她的薪水比以前少了 10000 美元。Shirley Martin，52 岁，田纳西州马利维尔人，她是在 Levi Strauss 工厂工作了 11 年后被解雇的，她用了将近 2 年时间才在一个小的缝纫工厂找到一份新工作，同时，工资也从原来的 8 美元一个小时降到了现在的 4.25 美元一个小时。Shirley Martin 最近再次被解雇，她说："似乎你常常需要重新来过，从底层做起。"

2003 年末，美国经历了第二次失业高潮，纽约时报的一篇文章指出了一些其他的雇佣变化。正在寻找工作的人说："雇主们变得尤为挑剔，许多工作的报酬都比原来的低了，并且还没有了充足的福利和良好的机会。"

这些事情说明了这些雇佣关系的转变是如何使得雇员们更加直接地面临失业的。这些风险以三种方式表现出来：递增的财务风险、更多的工作时间（尤其是中产阶级）以及增加的负债。另外，一种逐渐增加的不安全感也以各种各样的方式表现出来了。

Rutgers 大学 Heldrich 中心 2003 年 6 月进行的一项调查结果显示：56% 的被试证实他们或者家庭中的成员有过至少一次被解雇的经历。此外，他们中的 44% 拥有大学本科学历的人也有过被裁员的经历。大多数人失业并不是因为他们的绩效问题，而是与企业战略转型以及控制成本有关。该领域的知名学者彼得指出，这样的重组将会继续下去，因为企业所需要的人才类型是随着消费者需求和竞争者的反应的变化而变化的。

对于这些被裁的人来说，首要的目的自然是找到一份新的工作来填补他们失去的收入。普林斯顿大学研究者亨利对工作替换现象的研究表明：那些在经济景气时期进行工作重置的人会面临经济上的损失，而那些在经济不景气时期进行工作重置的人就更不用说了，他们面临的后果是十分严重的。亨利发现，在 1997—1999 年（经济景气期），拥有大学学历的人在失业后 6 个月内重新找到工作的，他们的工资平均比以前低了 6 个百分点，但是在 2001—2003 年

（经济萧条期）如果相同的事情发生，他们要面临的就是平均低 20 个百分点的损失。

更长的工作时间是当今工作生活中员工风险增加的另一种表现方式。《美国工作状况》的作者写道："在过去的 30 年中，那些中等收入的、有家庭、有孩子的员工增加了平均 20 周的工作时间。到 2000 年为止，中等收入的黑人家庭比白人家庭平均多工作约 12 周。"这些增加的工作主要是由家庭中的妇女承担的。工作时间增加的原因是有很多的，比如，弥补失业所损失的工资收入、妇女对工作的渴望、职位合并带来的工作职责的增加以及对被裁员的惧怕情绪等。无论是什么原因造成的，至少加长的工作时间会给人们的生活带来更大的压力。

《美国工作状况》中的数据显示美国家庭的总负债已经超过了可支配收入的 10%，其中中产阶级家庭显示出了最大幅度的债务增加趋势，14% 的家庭甚至承受着超过他们可支配收入 40% 的债务。

20 世纪 90 年代，许多白领和管理人员都面临了突如其来的裁员和重组袭击，他们中的大多数都认为自己的绩效非常良好，因此从来没有想过他们会失去自己的工作。他们不仅要承受失去工作的打击，并且寻找新工作所要花费的时间比他们想象的要长得多，他们常常要屈就于能找到的工作。他们在一个不同的环境中尽他们最大的努力工作，却不知道环境为什么发生了变化。

那些想要帮助人们合理应对这些环境的人提出人们必须要足够灵活并且随时准备着学习时代所需的，这是一种很好的应对方式，但是当雇佣动态的趋势变得越来越明显的时候，这就不再是令人满意的解决方案了。现在人们要做的是准备接受更多的工作变动，他们需要思考的是如何满足新的雇佣者不断提高的对雇员相关知识、技能和经验的要求，同时他们还要思考雇主有可能要面对的挑战。

四、其他影响员工的职业发展的因素

社会的一些其他趋势同样也要求人们采取主动的方式来对待他们的职业。其中一个趋势就是平均寿命的增加。从 21 世纪初开始，男性的寿命大约增加了 20 年，女性的增加了 30 年。现在，女性可以工作 30 年左右，而在 1950 年的时候女性的工作年限才仅有 15 年之久。这样的增长趋势使得她们对工作的期望与劳动力市场中的男性差不多持平。如果仅在同一个岗位上工作，30 年或 40 年是个很长的年限，因此当他们到了职业生涯中期的时候就非常有可能希望进行工作转变，这种现象于 20 世纪 70 年代首先在男性身上被发现，并常

常被视为“中年危机”的一部分。现在，许多快要达到中年的妇女也提出了同样的疑问：“我职业生涯的下半生到底做些什么好呢?”

另一个激励人们积极控制自己的职业生涯的变化趋势是人类需求的发展。20世纪50年代，马斯洛提出的以自我实现为最高需求的需求层次理论激发了人们对有意义的工作和生活的渴望。1987年出版的《做你喜欢做的事，金钱也将随之而来》成为职业生涯的经典著作，该题目也包含了大多数人的期望。随后，关于如何寻找个人满意的工作的书籍被大量地出版。

因此，在长期的职业生涯发展中，人们并不是单纯被要求承担更多的职责，他们同时也有更多的对个人满足的追求。这是一个非常好的融合，因为根据雇佣变化来采取主动性反应是需要一定的时间和精力的，因此在自己想得到某些积极东西的原动力推动下，个体会得到更多的激励。但是要改变自己的行为，人们并不一定需要积极的渴望才可以，他们只要对他们投入的时间和精力能产生的结果有个合理的预期就可以了。

第三节　个体对职业生涯中期转变的应对

一、确立新的职业生涯成功观

个体在其职业生涯中经历各种不同的工作和阶段时最为看重的内在和外在的报酬组合给出了职业生涯成功的个性化定义。来自职业的报酬并不仅仅是金钱报酬，它还包含兴趣相符、作出贡献、创造积极的个人意义以及有着积极的生活方式。不同的人对于这些报酬会有不同的组合和权重。相比过去常用的、基于社会对成功的看法的（比如职位高低、收入或者社会地位）定义，本章对职业生涯成功的定义显得更加地个性化。这个新的定义更加符合多元化进程中的社会实际，并且也让人们有了更大的自我实现的潜力。

二、强化个体受雇就业能力

在过去较为稳定的雇佣关系中，无论是雇主还是员工都期望长期雇佣。但是随着环境的变化，长期的雇佣越来越不现实，而保持持续受雇佣的能力，特别是正向受雇就业能力（Employability Plus）就显得格外重要。受雇就业能力指在你已经拥有的雇佣关系上寻找到另一份工作的能力。这种能力并不确保你的技能和知识会是其他雇主正需要的，也不能确保你能获得相似的薪水和福利，仅仅只是重新找到一份工作的能力。

三、找准个性化工作焦点和工作竞技场

一个人的工作就是他能够或者正在努力为自己的潜在雇主或实际雇主做出的贡献。职业的概念比工作要广泛些，它确定了一个主题，这个主题包含在个体已经拥有并想要继续的一系列工作中或者包含在个体在今后的职业生涯中想要追求的工作中。在你不断更换工作的过程中积累下来的知识、技能和经验是使你工作成功的重要因素。

个体工作存在于工作竞技场中，并且工作竞技场还包含这些工作内容形成的主要方式。同一个工作竞技场里的不同角色可能会有许多明显的知识重叠情况，也因此，工作竞技场提供了不同的雇佣机会。

四、树立积极转换的心态

转换是指使用你现有的知识、技能和经验来帮助你转换到可以取得与你个人的职业兴趣相吻合的学习机会的工作上去。这是处于职业生涯中期的人常常会采用的一种主要的、在保证现有工资情况下进行工作转变的方式。

根据个体不同的转换准备程度，可以将个体分为以下三类：

维持者（Maintainers）。这些人大多是对他们现有的工作和报酬都非常满意的人。他们的个人职业生涯参与度是最低的，但是在现今这个不稳定的经济环境里，他们仍然需要对工作环境的变化加以关注以保证他们作为员工的价值能得到维持。

构建者（Builders）。这是那些期望凭借他们目前的知识、技能和经验来得到更高或者不同报酬的人。他们的职业生涯参与度比维持者高但比转变者低。

转变者（Changers）。这是那些想彻底转变他们个人工作的人。他们的职业生涯参与度是最高的，因为他们更想控制自己的职业转变，当他们成功进入了一个新的领域或者取得了一个新的职业以后，他们就变成了构建者。

要想有效地应对职业生涯中期转换带来的挑战，就要随时能够在以上三种角色之间进行转换。

五、保持知识和技能的更新

知识、技能和经验是个体符合某项特定工作要求的个人能力的组成部分。技能有助于人们完成特定的任务，比如使用 Excel 的能力或者解决冲突的能力。知识包含任务导向的知识也包含让工作更加有效率的知识。经验被列入个人能力部分是因为对于职业生涯中期的员工来说，经验是他们了解特定情况的首要方式，并且他们还可以给雇主展示他们如何能够将知识和技能应用于实

践。处于职业生涯中期的个体只有不断地了解相关领域的知识、技能和经验，不断地学习和进步，才有可能应对环境变化所带来的挑战并把握职业生涯中期发展所带来的机遇。

第四节　把握职业生涯中期的发展机会

社会中的工作性质与组织设置越来越多样化，这是另一个使得人们有可能对他们长期的职业生涯进行控制的原因。技术进步产生了许多新工种，从而使得一些老的工种显得十分过时的现象已经被媒体进行了广泛的报道，但是对于雇员来说，社会上也存在着另一些有利于他们建立新的职业生涯路径和取得更多报酬的转变。服务经济的发展催生了一系列新工种和新行业，比如直销和库存管理。这些第二代的行业和工种既包括一些曾经被传统行业包含的工作，也催生出了一些新的、特殊的工作组织。

科技的发展给经济的各个方面带来了巨大的影响，这些影响同时也催生了许多的工作机会。Barley 曾经指出 20 世纪 40 年代以来，技术类工种经历了一次最大的膨胀。对于职业生涯中期的人来说，这意味着各种各样的技术都与不同种类的工作结合起来了，这给他们提供了更多塑造职业生涯的机会。

随着经济的不断发展和复杂化，咨询业得到了蓬勃的发展，一系列的商业服务型公司也为劳动者提供了更多的工作机会。美国国家研究中心曾经聚集许多知名学者对工作性质的转变做了一项研究，研究强调由于技术、市场需求、人口和雇佣政策等因素的交互作用，现今一些职业领域出现的新工种增加的情况会进一步持续。

下面我们举一个人力资源管理领域的职业选择情况的例子。在从事了一系列人力资源管理实践后，一个人可以成为这方面的通才也可以成为某个特定职能领域（比如，薪酬管理、招聘、培训与开发等）的专家。凭着自己拥有的才能，他可以在大公司从事人力资源管理工作也可以加入一个商业咨询公司；他可以成为一个独立咨询师，拥有自己创业的机会，也可以帮助那些正面临着特殊管理困境的企业解决特定的问题；此外，他还可以在政府工作，帮助设计、监督各界的雇佣实践。上述的例子只是想说明一个处在职业生涯中期的人有可能采取的各种各样的职业生涯路径。随着时间的推移，人们可选择的路径也相应增加，比如，这个人并不一定要着眼于人力资源领域，他也可以转入软件设计、销售甚至成为某个行业的管理人员。

当你对将来进行了大量的思考并理解了扩大的工作选择，你所做出的改变职业和雇主的选择就形成了你的职业生涯路径。通过选择可以培养特定领域的知识、增长特定领域经验的工作，人们可以更好地为满足雇主的要求做好准备并且也可以选择能提供更好的内部和外部报酬的职业。这种选择的能力会增加你对工作的喜好。

雇佣选择趋同化的时代已经一去不复返了，人们选择工作首要关注的是雇主的企业文化、薪水和福利。虽然这些在现在仍然是个体进行工作选择时主要考虑的因素，但由于员工们比以前更倾向于选择新的工作，因此你能够从一个就业机会中得到什么样的经验和知识以及这些经验和知识如何能作用于你的长期职业生涯规划就显得尤为重要了。处于职业生涯中期的员工们不再需要为了竞争一个工作而特意回到学校去学习知识和技能了，他们需要做的是寻找一种方法来帮助他们了解如何管理他们的职业生涯，来重新审视他们现在拥有的知识和技能并弄清楚维持或者推进自身价值需要加强哪些方面的能力。

在本书所描述的这些变化趋势中，你必须要知道哪些就业机会能够满足你的偏好，能够提供合适的经验；你必须知道如何测试这些工作机会以便你做出明智的选择；同时，在你的雇主开始寻找有经验的新员工的时候，你要有能力来转变你的职业方向。所有的这些，要求你拥有足够的信息以及能够把这些信息转变为可用的知识的方法。

现今社会，信息已经越来越方便搜集了，并且信息也越来越多了。职业生涯中期管理需要工作变动的相关信息，图书成为工作信息的一个主要来源，在某种程度上，甚至比网络更优。数据库的发展使得成千上的万专业出版物的数据被聚拢到了一起，且随着搜索引擎功能的进一步发展，关于不同类型工作的演进路径以及什么企业和组织会卷入这样的演进中来等信息的可得性就提高了很多。总的来说，你在图书上搜集到的信息能够给网络搜索提供一个基础并使得后者更加有针对性从而提高效率。

由于信息量的增多，人们雕饰自己职业生涯的机会也更多了。雇佣环境的转变为人们取得更多的报酬以及主动发展自己的职业生涯提供了便利和机遇，当然同时也带来了新的风险。现在我们缺失的是一个能够帮助人们认识到自己已具有的知识和经验并能进一步认识到自己应该加强学习的知识和技能的概念性框架。

为了发展一种主动的、长期的职业生涯管理方法，人们需要一种把自己拥有的信息集聚在一起的方法；需要一个能够帮助他们识别受雇可能性的系统，这个系统不仅要能识别工作种类，还要能识别工作对他们生活方式的影响；人们需要为寻找下一份工作制订计划以便做好相应的准备。最后，他们还要对自己管理职业生涯过程中将要经历的各个不同的阶段有充分的了解。

信息的可得性给我们带来了难以想象的便利，能把信息转化为可用知识的概念型工具也越来越多，这都有助于实现成功的职业生涯中期管理。

案例

拓展市场与生涯选择

——杨元庆与民族计算机产业

一、个人、公司与民族

作家柳青说，人生的紧要之处往往只有几步。

1993 年，洋电脑大举进入中国，整个中关村发生着“地震”。联想公司自成立以来第一次没有完成预定的任务，总裁柳传志说“打了败仗”，随后病倒住院。在医院的病房里，柳传志找杨元庆，告诉他联想将有重大的改变。希望他以公司为重，放弃出国念头。杨元庆回忆说：“这次谈话，我第一次感到民族这两个字的分量，是从柳总焦虑的意识中传递出来，和自己的血脉接通。”

二、大展身手

杨元庆临危受命，当了联想微机事业部的负责人，开始了大刀阔斧的改革。后来有人问柳传志为何敢在最困难的时候启用刚过而立之年的杨元庆，柳传志说，当时杨元庆已经久经沙场，“我已经研究他很久了”。在杨元庆大展身手之时，柳传志用人不疑，顶住了公司内外多重压力，杨元庆果然不负众望。

杨元庆在重要的岗位上，潜能与经验得到了发挥。他花了两个月时间，将 20 多个部门中有关电脑的所有职能分离出来，集中在电脑事业部，300 多人削减到 125 人。在销售渠道上，杨元庆决定壮士断腕，砍掉直销，只做代理，将原来 100 多人的销售队伍精简到 18 人。对代理商一视同仁，待遇差别由销售前挪到销售后，既稳住了代理商，又遏制了价格大战。

三、关键的一搏

1996 年 2 月，杨元庆做了一个重大的决定——把联想的奔腾机卖到 9999 元。当时，美国的同类产品最高标价为 16000 元。联想在使用奔腾第一代芯片的最新产品时，将价格降到了原计划一年后的“万元”水平。

出人意料的大降价！一步到位，石破天惊！因为这是一个改变中国PC业游戏规则的决定。在此之前，中国市场跟在美国人屁股后面走，而且总是慢半拍。从286、386、486到奔腾，美国芯片商每推出功能更强大的新产品，原来的主流机型随之大幅降价，中国市场就成为国外品牌清理库存的地方。这就是说，国外在用486的时候，中国一定在用386，而且价格比国外的486还要贵。按照这样的格局，中国人似乎永远也用不上国际最主流的先进机型。联想要改变这一切。1996年奔腾第一代产品刚刚在大洋彼岸发布，联想就使用它生产出了奔腾机，做到了“与世界同步”。不仅如此，杨元庆还向前跨了一步：抛弃了新产品上市赚第一轮“暴利”的习惯，狠狠地把价格降到了万元以内。

这个决定让杨元庆的神经整整一个月都处在紧绷绷的状态。这个决定让联想事实上成为领跑者。国外品牌开始以为这只是偶然现象，但情况越来越不妙，他们最后发现，只有跟上新的潮流，否则出局。由于联想的贡献，中国的计算机市场已经由国外品牌统治的局面，变为国产计算机占据大部分份额的格局，民族产业终于翻了身。放弃了出国求学的机会，将个人前途完全融入公司的发展、融入民族产业的奋斗道路，杨元庆取得了事业的成就和职业生涯的成功，

四、新的追求

在“后PC时代”的嘈杂声音之中，杨元庆有着非常清晰的认识。他说，Internet不是PC工业的掘墓人，而是PC工业凤凰涅槃的火种，在互联网时代，PC机的功能和应用将定位于“互联网时代的功能电脑”，可以更加集成化，更易于操作，是另一种形态的网络门户。

“苟日新，又日新，日日新”，互联网迅速改变着这个星球上的生存方式，杨元庆努力使联想再次站在领跑者的位置。“联想的新战略将定位在接入设备、终端设备、内容与服务三大块业务上”，对此杨元庆打了一个通俗的比喻：“接入设备”好比是彩电，“终端设备”则相当于发射台，“内容与服务”就是提供节目的电视台。他在进一步探索着事业与职业生涯。

资料来源：姚裕群．职业生涯规划与发展．第2版．首都经济贸易大学出版社，2007.

关 键 词

职业生涯中期　　雇佣关系变化　　职业生涯发展机会

复习思考题

1. 什么是职业生涯中期？
2. 引起职业生涯中期发展障碍的因素是什么？
3. 如何寻找和把握职业生涯中期发展的机会？

第八章
职业生涯晚期管理

本章掌握要点：

- 了解职业生涯晚期阶段个人职业的特征。
- 了解职业生涯晚期阶段个人所面临的主要问题。
- 掌握职业生涯晚期个人调整的技巧。
- 了解职业生涯晚期个人所面临的任务。
- 了解各种退休模型。
- 掌握组织在职业生涯晚期管理上的策略与措施。

第一节　职业生涯晚期个人职业的特征

职业生涯晚期的划分不同的学者有不同的看法。Schein（1978）认为职业生涯晚期是从40岁以上到退休这一时期；Greenhaus（1987）认为职业生涯晚期为55岁到退休这一时期；Levinson（1978）认为60岁以上到退休这一阶段为职业生涯晚期。结合以上学者的观点和中国具体的国情，我们认为职业生涯晚期是指个人职业发展已经由鼎盛走向衰退，并开始谋划退出职业生涯这一阶段。具体的开始年龄根据组织和个人的不同而有所不同。职业生涯晚期的主要任务是一方面努力保持自己的生产率不至于下降过快，以维持自己的尊严，另一方面积极准备退休后的生活。

处于职业生涯晚期的雇员，由于其职业能力与身心条件的变化，其职业也呈现出完全不同于职业生涯早、中期阶段的特征。

一、进取心、竞争力和职业能力明显下降

知识经济时代，科学技术迅猛发展，知识老化和技术更新的速度非常惊人。处于职业生涯晚期的雇员，由于其体能和精力不可避免地衰退，学习能力及整体职业能力呈下降趋势，其知识、技能明显老化，且已无力更新与恢复，

职业工作能力和竞争能力逐渐减弱以至丧失。

二、权力、责任和中心地位下降，角色发生明显变化

在职业生涯中期，正值雇员年富力强、职业发展至顶峰的时期。有的雇员攀升至中、高层领导岗位，拥有相当权力，富有重要的责任；就是一般雇员，也多是职业中的骨干，娴熟的技能和丰富的经验使他们处于良师的角色和工作的中心位置。但是，到达职业生涯晚期，这一个个夺目的光环会渐渐消失。领导的职务往往逐渐被年轻人所取代，权力与责任随之削弱，核心骨干、中心地位和作用逐步丧失。

三、优势尚存，仍可发挥余热，尽职贡献

尽管进入职业生涯晚期阶段的雇员在体能、智能方面已明显下降，在职业工作中处于次要地位，但是，他们仍然有其优势。一些年老的雇员熟知企业及其发展过程，已深深融入企业文化之中，对企业颇有感情；在长年的职业工作中，练就了娴熟的技能，积累了丰富的生产、业务实践知识；他们有丰富的人生阅历，见识广，具有处理工作中各种复杂的人和事、人与人之间的矛盾的能力和经验。因此，进入职业生涯晚期的雇员，完全有条件凭借自身的经验、技能和智慧优势，担当良师的角色，继续在职业工作中发挥自己独有的作用。

第二节 职业生涯晚期个体所面临的问题

在职业生涯晚期，个人的体力和精力都大不如以前，在组织中的地位和承担的责任都会逐步降低和减少，不管是否愿意，都要开始准备规划离开工作以后的生活。因此，在这一阶段，员工将不可避免地遇到许多需要直面的问题。

一、面临职业生涯的终结

组织中的重要岗位，通常是由经验丰富、熟悉历史、能力较强的员工负责。然而，随着组织事业发展的规范化，组织中新老员工的交替工作衔接得越来越好。往往在过了50岁以后，就应该考虑从重要的岗位上逐步离开，而将重担交给年轻的员工。

我国现阶段，由于处于计划经济向市场经济的转轨时期，在政策方面，往往倾向在岗的员工，特别是中青年员工，部分牺牲退休人员和老员工的利益，而新政策可能更多地注重岗位，减少资历的作用。因此，如果能等到新政策执行之后再离开岗位，待遇往往更好。正因为这些缘故，许多员工不愿意从重要

的岗位上退下来，害怕“人走茶凉”，各项有利的政策难以兑现，这不但影响了组织的人事更替，还影响到组织发展的进程。如何合理地制定相关政策，保护曾经对单位作出贡献的员工，让他们在退出岗位时，心情舒畅，无后顾之忧，的确是组织应该考虑的问题。

此外观念也是一个重要原因。在我国，年轻总是与不成熟联系在一起，因此，许多重要的岗位都由经验丰富的年长者担当。即使许多人少年得志，艰苦创业，成就非凡，但一旦到了自己退休的时候，也变得保守起来，觉得年轻人不可信，太稚嫩，不愿意将权力交出去。

二、不安全感增加

即将退休的人，无论是在经济上还是在心理上都缺乏安全感。由于退休，收入急剧减少，而通货膨胀的压力总是客观存在，在社会保障体系还不健全、不完善的情况下，退休后的生活来源自然成为主要的心病。因此，完善保险制度，按时足额发放养老金，使员工晚年衣食住行有保障是减少这种担心的关键。

从心理上讲，退休人员往往害怕被社会、家庭、子孙们冷落和歧视。通常，社会对老人是尊敬的，然而，受西方自我中心观念的影响，现在有些年轻人开始嫌弃老人，觉得他们啰嗦，观念老化，思想僵化，生活习惯不合，疾病多，医疗开支大，不愿意帮助老人，甚至是自己的亲生父母。因此，老人希望能建立和谐的人际关系，得到子孙的理解，形成老有所养的社会氛围。

三、疾病增多

由于身体机能衰退和老化，抵抗力降低，疾病会显著增加，因此担心医疗服务跟不上，身体健康没有保障，希望提供符合老年人特点的特殊医疗服务及相关的卫生保健措施。

四、不适应退休后的生活

过去提倡对组织和工作的无私奉献，许多员工牺牲家庭、牺牲休息时间，将自己整个身心都贡献给了组织。这些员工是组织生存、发展的栋梁，是组织的有功之臣。其中有些人由于过度专注于工作，业余爱好没有得到很好的培养，除了工作别无所好。当他们从工作岗位上退下来时，便不知道该干些什么，很容易产生空虚感和失落感，甚至导致身体健康状况的恶化。

第三节　职业生涯晚期个体角色转变与心理调适

根据职业生涯晚期阶段的个人身心特征及职业工作的变化情况，处在这一阶段的雇员要完成职业工作，仍面临其特定的角色转变与心理调适等管理任务。

一、学会接受和发展新角色

处在职业生涯晚期阶段的雇员，要勇敢地面对和坦然地接受生理机能衰退及其所导致的竞争力、进取心下降的客观现实，另辟蹊径，寻求适合于自己的新职业角色，以发挥个人的专长与优势。

在现实工作中，当师傅，带徒弟，培育新雇员；充任教练，对雇员进行技能培训；充当参谋、顾问等角色，或出谋划策，提供咨询；或从事力所能及的事务性工作等，均不失为适宜于职业生涯晚期阶段的良好角色。

二、学会接受权力、责任和中心地位下降

首先，要从思想上认识和接受“长江后浪推前浪”是必然的规律，心悦诚服地认可个人工作权力、责任的减少，以及中心地位的下降，以求得心理上的平衡。其次，将思想重心和生活重心逐渐从工作转移到个人活动和家庭生活方面，善于在业余爱好、家庭、社交、社区活动和非全日制工作方面，寻找新的满足源。例如，通过参加钓鱼、养花、收藏、旅游、老同学、老朋友相聚畅谈、参加社会治安和交通治理等活动，或者从事新职业等，来充实自己的生活，满足自己的需求。

三、学会如何应付“空巢”问题

在职业生涯晚期，“空巢”的出现是家庭生活的一大变化，也是人生的一大转折。应付好这一变动，对于雇员职业生涯晚期的工作和个人的发展都很重要。首先，雇员的思想重心应该向家庭倾斜，多给配偶一些时间，通过多种方法密切同配偶的关系。其次，随着生活重心有所转移，个人时间增多，可以发展个人业余爱好和兴趣，满足以前难以实现的个人需求，也可以充实和丰富个人的“空巢”家庭生活。再次，注重社会人际交往，增进亲情和友谊。最后，积极参加社会活动，寻找适宜的新职业。

四、回顾自己的整个职业生涯，着手退休准备

在职业生涯结束之时，雇员应当很好地回忆自己所走过的职业生涯道路，一方面，可以总结和评价自己的职业生命周期，为自己的职业人生画上完满的句号；另一方面，通过总结自己职业生涯的成功经验和失败教训，现身说法对新雇员进行培训教育。同时，还要做好退休的准备工作，主要是做好个人的退休计划。

第四节　职业生涯晚期个体所面临的任务

一、保持生产率

对处于职业生涯晚期的员工来说，少数人要为担任资深领导做好准备，但是大多数人的首要任务是保持其生产率，并为退休做好准备。

保持竞争力和生产率对于处于职业生涯晚期的员工来说非常重要。虽然不会有人希望成为公司的负担，但是在职业生涯晚期，要想维持生产率仍然存在很多障碍。

首先，技术和组织的快速变化引发了落伍的威胁，尤其是对所受教育和技能都有限的老员工更是如此。除非组织减缓职业生涯中期阶段的落伍现象，否则到了职业生涯晚期阶段，问题只会变得更糟糕。当由于组织使命、结构或技术的变化导致削减工作岗位，甚至阻断职业生涯道路时，情况就变得更加严重。

其次，前面所讨论的处于职业生涯平台的那种状态，也会给处于职业生涯晚期阶段的员工的工作绩效带来负面影响。尽管那些可靠的员工在其职业生涯中期阶段可能只是刚刚沾上职业生涯平台的边缘，但如果再让他们感到厌烦、得不到应有的回报、失去动力，那么等他们进入职业生涯晚期阶段，可能就会变得更加死气沉沉。换句话说，落伍和职业生涯平台这些问题虽然通常发生在职业生涯中期阶段，但如果不能很好地解决，到了职业生涯晚期，这些问题将日趋恶化。

保持职业生涯阶段的高工作绩效的愿望，则常常会因为社会对于老年人，尤其是对于员工的那种传统观念和偏见而大受其害。老年员工普遍地（并且是错误地）被认为生产效率低下，缺乏雄心壮志，对于新的观念的接受和适应能力以及发展新技巧的能力都下降了。尽管这一传统观念并不一定正确，但是这些偏见对于组织如何看待和管理老年员工仍有重大影响。

二、积极重塑自己

Geneavay（2000）建议，人们应该通过曾有的工作与生活经历，以及通过在一生中都保持很强的自我认同感、自尊和建设性的应对生活的技能来在老年的时候重新塑造自己。对个人和工作的认同是一个评价和行动的过程，它建立在一个人的核心价值（心灵、身体、情感、精神）之上，与年龄大小无关。（Peterson 和 Gonzalez，2000）。图 8-1 中的 Shamrock 模型很好地说明了如何运用年老者的长处。

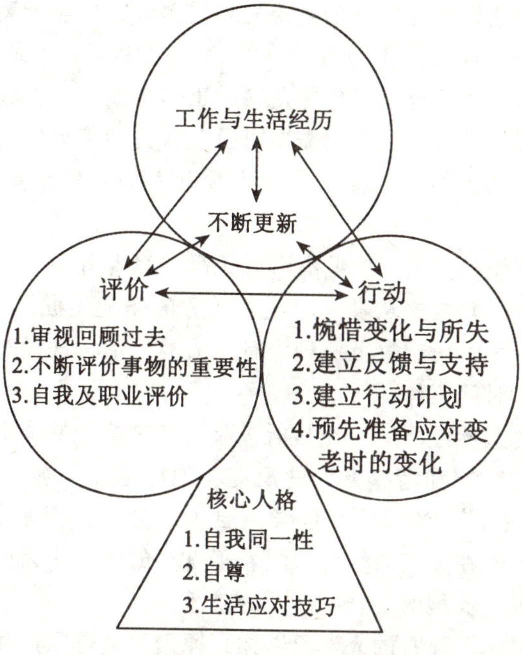

图 8-1 Shamrock 模型

三、为退休做准备

对大多数人而言，退休是一个重大的职业生涯转变，因为它表明将近 40 或 50 年持续职业生涯的结束。丹尼尔·菲尔德曼把退休界定为中年以后，人们从工作了相当长时期的组织职位或职业生涯路径上退出，目的是减少随后对工作的心理承诺。虽然这一定义看起来足够明了，但是，随着近年来兼职工作的增加以及人们对较长工作年限的态度已经发生了改变，有时就很难确定一个人究竟何时才算是真正退休了。通常基于以下的一些标准可以将退休人员与未退休人员区别开来。

退休人员年龄比较大，通常都超过了50岁，不太愿意花很多的时间为报酬而工作；他们更愿意获得那些专门为退休者提供的报酬，并且他们也更愿意把自己当做退休者。

为退休所做的准备包括：决定什么时候退休，为退休后过上满意充实的生活而做好规划；但是由于法律和企业政策的原因，决定什么时候退休的决策变得更加复杂起来。

人们对退休的态度可能源于人们对工作的态度。由于工作能满足人们许多的需要，因此成为他们本身的一个重要的组成部分，以至于离开工作就像丢掉了身体的某个部分一样。工作为人们在社会中提供了一个适当的位置，使自己感觉对社会有用，生活也有了目标，同时工作也使人有机会满足自己的一些基本需要，如归属的需要、成就的需要以及对权力和声望的需求。工作还能向人们提供金钱方面的回报以及提供了一个帮助人们有序地安排日常生活的框架。

对于许多人来说，要放弃这些有形或无形的利益并不容易。实际上许多退休后感到空虚的员工常常去从事“职业生涯后的职业生涯”。而另一方面，也有许多员工渴望退休，盼望过上那种没有压力的生活，即没有最后期限，没有主管监督，不用长时间工作。

在回顾自己的退休经历后，托马斯·菲茨杰拉德分析了个体在自愿放弃工作时所能体验到的精神和情感方面的反应。他把退休称为“潜在的能力丧失时期”。在这一时期，个体固然可以尝到自由的滋味，但是却没有任何内涵。他总结道：由于工作在人们的生活中起着很重要的作用，因此离开工作会使人的生活进入一个令人厌烦的，难以忍受的阶段。

有的人愿意退休，而有的人讨厌退休，原因可能是因人而异。具体取决于个人的健康、工作本身和个人的因素。图8-2给出了一个个人退休决策模型。

政府和组织的政策、员工的个人背景、态度及社会环境都会影响退休的决策。研究表明了以下一些因素的重要性：

①健康问题能促使人们做出退休的决定，尤其是当工作对体力有较高的要求时。

②预计退休后的收入比较丰厚的员工更乐意退休。

③职务较高的员工相对于职务较低的员工而言，更不愿意退休。

④有着较高的工作动机，对工作高度投入或者对工作比较满意的员工，不愿意退休。

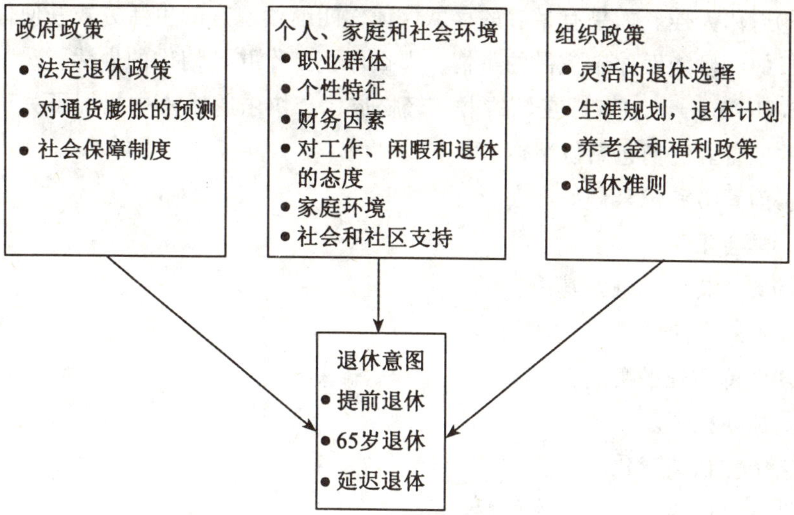

图 8-2　个人退休决策模型

资料来源：B. Rosen and T. Jerdee. Older Employees：New Roles for Valued Resources，1985，p. 143.

⑤来自家庭成员的压力也能激发退休的决策。家庭压力来源之一可能是来自没有工作的配偶，因为退休后，双方可以相依为伴。

了解为什么有的人比别的人更喜欢退休也是非常重要的。在退休中令人感到满足的因素有很多，包括在职期间为退休做的那些准备，预期能从事自己喜欢的爱好和旅行，优厚的退休金，健康的身体，没有过于沉溺于工作，以及高度自尊自重等。

第五节　退休模型

一、阶段性渐进退休模型

Kadlec（2002）提出了一个阶段性渐进的退休模型，这个模型针对那些因经济需要而工作的人群。模型包括以下 3 个部分：

①缩减你的事业。当你接近退休年龄时，考虑你的经济状况，如房屋、账单等，并开始减少工作时间。

②增加储蓄。通过投资、节省开支，以及通过持续的收入增加储蓄，并计

划尽量不动用投资和节约的款项。

③退休为佳。如果有足够的存款保证你能继续现有的生活方式并使你在不再赚钱的时候能做你希望做的事情，那么停止工作并计划你的生活。

Schlossberg（2004）在她的书《轻松退休，快乐退休》中提到了关于退休需要的准备。它们包括以下内容：

①为冒险和惊喜做好准备。

②学会乐观。

③参与其中，融入其中。

④不断期盼“自己的时间”。

⑤保持心理平衡。

⑥抓住机遇。

⑦关注情绪变化。

⑧顺势而为，不要逆流而行。

⑨始终做好第二手准备。

⑩对所有人都有所计划。

二、社会阶层与退休

在职业行为的年度评论中，Brown、Fukunaga、Umemoto和Wicker（1996）探索了社会阶层与退休的关系。研究发现有较高收入和教育程度的群体更倾向于旅行和阅读，而那些收入和受教育程度较低的群体则多进行艺术和手工类活动或者看电视。低收入人群常住在活动房屋内，而高收入人群则大多住在有大量社交机会和体育设备的社区中。对退休的适应过程受到人们不同职业地位、教育水平以及收入的影响。由于各种原因，低收入人群倾向比高收入者更早退休。

Carter和Cook（1995）研究了社会和工作角色对退休适应的影响。他们提出了一个模型以说明他们的研究结果，见图8-3。

那些并不将工作角色当做认同感的主要来源的人们有着“低工作角色依附”。对许多退休者而言，非工作角色将比工作角色更为重要。如果一个人有很强的职业道德，而他的自我认同感也大部分建立在工作之上时，那么离职将给他带来剥夺的感觉而使他对退休难以忍受。“离开劳动力队伍将影响一个人对自己角色的再定义和扩展。角色重新定义的成功与否将由一个人的社会角色、工作角色和他的内在需要同时决定。”

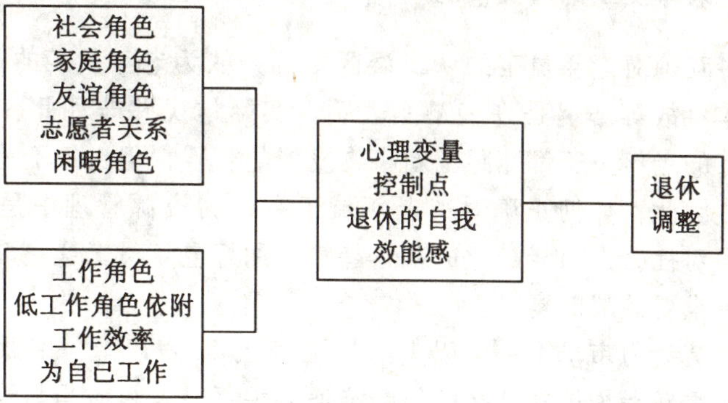

图 8-3　作为退休适应情况决定因素的角色和心理变量

第六节　职业生涯晚期组织认知转换

一、对老年员工的错误认知

1. 相对于年轻员工，老年员工缺乏生产力

美国的一项样本量为 39000 人的个人调查研究表明，对于低于 70 岁的工作人员不管他们所从事的是专业性工作或是非专业性工作，其工作业绩与年龄是不相关的，而对于年龄大于 70 岁的则不能得到肯定或否定的结论。虽然记忆和和思维的速度随年龄而下降，但是工作所需要的基本技能却依然能完整地被保留。

2. 向老年员工交付一项工作任务需要花费更多的成本

统计研究表明，思维能力，诸如语言能力、数字的反应能力和推理能力一般一直可以维持到 70 多岁。

3. 老年员工由于体弱多病，缺勤率高

与这一看法相反，美国的调查结果却是，18～44 岁员工的缺勤率平均每年为 3. 4 天，而年龄大于 44 岁的员工缺勤率每年只有 2. 6 天。

4. 老年员工缺乏工作灵活性和对新工作的适应性

一项调查表明，改换工作行业的比例，小于 50 岁的只有 55%，而 55 岁到 60 岁之间却有 63%，大于 60 岁的竟高达 78%。许多老人在原有行业很难再被重新雇佣。

二、关于老年员工的真实情况

还有许多其他对老年员工的认识误区，例如认为老年员工的福利成本高，容易发生工作事故等。但是许多事实表明，实际情况并非如此。可以肯定地说，不是所有的老年员工都能跟上新事物发展的步伐，但也绝不是所有的老人都墨守成规。因此，如何正确对待老年员工在人力资源管理中是一个重要课题。特别是面对社会人口老龄化的基本趋势，用好老年员工这一部分人力资源对于组织具有重要的战略意义。

由于现今劳动力市场上一半以上的员工都在41岁以上，因此老板与员工签订合同时要重新考虑该在什么时候断绝雇佣关系。老板应当与管理人员共同商议决定哪些职位将被裁员，使解雇年龄尽量平均分布，从而避免有的工作小组被不均地裁掉。

一个组织可以采用下列政策措施解决年龄歧视问题，如对年老员工进行认同、逐渐的变革、适当的奖励、对期望有所反馈、建立短期与长期的目标、进行工作预演、接受文化改变等。

许多成功企业的做法是：雇佣新员工时不排除老年人，注意雇佣那些对组织有用的老年人才，否则他们会由于退休而流失；要注意留住老年员工，不要轻率地用年轻的新员工替代老年员工；使工作内容更具有吸引力，让老年员工感觉到工作比退休更有意义，等等。

第七节　职业生涯晚期组织生涯管理原则

职业生涯晚期管理是一个值得关心的问题。现在，许多管理者或人力资源管理人员将工作重心放在了年轻人上面，注重未来的潜力开发，相对忽视处于职业生涯晚期的员工。有些企业甚至将这些员工看成包袱，不闻不问。这种过河拆桥、“兔死狗烹”的不良组织文化，不但会极大地伤害老员工的感情，也会挫伤其他员工对组织的认同感，因为人终有变老的一天。如果希望自己的企业办成百年老店，这种短视的做法是不可取的。

对处于职业生涯晚期的员工，如果管理得好，可以使这些人力资源成为财富；如果管理不好，就会导致许多冲突，增加许多矛盾，影响组织工作。对职业生涯晚期员工的管理，主要遵循以下原则。

一、理解和尊重的原则

在计划经济向市场经济转轨的条件下，由于种种原因，许多曾为集体、国家作出贡献的老人没有得到应有的回报。在论资排辈的时代，他们的资历不够，不能得到回报；当他们终于获得了足够的资历时，社会分配又强调效率优先。

过去，为了组织的发展，他们全心全意工作，甘当一颗螺丝钉，在奉献自己知识技能的同时，忽视了自身的发展和建设；当尊重知识的时代到来时，他们人生获取知识的大好时光已经过去了。可以说，他们目前的一些问题除了自身因素的影响外，组织和社会也是有责任的。如果设身处地地想一想，他们有一点不满情绪也是正常的，组织和社会应该给予充分的理解和关心。如果在物质利益没有保证的情况下，精神上也得不到补偿，就会导致冲突。

也许有一些员工的确因为知识技能老化而且掌握着组织的很多权力和资源，客观上造成了对组织发展的消极影响，但只要给这些员工以充分的尊重，动之以情，晓之以理，从大局出发，切实以制度的形式保障这些员工的利益，相信能建立起新老员工之间的相互信任，最终说服的确不能胜任工作的员工逐步退出重要的岗位。

二、制度化与差别化管理相结合的原则

针对退休的问题，组织应该根据自己的实际情况制定相应的政策和措施。比如，技术人员什么时候退休，管理人员什么时候退休，哪些人员可以延聘，哪些人员可以提前退休；退休金如何发放，退休保险金如何安排，社会保险费如何落实；退休后医疗费用如何支付；退休后的生活如何保障，如何丰富退休后的生活等，都应该有相应的、连续的符合组织实际的制度。这些制度不能违背国家的法规政策。当然，由于整个国家处于变革期，许多规章制度都在制定和完善中，组织可根据自己的实际，制定配套的方案。

一般情况下，应该严格地按照组织规定的相关制度对待退休职工，但也要考虑企业或组织实际，做一些符合市场变化、特殊情况的差别化处理。僵死的制度不适合于当今变革的社会。在员工退休问题上，一刀切的好处是好操作，但对于那些在关键岗位上、掌握生产诀窍的高级员工或经验十分丰富的技术人员，就不宜采用一刀切的办法，否则可能造成人力资源的浪费。

员工有各自的情况和不同的内容，多数员工的贡献能力不会随着正式退休而结束，组织如果需要相关人员，可以采取兼职、顾问或其他方式优先考虑聘用他们。不同的员工，由于其能力、经历、原来的社会声望、身体状况、兴趣爱好等不同，在管理上应该实行有差别的管理。对于事业上有成就的员工，如果身体允许，应该采取适当的措施，提供其发挥余热的机会，比如指导年轻员工，继续退休前尚未完成的研究工作，协助审查新的立项项目等，将这些员工

的智慧充分利用起来。

三、真诚关心原则

许多人为单位工作了一辈子，心里总是惦记着组织。特别是人总有惯性，工作习惯了，一下子离开了单位，总是有些不适应。为了解决这种问题，有些单位采取了一些有人情味的做法：比如让将要退休的职工外出旅游、疗养；有些单位则让员工延聘一年，在这一年中逐渐减少他们的活动，特别是有些会议、重要的工作可以适当地减少，给他们一些时间，逐步处于半工作、半退休的状态，到了真正退休的时候，就习惯多了。

此外，有些员工如果项目没有完成，可以继续工作，但对他们的要求可以逐步降低，给他们更大的自主权，比如不一定非要按时上班，只要能按计划完成工作即可。

日本有一种生活设计教育，对我们开展职业生涯管理也有启发意义。这种生活设计教育产生的背景是日本经济复苏时期，对劳动力有比较多的需求，需要老年人继续发挥余热，利用自己的知识和经验为社会服务。

其基本做法是：让接近退休年龄的员工，在假设自己面临退休时，考虑如何来安排自己的时间，是继续接受延聘，还是退休或换岗位；如果选择退休，如何丰富自己的退休生活。如何选择保健活动，各种保健活动的优点和缺点，如何安排等。在结束教育培训后，员工要结合自己的实际，制订各自的退休生活开发计划及日常生活规划书，如果合理，就用此来指导自己的退休生活。

组织要以多种形式关心退休职工。例如，为退休员工办好养老保险和医疗保健保险；关心退休者的疾苦，切实解决其实际困难和问题；每逢节日、生日之际，慰问安抚退休员工；对于希望丰富老年生活，弥补过去由于工作太忙，而没有时间休闲的员工，可组织他们去一些地方度假、旅游，充实晚年生活。有一些员工，希望健康地度过晚年，对保健比较重视，可以提供锻炼的场地，开展丰富多彩、适合老年人的体育活动。

很多老员工对工作单位有很深的感情，非常关心单位的发展。组织可以退休员工座谈会、联谊会等形式，向退休者通报企业的发展情况，互通信息；征求退休员工对企业的意见和建议；加强员工之间的沟通、联谊和友谊。

四、提前准备的原则

在退休前夕，首先应做好新老接替工作，其次还应该有计划地组织一些活动，帮助即将退休的员工了解退休后的生活，尝试适应这种生活。

(1) 做好退休之际的工作衔接

组织要有计划地分期分批安排人员退休，尽早选拔和培养岗位接替人员。帮助退休员工与其接替者做好具体的交接工作，在新老员工职业更替之际，确保工作的正常进行。

(2) 做好退休准备教育

退休教育是以应该怎样度过退休生活为主题，通过多种教育训练的方式，启发即将退休的职工对退休后的生活的方方面面进行自我设计和规划，减少退休员工退休后的适应时间。

一般员工退休后的问题主要是如何度过丰富的闲暇时光，如何保证身体健康，如何管理退休费用等。比如：可以计算出退休后的经济收入状况，结合子女的成长和生活状况，自己的身体状况等，给自己制订出较好的开支计划。

如果是高收入职业，过去有较多的积蓄，而且子女没有什么负担，身体状况较好，则可以考虑不定期的旅游，完成以前没有时间做的一些娱乐活动；如果身体状况不佳，可以选择有利于健康的适当活动。如果身体允许，专业知识有市场价值，还可以到企业兼职，兼职的主要追求不是获取经济利益，而是注重过程，注重成果转化，注重将自己的专业知识运用到社会所需要的地方，为社会作贡献。

(3) 请退休员工谈经验

请退休后适应良好的员工介绍自己退休前的体会、心态和退休后的适应过程。比如退休后，社会责任少了，与同事交流的机会少了，如何将自己归属为新的群体？如何建立新的关系网络？生活节奏变了，可快可慢，不再有外界的约束，自己是如何适应的？由于社会活动少了，满足受尊重的愿望的机会少了，失落感增加了，如何调节？由于工作量少了，待遇也相应减少了，不平衡的心理出现了，如何处理。

(4) 退休后的生活技能培训

如果有条件，可以尝试性地鼓励退休员工进入老年大学，发展多种兴趣爱好，如学习绘画、写字，练习太极拳，学习养花种草等适合老年人特点的活动。

五、发挥经验优势原则

在知识经济时代，知识的价值日益得到肯定。许多技术工人、专业技术人员经过几十年的磨炼，积累了许多有价值的经验。这些经验如果没有后人学习和挖掘，就会被浪费掉。现在许多西方国家十分重视这些隐性知识的价值，专门对这些优秀员工的知识进行研究，寻求开发途径，加以有效利用。过去这些隐性知识是通过师傅带徒弟而逐步传下来的，现在有人认为有了自动化、数字化的设施，这些老经验就已经过时了，不注重发掘开发，等到需要的时候，又得重新探索，有可能重走弯路。

第八节　职业生涯晚期组织退休管理

一、提前退休计划

提前退休计划（Early Retirement Programs）指为鼓励雇员离开公司而向其提供一定经济福利。该计划是公司的战略组成部分。它既可以降低劳动力成本，又可以不采取裁员政策。经济福利通常包括一次性退休金和按年限确定的一部分薪资。这些经济福利对雇员有较大的诱惑力，对那些在公司任职多年的雇员来说更是如此。提前退休的资格要根据年龄和服务年限而定。

提前退休计划主要产生两个问题：第一，当某些雇员选择提前退休后，难以找到可替代人员；第二，老年雇员由于有被迫退休的感觉，因此觉得提前退休计划带有歧视性色彩。

为了避免相关的法律问题，公司需要确保提前退休计划满足下列要求：①是雇员福利计划的组成部分；②对年龄进行界定，以确认提前退休资格；③允许雇员自愿选择提前退休。

二、提前退休程序

公司可能运行自己的程序，也可能从外部咨询公司引进一种程序。

职业管理咨询是公司接受的各种咨询之一，该咨询为公司提供的退休管理程序可以帮助员工度过退休过渡期。退休准备包括情感调整、生活模式准备。这些特定的程序需要考虑以下因素：

财务现实、地理偏好、心理和情感服务、决策、职业改变、主动性、应对家庭反应和调整、目标是带来幸福。

案例

职业生涯晚期的角色转变

前不久英国人 Harry Brown 开始了他在 Round the World 银行的英国数据处理中心担任质量经理的新工作。Harry 曾经在新加坡的一家分支银行中担任客服部经理一职，因此他在新加坡生活多年。Harry 十分高兴能获得质量经理这一工作，他48岁，近年来已敏锐地觉察到自己的位置不安全，以及银行中会计数量不断减少和50岁以上员工的消失意味着什么。

他的薪水、地位和雇佣情况甚至保持不变，虽然他去英国的费用大部分自己负担。银行早在一年前就通知他将会派往数据处理中心，但是直到最近他才真正明白他的新工作涉及些什么。这种工作在Round the World银行里面仅有一份。虽然他在新加坡银行的运作中也接触过质量问题，但是他在质量领域依然没有经验，并且不清楚他的新工作会包括什么职责。

一般来说他一直希望在40岁后期会有一个变动——过去公司政策一直是在职工40岁时调动他们以保持其灵活性和兴趣。但是他希望调往一份更熟悉的工作。

他在英国生活不超过20年而现在他对亚洲更熟悉。但是Harry感到必须接受这一任命，否则他只能等着被解雇。人们看起来相当不愿意与他谈论有关他的调动之事，因为他们不确定是应该恭喜他仍然保持着一份好工作还是因为那些不好的方面而同情他。

资料来源：[英] 约翰·阿诺德等．工作心理学．沈秀琼等译．经济管理出版社，2006.

关 键 词

职业生涯晚期　　职业生涯重塑　　渐进退休模型　　提前退休计划

复习思考题

1. 什么是职业生涯晚期阶段？有何特点？
2. 职业生涯晚期阶段的主要任务是什么？
3. 在职业生涯晚期阶段如何实现职业生涯的平稳过渡？
4. 组织在职业生涯晚期阶段的管理过程中应该注意的事项有哪些？
5. 公司应该怎样做才能更好地发挥处于职业生涯晚期的员工的积极性、主动性和创造性？

第九章 女性职业生涯发展理论

本章掌握要点：

- 女性职业生涯的发展概念。
- Super 的职业生涯发展的七种类型。
- Ginzberg 的三种女性职业生涯发展形态理论：传统型、转变型和创新型。
- Zytowski 提出的女性职业生涯发展的九项观点和女性特殊的发展阶段、职业参与程度和决定因素。
- Gutek 和 Larwood 两人提出的女性的职业生涯发展理论的五个要素。
- Farmer 提出的有关阻碍女性学业与职业生涯动机的概念模式。
- Hackett 和 Betz 提出的女性职业发展的自我效能理论。
- Astin 提出的以需求为基础的职业选择与职业行为的社会心理模式。

第一节　女性职业生涯设计

女性职业生涯发展是针对职业女性而言的。所谓职业女性，有广义和狭义之分，广义的职业女性是指在社会中从事某种作为主要生活来源的工作的女性，它既包括女工、女干部、女知识分子，也包括农村妇女。狭义的职业女性是相对于农村成人妇女而言，指在城镇里专门靠从事某种工作以取得生活来源的女性。我们一般关注的女性职业生涯是狭义的职业女性的职业经历，指职业女性从最初工作之前的专门的职业学习和训练，到退出职业生涯的工作经历或历程。占人力资源近半数的女性起着双重角色的作用：一方面女性本身是劳动力，是社会物质和精神财富的创造者，她们享有劳动的权利和义务；另一方面，女性又是劳动力再生产的承担者，如果没有女性的存在，人类社会的延续将不复存在。于是，女性如何发展，不仅关系到劳动力资源的数量，而且关系到劳动力资源的质量问题；不仅关系到社会的今天，更关系到社会的明天。女性人力资源开发是人力资源开发中极为重要的内容。

女性在职业规划中，常遇见这样的问题，那就是产生职业倦怠感和方向感不明显。这时候就需要考虑自身职业的可持续性、平衡性、经济性发展。有这样一个案例：外资企业的一位年轻女性，做着一份库务管理的工作，由于薪水不高，跳槽到一家薪水高的某企业分支机构。几年之后，原来在一起工作的同事已经升为物流部经理，而自己还在做着原来的工作。她的心里感到非常不平衡，咨询师认为她的错误就在于没有把握好工作的转折点。

职业生涯规划对女性尤为重要。女性怎样做职业生涯规划，准确的职业定位最重要。就是要了解自我，进行自我评估，即我想要什么，我能做什么，我拥有什么。想要什么就是自身的价值观、动机和兴趣；我能做什么就是指个人的能力和兴趣；我拥有什么，不仅包括内部资源，还包括外部资源。还有就是得有核心竞争力，它包括知识、能力、经验和职业素养，其中职业素养很重要。

第二节　我国女性职业生涯发展的争论

在女性职业生涯发展的争论中，主要集中在“妇女回家”的讨论。按照吴贵明博士的概括，近代已开展了四次讨论。

1. 第一次讨论

这次讨论发生在20世纪30年代中期，以1933—1937年为主要时期。讨论序幕是1933年9月13日，上海《时事新报》以《婚嫁与女子职业》为题，登载了林语堂1930年6月在上海中西女塾的讲演稿。林语堂在演讲中提出：“出嫁是女子最好、最相宜、最称心的职业。”与此文同时刊出的还有江岳的文章《婚嫁是不是最好的职业》，对林语堂的文章提出了十点疑问。

2. 第二次讨论

这次讨论发生在20世纪40年代初，讨论的缘由是端木露西于1940年7月在上海《大公报》上发表了她在30年代中期所主张并曾大力提倡的“贤妻良母”的口号，并号召妇女要“在小我的家庭中，安于治理一个家庭”。文章发表后，立刻引起了反响。这场讨论发生在抗日战争初期，是抗战前夕讨论的继续，也是抗战时期坚持抗战与投降卖国的政治斗争在妇女问题上的具体反映。

3. 第三次讨论

这次讨论发生在20世纪80年代到90年代，持续了十几年。讨论最早仍然发起于工业大城市上海。讨论的发展与经济体制改革的进程同步，大体可分为三个阶段。

1980 年到 1985 年是讨论的初期，由于经济体制改革与劳动用工、分配制度的改革刚刚开始，人们仍习惯于男女统包统配、同工同酬的劳动制度，而且，自中华人民共和国成立以来，妇女大规模走向社会，似乎已成为不可逆转的事实，因此这一阶段，无论男女对“妇女回家”的观点在心理上和观念上都一时难以接受，反对“妇女回家”的观点占绝对优势。

1986 年至 1989 年是第二个阶段，这一阶段经济体制改革逐步推进，企业为追求经济效益而实行优化组合，大批女职工被列为编余人员，大批新增女劳动力，包括女大学生就业都困难。讨论逐步深入，讨论初期出现的一些单纯声讨性质的文章已不多见，讨论更趋于理论上的研究和分析，提出了许多新的看法和意见。

1989 年以后讨论进入第三阶段，这一阶段的讨论已不再单纯围绕“妇女回家”还是“妇女就业”而展开，大家更多的是面对经济转轨，开始探讨改革为妇女就业和妇女发展带来的机遇和挑战、探讨如何提高妇女自身素质以适应改革的需要、探讨如何调整产业结构以拓宽妇女就业的渠道。进入 90 年代后，关于“妇女回家”的讨论已逐渐纳入对妇女就业的研究，讨论的色彩已逐渐淡薄。

4. 第四次讨论

这一次讨论是在 21 世纪初。全国政协九届四次会议上，江西省政协常委、全国政协委员王贤才作了主张女人回家的发言，顿时引起巨大的社会反响。王委员说：“如果女人有可能回归家庭，应当像职业女性受到尊重。”关注失去经济来源的妇女的家庭地位的学者，认为性别双方的经济地位从根本上制约着性别关系的构建，男女平等的实现在很大程度上取决于男女双方的经济地位，事实上女性回归家庭不可能像职业女性那样受到尊重。女性回归家庭，专职从事家务劳动，对家庭贡献显然不小，但对女性自身发展却束缚极大。从男女平等作为我们的基本国策的角度来看，女性回归家庭不可倡导。有学者认为即使“承认家务劳动的价值，也并不等于就是平等”，当杨百万要给他在家做家务的妻子发工资时，社会一片哗然。也有的学者从经济学角度分析，认为“‘妇女回家’理论的动机与结论是相互背离的，它一方面企图使就业岗位和社会财富得到合理配置，另一方面却导致一部分家庭双双上岗而一部分家庭则双双下岗”，“在市场经济条件下，这完全是一种不可操作、幼稚的理论模式”。

第三节　女性职业生涯发展理论

女性职业生涯发展概念的提出与西方劳动力市场的变化及女权运动的兴起密不可分。第二次世界大战以后，西方主要资本主义国家男性青壮年劳动力匮乏，大批女性加入劳动力大军之中。如何更好地利用女性人力资源，提高女性劳动者的工作生活质量，已成为一个亟待解决的现实问题。自20世纪50年代以来，在新女权运动和女性主义思潮的影响下，持社会性别观点的学者在审视原来的典型的男性职业生涯发展模式后，他们认为，传统的以男性为中心的职业生涯理论不足以解释女性职业生涯发展形态。针对这种情况，Caplow等提出了创建独立的女性职业生涯理论的主张，其宗旨就是要在工作场所和职业生涯发展研究领域赋予女性更多的“话语权”。

早期女性常常因为婚姻及家庭而离开就业市场，这种中断对女性的职业生涯是有伤害的，近一二十年以来，随着女性大量投入就业市场，才有学者注意并开始研究关于女性职业生涯发展的议题。之后，才陆续有学者提出并探讨有关女性职业生涯发展的研究，以下是有影响的一些女性职业生涯发展理论。

1. Super的女性职业生涯发展模式理论

Super从家庭主妇进入职业市场的观点，将女性职业生涯发展分为七种类型，如表9-1所示。

表9-1　**Super的女性职业生涯发展模式**

1. 稳定的家庭生涯模式	她们在受完教育不久后就结婚了，因此并没有很重要的工作经验
2. 传统的职业生涯模式	她们在学校毕业后，就进入职场工作，可是在结婚后就离职，专心做一名全职的家庭主妇
3. 稳定的工作生涯模式	学校毕业后，她们就开始工作，工作时间终其一生
4. 双轨职业生涯模式	终其一生均同时兼做职业角色与家庭主妇角色的女性
5. 中断式的职业生涯模式	婚前有工作经验，婚后就辞掉工作做一名全职的家庭主妇，等孩子长大后，再回到工作职场中
6. 不稳定的职业生涯模式	女性在不同时期有不同的重心，因为家庭因素有时又需要外出工作，有时又是家庭主妇，不断地重复这样的循环
7. 多方尝试的职业生涯模式	女性虽然在工作，却不曾真正建立起自己的职业生涯，在其一生中，可能会从事数个不同性质的工作

Super1990 年就指出，他在 30 多年前所描述的女性职业生涯模式，和现在的女性比起来有很大的不同，因为现在社会中的许多变迁，让女性在职业生涯的规划上有了更多发挥的空间。

2. Ginzberg 的三种女性职业生涯发展形态理论

Ginzberg 在 1966 年根据女性的生活风格，将女性职业生涯发展分为以下三种形态：

①传统型——家庭主妇导向，完全以家庭为生活重心，愿意花所有心力和时间照顾丈夫和子女。

②转变型——有工作的情况下，仍以家庭为重心，觉得家庭还是比事业重要。

③创新型——家庭与事业同等重视，并非完全偏重任何一方。

从 Ginzberg 的观点可以容易地看出女性职业生涯发展与男性职业生涯发展的不同之处。再怎么前卫时髦的女性、事业心旺盛的女强人，都还是希望能够同时兼顾家庭与事业。一般来说，女性会花较多的时间和心力照顾家庭，但就人性而言，不论男性或女性都需要有情感方面的支持。只是女性对家庭的付出，通常使得男性在事业之外再无家庭的后顾之忧，因此男性可以全心在事业上发展。

3. Zytowski 的女性职业生涯发展理论

Zytowski 在 1969 年提出女性职业生涯发展的九项观点，包含女性特殊的发展阶段、职业参与程度和决定因素，如下所列：

①女性扮演的主要角色是家庭主妇。而不只是传宗接代，主要是家庭事务的处理和劳动。

②女性的角色依年龄有不同的发展阶段，虽然有特殊个别差异存在，发展是属于动态而非静态的。

③女性的角色发展阶段是循序渐进的。

④就业与家庭主妇是两个对立的活动，所以就业之后便无法全心做好家庭主妇。

⑤女性的职业生涯发展形态可以从开始工作的年龄、参与的幅度和参与的程度三方面来看。

⑥参与的幅度是指女性投入工作时间的长短。而参与的程度是指该职业中，男性从业者占所有工作人员的比例。

⑦根据上面两点，女性的职业发展类型大致可以分为三种：职业倾向轻微者（温和型）；职业倾向中度者（稳健型）；职业倾向强烈者（非常型）。

⑧女性对职业类型所表现出来的偏好，深受内在动机影响。

⑨但是实际选择职业时，则受到外在机会与环境阻碍，还有本身才能的影响。

Zytowski 认为随着社会结构的变更，一般人对女性的角色期待也逐渐改变。但是与男性相比，以家庭为重的女性仍然较多，无法脱离母职。Forrest 和 N. Mikolaitis 则批评 Zytowski 这样的观点，过于强调女性对于配偶和子女的从属性格，且认为女性就业是要打发时间或补贴家用（田秀兰，1997），这样的想法体现了对女性刻板化的偏见。因此，在家庭与事业的平衡方面，女性感受到较多的冲突压力。

4. Esther Sales 的妇女成人发展理论

Esther Sales（1978）的妇女成人发展理论指出女性一生中角色变迁形态较为复杂，除了角色变迁外，并强调角色冲突、角色负荷和角色连续性。提出成年妇女的八大生命周期与发展阶段，分别为早成年期（18～21 岁）、选择生活角色期（22～24 岁）、角色完成期（25～29 岁）、再适应期（30～34 岁）、肯定自我期（35～43 岁）、中年危机期（44～47 岁）、成熟期（48～60 岁）与晚年期（61 岁以后）。其中选择生活角色期（22～24 岁）的妇女开始寻求职业生涯目标与专业地位的建立，否则容易感到低自尊；角色完成期（25～29 岁）的妇女对于生育角色的选择与看法可能产生不同的发展方向；再适应期（30～34 岁）的妇女若不能从配偶、子女教养与母职角色中摆脱，往后的日子大概很难发展为独立个体，并贬低自我的价值性；肯定自我期（35～43 岁）的妇女若缺乏良好的适应与转换，则容易产生中年危机；中年危机期（44～47 岁）则起于更年期与空巢期的心理不稳定，其适应方式是发展自我兴趣；成熟期（48～60 岁）的妇女成功渡过中年危机，创造稳定及满意的发展阶段，一般说来，这个时期的妇女比男性有较好的适应。

5. Gutek 和 Larwood 的职业生涯发展要素理论

Gutek 和 Larwood 两人认为女性的职业生涯发展理论应该包括下列五个要素：一是职业生涯准备，女性在幼年及求学时所接受的教育是有限的，因此对职业生涯发展的思考方式也是有限的，因此教育与训练对女性职业发展是最重要的因素，教育方式有空中教学、面对面教学、专业或非专业等方式。二是有利的工作机会。三是婚姻，女性即使有工作，仍被期望负担家务，因此女性职业生涯发展理论的主题应包括工作与婚姻。四是怀孕及孩子出生，以往的社会规范期待女性怀孕后中断工作，并等待孩子不需要照顾后才回到工作岗位。因此女性职业发展的对象应包含两种女性，一种是传统女性，另一种则是有孩子后继续工作的女性。五是时间与年龄，职场仍喜欢雇佣年轻及未婚的女性，因此女性婚姻后再投入劳动力市场时要获得工作绩效仍需克服一段艰辛的过程。

6. Farmer 的女性职业生涯动机理论

Farmer（1985）为了了解女性的职业生涯发展，致力于女性职业生涯动机的研究，她在 1976 年提出有关阻碍女性学业与职业生涯动机的概念模式，并假设环境（早期家庭社会化历程、社会支持及社会工作上的歧视），及个人自我概念（自我尊重、成功恐惧、家庭与职业生涯间的冲突、性别角色取向、冒险行为与成就动机）会影响女性的职业生涯及学业动机。接着，Farmer 于 1985 年再次修改这一理论模式，提出女性职业生涯动机理论（Model of Women's Career Motivation），并加入背景变量，提出由背景、心理及环境三方面变量来预测女性职业生涯动机的理论模式（如图 9-1 所示）。她认为背景、心理和环境因素影响了女性的职业动机，而职业动机又与这些因素交互作用进一步影响了女性的职业成就与职业开发。但是，至于职业期望、熟练动机和职业投入这三个因素之间的交互作用，Farmer 并没有给出相应的结论。此后，Farmer（1989，1997）对受试者进行了为期 10 年的追踪研究，试图用定量研究的方法来揭示女性职业结构与职业动机之间的相互关系。在 1997 年，Farmer 对原来的模型做了一些修正，在职业生涯动机中加入角色满意度。在个人心理因素上，又加入数学和科学的自我效能及理想的家庭和工作角色。在环境因素中加入经济支持、关键事件（Critical Incidents）等。并且在结果中增加一个选择行为，包括大学主修科目、婚姻现况、家庭和工作的投入、职业水准、职业领域与坚持者。因为教育程度和个人主修领域，对个人职业决定和职业成就有密切关系，良好的教育是促进女性职业生涯发展的重要因素。修改后的女性职业生涯动机模型如图 9-2 所示。Farmer 的模型为其他学者的后续研究提供了很好的理论框架。White（1995）等人就曾在 Farmer 研究的基础上，采用完全不同的定性研究方法来探讨女性职业结构与成就动机之间的关系。

7. Hackett 和 Betz 的女性职业发展自我效能理论

Hackett 和 Betz（1981）依据 Bandura 的自我效能理论提出了女性职业发展的自我效能理论，用以说明女性在职业上低自我效能的原因是由社会化与学习经验造成的。而影响自我效能的四个来源分别为成就表现、替代学习、情绪唤起、言语说服，如图 9-3 所示。

Hackett 和 Betz 的研究引发了学者对自我效能与两性教育、职业关系的关注。Hackett 和 Betz 强调，自我效能并不是一个独立的理论体系，而应该嵌入其他理论体系（如 Super 和 Krumboltz 的理论）来解释女性职业生涯发展。遗憾的是，她们所提倡的嵌入思想并没有真正付诸实施。同时，该理论的另一个缺陷是自我效能的效度和测量问题还有待更深入的研究。

8. Astin 的女性职业选择与职业行为的社会心理模式

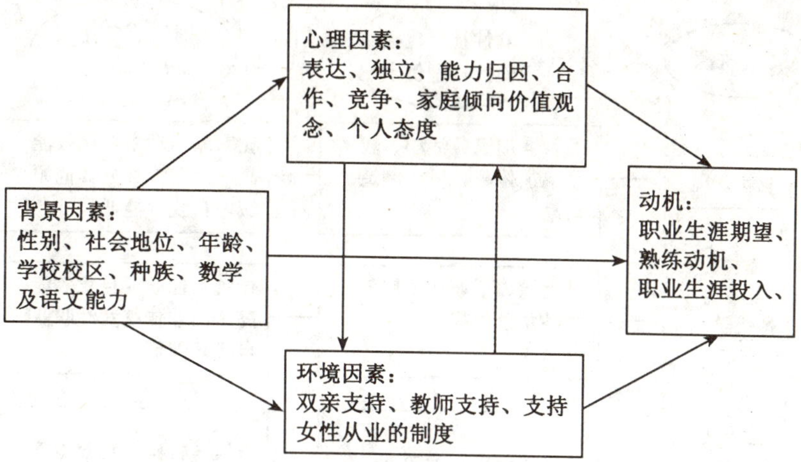

图 9-1 Farmer 的女性职业生涯动机理论模型

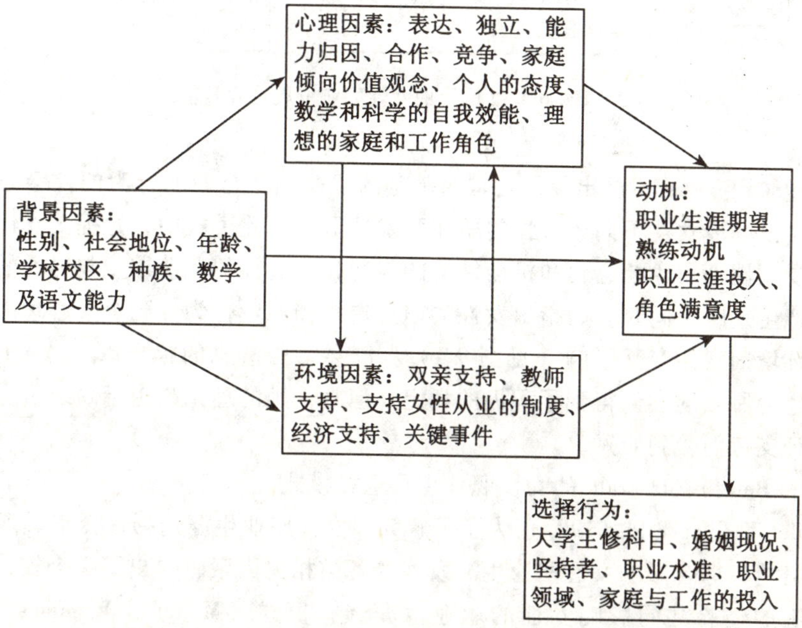

图 9-2 Farmer 的女性职业生涯动机理论模型（修正后）

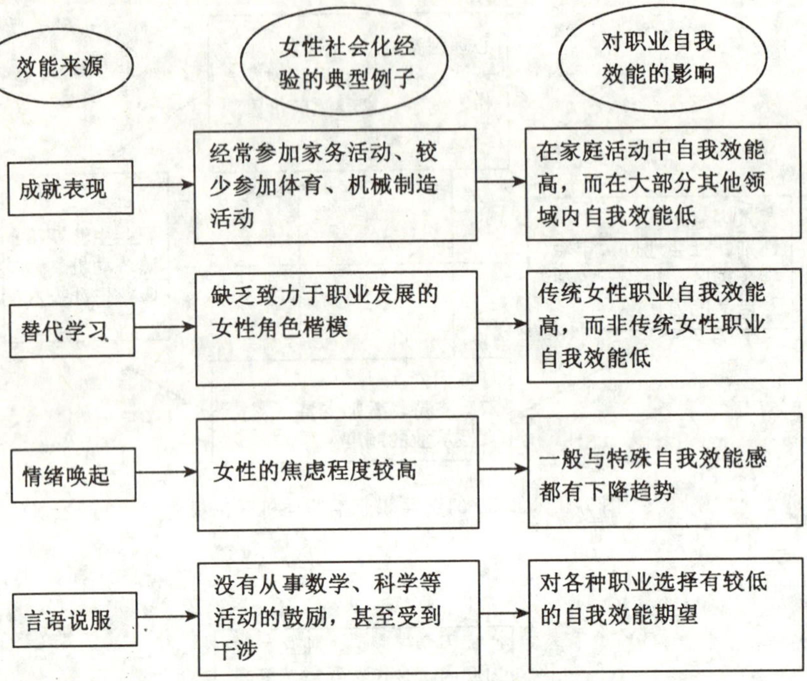

图 9-3 Hackett 和 Betz 的女性职业发展自我效能理论

1984 年，Astin 提出了以需求为基础的职业选择与职业行为的社会心理模式，用以解释女性不同于男性的职业开发情形。在此模式中，她提出女性职业生涯受到性别角色社会化和机会结构的限制，使女性的职业期望与男性的职业期望产生差距。同时，她指出女性的职业选择和职业行为受到个人心理因素和社会环境因素的交互影响（见图 9-4）。机会结构概念的提出以及 Astin 对于理论整合所做的尝试得到了积极的肯定。但是，她的理论也由于缺乏可操作性及实证支持而受到质疑。

9. Bet 和 Fitzgerald 的女性职业生涯选择模式

Bet 和 Fitzgerald（1987）为了了解为何女性职业生涯选择多低于其所能表现的潜能，综合影响女性职业生涯发展的各类相关因素，提出了一个探讨过去与现在的经验共同影响女性的职业生涯选择模式（Model of Women's Career Choice）。这个模式包括四个自变量与五个因变量，其中四个自变量是指个体过去的工作经验、学业成就、角色楷模及他人鼓励，这四个独立的变量会直接影响个体对工作的态度、对自己的态度及性别角色态度这三个因变量，并间接

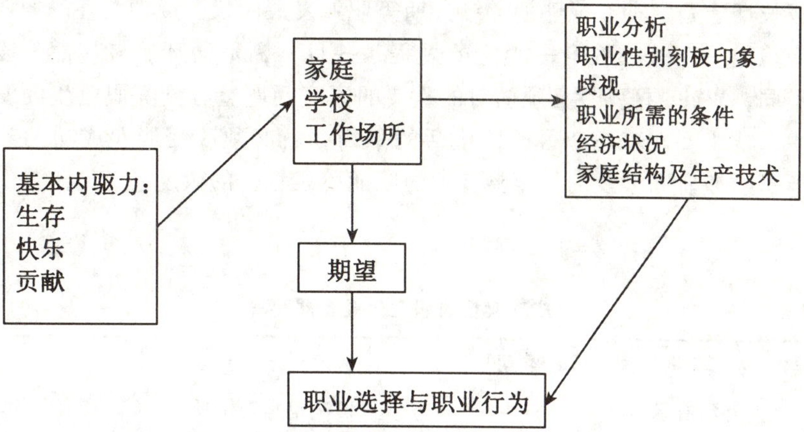

图 9-4　Astin 的女性职业选择与职业行为的社会心理模式

影响女性的生活方式偏好、计划及职业生涯选择的现实性。所谓现实性，是指女性所选择的工作符合其能力与兴趣的情形，而影响这一个现实性的因素包括过去的工作经验、学业成就、角色楷模的影响、个人觉察到的他人的鼓励，以及个人对工作的态度、对自己的态度、性别角色态度等潜在的变量，这些变量的关系如图 9-5 所示。

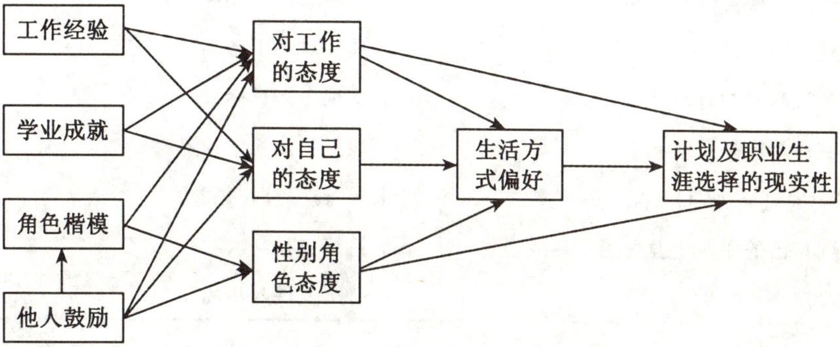

图 9-5　Bet 和 Fitzgerald 的女性职业生涯选择模式

10. White 的成功女性职业生涯发展阶段模型

White（1995）在 Levinson（1978）研究的基础上，通过对 48 位成功女性的访谈，设计了一个成功女性职业生涯发展阶段模型。这一模型与个体的年龄和职业阶段相关，如表9-2所示 。White认为，女性在一生中要顺次经历探索期、成长期、稳定期、成熟期、维持期等职业发展阶段。成功女性的职业生涯是一个稳定—反思— 变化—稳定的过程，并且不断地循环。与其他阶段论的研究不同，White把女性必须面对的重要的家庭问题整合到其职业生涯发展阶段之中，认为女性若想获得整体生活的平衡，就必须改变职业成功的刻板印象。但是，该研究涉及的与年龄有关的职业阶段划分的效度还有待于进一步证实。

表9-2　　**成功女性的职业生涯发展阶段**

成年早期17～25岁转型期（探索期）	稳定下来：35岁（进步）
对某一职业开始有承诺感	已决定是否做母亲
测试先前对生活方式所做的决定是否正确	对是否要生小孩的最后一丝疑虑消失
重新界定因角色冲突所造成的混淆	为个人目标而奋斗
进入成人世界	**38～40岁的转型期**
加深对工作与非工作生活间关系的认知	后悔没有生子
职业生涯起步晚的女性：拒绝家庭主妇的角色	家庭—事业冲突
与配偶分离，更加认同自己的工作身份	对“玻璃天花板”的歧视现象做出反应
职业生涯起步早的女性：工作成为生活的中心	**成熟期：40～50岁（再平衡）**
寻找机会实践自己的职业	解决家庭—事业冲突问题
成长期：25～33岁	理性对待不生小孩的决定
快速学习和发展时期	实现个人目标
建立高成就声誉	取得更加稳定的成就
33～35岁（转型期）	**维持期：50岁之后**
警觉到自己的职业生涯发展受到限制	持续成长与成功
——决定是否要生小孩	持续发展与巩固

由上述女性职业生涯发展的模式，可以了解女性的职业生涯发展有别于男性，一般针对女性职业生涯发展的理论探讨也多将重心置于个人背景因素与社会环境因素等两个方面进行研究分析，例如家庭教养方式、个人内在动机与实际能力、社会性别角色期望等。归纳起来，对女性职业生涯发展研究的视角主要有三个方面：一是从社会化角度和结构主义思想出发，探讨影响女性职业发

展的深层次结构性障碍，例如Beta和Fitzgerald的职业选择模型、Astin的社会心理模式等；二是从女性个体心理出发，研究女性如何把结构化的社会关系内化到自身心理和行动之中，如Hackett和Betz的自我效能理论、Farmer的女性职业动机模型等；三是从女性特殊的生理心理周期出发，研究女性不同于男性的职业生涯，如White的成功女性职业发展阶段理论等。总而言之，家庭仍是女性关注的重点，若再结合职业生涯发展阶段来看女性职业生涯，更可发现女性在职业生涯的建立和发展期，也正面临家庭、婚姻或生育的抉择，此时角色冲突较低的女性，其职业生涯的发展才会更加顺利。

（三）女性职业生涯发展的其他相关研究

要想探讨女性职业生涯的发展，必须要探讨形成女性职业生涯发展障碍的原因，现今社会上虽然有大量的女性加入就业市场，但是女性在管理阶层的人数比例，仍较男性少很多，换句话来讲，女性在职业生涯发展上必定有不同于男性的影响因素。正是基于对这点的认识，不少专家学者都对这个问题进行过研究，归纳起来，主要有以下几个方面的研究：

1. Super的女性职业生涯发展研究

影响女性职业生涯发展的因素林林总总，Super（1957）将所有的因素分为四大类：

（1）个人特质及经验。包括生理及心理各方面的状况。许多人相信男性较女性适合担任领导主管，或者说比较多男性担任主管的原因是因为人格特质上的差异。一般的印象中，男性特质被视为是较积极主动、勇于竞争、冒险、理性而具领导能力；女性则较阴柔、被动、依赖、顺从、具有适合被支配的特质（翟智怡，2003）。所谓成功的女性往往是事业与婚姻能兼顾的象征，但这在人格发展上可能造成冲突矛盾（林丽珊，2001）。此外受传统社会价值观影响较小的女性其性别特质的类型越趋向于男性化或两性化并具有较高的自我取向成就动机。

（2）家庭环境方面。包括原来家庭及后来自组家庭的经济地位、子女个数、家人期望等因素。人被依照其生理构造划分为男女两性，再据此对其教养方式、行为规范、性别特质、职业生涯发展、家庭角色等进行不同的对待订出不同的期待模式（苏芊玲，2000）。

（3）个人所处环境。包括国家、地区以及所处社区环境的经济状况、职业结构以及文化刺激等。

（4）其他的不可预知的因素。主要包括偶发的重要事件或疾病、天灾的原因引起的损失、重要他人的亡故以及预料之外的其他机遇等。

而通过以上的一些对个人这些情况的了解，是可以大概地认识一个人的职业生涯发展成长的雏形的。

2. G. Psathas 的女性职业生涯发展研究

G. Psathas（1968）也提出了有关女性职业生涯发展的观点，认为婚姻对女性职业生涯的影响是一个重要的因素，Psathas 认为影响的相关因素有下列六项：

①婚姻状况（Marriage）：包含结婚的观点与理由，以及配偶的经济能力。

②家庭经济状况（Family Finances）：个人的就业情况受制于家庭经济因素，家境比较好的个人，就能受到高等教育以提高就业层次。

③社会阶级（Social Class）：家庭的社会阶级较高者，多能有较好的职业生涯发展。

④双亲的教育与职业（Educational and Occupation of Parents）：包括家庭收入稳定对个人职业的影响、父母的职业情况、对子女的期望及重男轻女的观念。

⑤价值观（Values）：双亲所持有的价值取向及个人所属或向往的阶级价值观均对个人的教育、婚姻和工作态度有影响。

⑥社会流动与择偶（Social Mbility and Mate Selection）：女性常常以择偶与就业的方式达到社会流动的目的。

Psathas 认为影响女性选择职业的因素有三个：个人对该职业的评价、配偶或对象对该职业的可能评价及配偶对象对该职业的感受。

3. Hasen 的女性职业生涯研究

Hasen（1977）针对女性职业生涯发展中的阻碍，归纳出影响女性职业发展的五个来源如下：

①性别角色的制约与社会化（Sex-role Conditioning and Socialization）：受到父母教育方式与学校课程的影响，使大部分女性的职业认知多在青少年阶段就停顿下来，并且大约有 78% 的女孩的职业生涯发展停顿于相同的类型。

②婚姻与工作多重角色间的冲突（Role Conflicts about Fulfilling Multiple Roles in Marriage and Work）：女性在婚姻、家庭、子女、工作发展等不同角色间，容易因想同时兼顾多重角色的心理而产生角色冲突的现象。

③视婚姻为生命的全部（Focus on Marriage or Its Prospect）：婚姻是大部分人的生活选择，而女性也会常因为婚姻而放弃学业与职业上的生涯。

④缺少工作发展的方向（Lack of Work Orientation）：认为女性在事业上的动机不如男性积极，且多处于从属的地位，而面对来自社会的期望，女性也常会因压力与冲突而使职业生涯发展的方向受到限制。

⑤性别歧视与性别阻隔（Sexism and Sex Discrimination）：有意识与无意识

的性别歧视仍普遍存在于教育与社会中，而在人员的任用、升迁中，也存在着性别歧视与性别阻隔的情形。

4. 其他的女性职业生涯发展研究

除了上面几个学者对女性职业生涯发展影响因素的系统研究之外，还有很多学者也对这个问题有着深入的研究。

Altman（1997）认为女性过去与现在的家庭经验，会影响她们的职业生涯发展，而这种影响来自于其父母的支持，兄弟姐妹的影响与家庭的结构（例如家庭的子女数、子女年龄大小与顺序、家庭人口数、经济状况等），紧张的家庭环境（例如单亲家庭、经济困难、父母酗酒等），也就是说，家庭经验是影响女性职业生涯决定与发展的重要因素。Tipping（1997）的研究也有同样的发现。

Reddin（1997）研究高成就女性的职业生涯发展，发现她们多具有某些普遍共同性，在人格特质方面，高成就的女性大多有较高的独立性与求知欲，对工作价值抱有高度评价。在行动力方面，会事先设定目标，积极实现计划，并且以目标为克服障碍的驱动力，且对职业生涯发展也具高度的成就动机。而在外在影响因素方面，家人是影响其职业生涯发展的重要因素；父母对性别角色的态度，就正面而言，会增加其成就的动机；就负面而言，则会使她们即使得到高成就，也会持自我质疑的态度；其他还有教师的影响、成功女性楷模的缺乏、性别歧视、经济因素等。此外，她们都已经对未来职业生涯发展勾勒出蓝图，并且期待未来有一展才华的机会。

Byrd（1999）的研究发现，女性教育主管对于人际网络、指导者支持系统有强烈的需求。Walder（2000）针对女性教育主管的职业生涯发展的相关研究结果也指出，女性分布在学校组织的各个层级中，但位居顶点的女性主管仍属少数。她认为会影响女性职业生涯的发展的因素有：职业与家庭责任间的冲突，缺乏与资深指导者的良好关系，缺少可供仿效的女性楷模，以及性别刻板化对女性升迁的影响。

中国台湾的学者陈彰仪、庄淑芳（1994）也认为，妇女在工作上的态度可能不只受到个人因素的影响，家人的态度可能也是一个重要因素，尤其就已婚的职业妇女而言，配偶的态度可能相当重要。因为长久以来家庭的经济、权力皆以男性为主体的观念仍然存在，虽说现代的妇女已在家庭之外的就业市场拥有另一片空间，但是如果妻子的成就高于丈夫，在具有传统性的家庭结构或组织工作环境中，势必要承受较多的压力，并可能影响她对事业追求的动机。

根据国内外学者的研究，影响女性职业生涯发展的因素有不少内容，归纳起来，主要是从以下几个角度进行探讨的：

(1) 从历史的角度来探讨

依据历史所沿袭下来的性别传统角色规范，妇女的角色以在家庭中扮演妻子与母亲的角色为其主要生活重心。这样的角色规范，经由社会化的过程，一直深入人心。虽然随着社会结构的变迁，经济发展带来大量的妇女就业机会，使得女性的事业角色也渐渐受到认可。但是，在传统性别角色规范的观念影响下，妇女仍继续扮演辅助性的、次要的职业角色，而属于领导、监督等管理性职位，则仍多由男性来担任。

Grandall（1986）认为工作与家庭间的干扰，家庭角色与职业角色间的冲突，可能是阻碍女性教育行政人员事业发展的主因（吴敏绮，2004）。Kassab（2000）认为形成女性在职业生涯发展上的障碍因素有以下四个：一是缺乏自信；二是多重角色的冲突；三是子女照料与工作需求的两难；四是其对未来的发展尚未做好心理与能力上的准备。

中国台湾的学者针对职业妇女所做的研究（吕玉瑕，1981；陈明德，1988；高淑贵，1987）也发现多数职业妇女都承认家庭角色比事业角色优先，且必须同时承担家庭角色与事业角色所赋予的职务。可见，传统的性别角色，经过社会化过程，影响着女性主管的职业生涯发展，甚至形成其职业生涯发展上的障碍。

对我国而言，社会结构从古至今就是建立在父权体系之上的，传统价值下的社会规范也深深影响着社会文化中的性别角色刻板印象。

(2) 从组织结构及运作过程来探讨

刘丽雯（1989）的研究发现，女性在组织结构和人际关系的联结中，都因性别角色等因素而比男性受到更多负面的影响，例如因组织结构中的管理阶层大多以男性为主，因而女性较难进入组织的人际关系网络中，以致阻碍其获得组织相关信息、减少了同事的支援；此外，在组织的升迁模式中，女性也比男性缺乏训练与进修的机会（包括人际沟通技巧、行政管理技巧、工作相关法令的学习、希望能在职进修取得学位等），以致形成不利于女性职业生涯发展的障碍。

此外，行政阶层的非正式组织自古是在男性文化与经验下所发展出来的，且多以男性主导，在充斥男性文化色彩的非正式组织气氛下，往往使得女性主管较不易跻身其中，从而减少了她们接近组织权力核心的机会，难以与其他高层行政人员间建立密切的人际关系。

(3) 强调性别差异的论点

对于女性较少任职管理职位，或无法晋升高阶职位的解释，部分学者基于生物性因素，或两性的不同人格特质来做解释。

Tiger（1969）认为女性因为其生理特质，而无法掌握武力和权威，从而不堪胜任领导的地位。此外有学者认为女性基于生理上的性荷尔蒙因素，如生理周期、怀孕、更年期等，减弱了女性的思考判断等能力，导致其无法胜任领导性质的职位。

（4）人格特质的性别差异说

这种说法认为男女两性在职位成就上的不同表现，主要来自于不同的人格特质。一般认为男女两性的思考历程不同，男性富于理性，长于逻辑，女性则较直觉、感情用事。

Schein（1975）研究发现，男女两性选择描述成功的主管的形容词，较接近一般人对男性的刻板印象；在社会刻板印象中，男性比女性适合担任主管，因为主管所需要的行为特质与男性所具有的行为特质相仿。

高淑贵（1985）研究指出，受试者中有四分之一认为女性不适合担任高级主管，其中男性有此看法者多于女性。至于上司的性别，女性认为上司的性别无所谓者较多，男性希望直属上司是男性者较女性多出很多。

（5）从害怕成功的心理动机来探讨

Horner，在1968年提出了“成功恐惧”（Fear of Success）的概念，发现女性在竞争的情境中，会预期成功将带给她们不好的结果，例如不受欢迎、受到社会排挤、丧失女性气质等，于是便压抑她们的成就动机，降低自己的成就表现，避免自己在事业上有成功的机会。Horner把这种现象称为“成功恐惧”或是逃避成功的动机（Motives to Avoid Success）。

此外，Shakeshaft（1989）针对女性教育主管的研究资料也指出，在学校组织中，男性高层领导纠正男性下属的意愿高于纠正女性下属，而其间的原因来自于男性认为相同的性别沟通比较容易，并且认为与女性沟通时会有性别因素的考虑存在。也正因为如此，男性行政人员较女性行政人员有更多的机会接受上司的纠正，学习更高阶层管理者的管理行为，从而有机会改正其缺失并向上升迁。

Rondinelli（1999）对于十位高级与次级女性管理者所进行的研究结果得出了下列结论：首先受访者皆表示显著感觉到，性别因素在影响其职业生涯发展中扮演着重要的角色；其次，受访者期望得到的评价是来自于其才能与成就的表现，而不是因为性别的因素；最后，受访者也认为管理者的职责是维持其不断发展、改变的重要动力。

中国台湾的学者苏玉婷（1998）认为，已婚女性管理者的家庭与工作彼此会造成很大的影响，她们在工作上的成长与学习有助于其处理家庭事务或教养孩子，而她们在家庭中的磨炼与体会，也会影响到处理工作事务的方法，所以对于已婚的高层女性管理者来说，两者可以相互扶持，并且共同影响她们的职业生涯决定。

综合以上学者的研究可以知道，女性职业生涯发展的形态的确不完全等同于一般的职业生涯发展理论，且影响其职业生涯发展障碍的因素也与男性不同，女性在职业生涯发展的过程中，会因为性别、家庭、社会等因素的影响与干扰，而有不同于男性的考虑与规划方向，尤其是担任管理者的女性，更可能会随着其职位的升迁与职责的加重，在顾及家庭与子女等因素的相互干扰下，形成其职业生涯发展上的障碍与自我设限。所以在探讨有关白领女性的职业生涯发展时，不能不考虑到其个人背景、人格特质、角色压力等因素所可能产生的影响。

关 键 词

女性职业生涯　女性职业生涯发展理论　女性职业生涯与生育

复习思考题

1. 什么是女性职业生涯？它有什么特点？

2. 女性职业生涯理论都有哪些？这些理论对女性职业生涯发展有什么意义？

3. 谈谈女性职业生涯与生育的关系。

第十章
女性职业生涯设计与管理

本章掌握要点：

- 影响女性职业生涯规划与发展的特殊因素。
- 女性职业生涯发展的心理障碍。
- 女性职业生涯发展的社会及家庭环境影响因素。
- 女性职业生涯发展的组织障碍。
- 女性职业生涯发展的策略。

第一节　女性职业发展的特殊因素

与男性相比，女性的职业生涯规划与发展不仅受到女性自身生理和心理特征的影响，同时也受到传统社会意识和观念的影响。

一、女性的生理特点与职业生涯发展

在生理上，相对于男性，女性表现出了较大的特殊性：第一，对女性来说，几个特殊生理时期是不可避免的，即经期、孕期、哺乳期、更年期等，各个时期又对女性的正常行为产生了影响与干扰作用，甚至产生严重的副作用。第二，从体力上看，女性明显不如男性体格健壮，就身高、体重平均而言都不及男性，基础代谢的能力也低于男性，但女性的持久力比男性要强得多。第三，从智力上看，男性善于逻辑推断和抽象思维；而女性则在观察能力、记忆能力以及形象思维能力方面有相当的优势。女性的生理特点使许多公司在招募员工时都有所顾忌。如何既遵守国家规定的保护妇女权益的法律法规，又不影响公司的业务或利益，大多数公司不能够很好地平衡二者关系。它们往往为避免麻烦而在招募和晋升中采取歧视妇女的态度。

二、女性的心理特点与职业生涯发展

除了生理因素，女性职业者群体认为，她们职业晋升和发展的瓶颈是性别给她们自身带来的种种性格上的弱点。许多女性内心都潜伏着以下的心理障碍。

1. 对自己认识不清

职业进展到一定阶段，很多女性对自己的认识反而模糊了。有的女性会在机会面前瞻前顾后，犹豫不决；有的会过于追求变化，而放弃有发展前途的工作。

2. 自信心不足

事业发展不顺利的时候，很多女性怀疑自己的能力，这在很大程度上是因为她们自信心不足而过多地消耗了她们的精力和时间，减弱了她们追求成功的动力，影响了工作效率。

3. 目标游移

许多女性爱跟别人比较，总觉得自己处处不如别人。这种来自内心的干扰容易使女性被外界的目标所迁移。

4. 延续心理太强

很多女性总是喜欢将注意力放在对原有的思维结果的理解和模仿上，思维的目的，只是为了延续已有的东西，这也是女性在模仿领域易出成绩的主要原因，同样也成为她们不善于创造性工作的最大心理障碍。

5. 过分的优越感

从心理上看，男女对于成就的需求各不相同，驱动男性追求成就的心理关键是“竞争”，女人的动机却是“社会的接纳”，而一些女子，尤其是漂亮的女人，从性别角度上，认为自己天生已有了被社会接纳的资本，无须再费力去“竞争”了。

6. 成功会取代爱情

社会上有这样一种现象，学历越高，找对象越难，成功的女性后面往往不能站立一个坚强的男人，许多男人宁要“贱内”而不喜欢“女强人”，因此许多女人深信：事业上的成就不仅会受到社会的排斥，而且会带走夫妻间的爱，她们在事业中就不思进取。

除了以上一般心理特征外，以下一些女性的特点则更有可能阻碍女性在职场的发展：

1. 情绪化、易感情用事

与男性相比，女性的情绪更易外露。她们对极微不足道的羞辱都十分敏感，对一丝一毫的怠慢和不尊重也能感觉出来。因此女性的情绪较易受外界影响，不稳定，然而，职场中若不具备控制情绪的能力，情绪上的多变会使工作效率降低。更重要的是，女性的情绪常常会掩饰不住地表现出来。不能保持理性的自信和热情，就不能激励下属和员工实现事业目标，碰到困难就可能无法理智地加以思考，造成乱中出错的局面。无法想象一个连自己都管束不了的人如何去控制和影响别人。

如 IT 业有一位很能干的白领女性，了解她的人都知道她是个急脾气，从前在康柏的同事就曾经形容她“好像浑身绑了炸药一样”，而叱咤商场的她也坦言自己是一个爱哭的女人。从前的她遇到工作不顺的时候经常会大哭一场，可是哭过之后她发现这并不能解决任何问题，自己仍然要回到现实中面对眼前的种种难题。经过多年的历练，她认识到在工作中最重要的事情并不是找到自己认为“最对”的方法，而是要找到对解决问题有帮助的“最好”的方法。她说，意识到这点是 IT 女性成熟的一个标志，“咄咄逼人”其实是一种外强中干的表现，而真正的女强人心智要坚强，这样才能达到“一切尽在掌握”的境界。事实上，女人的成熟实际上是一种克服本身感性因素泛滥的过程，在这个过程中女人会从一开始的“遇到挫折就放弃行动”到后来的“怀疑自己但不放弃行动”，直至最后变得理性，根据客观实际“坚持自己应该坚持的，改正自己应该改正的”。

2. 对人际关系敏感

女性一般比较注重细节，对各种人际关系和环境变化敏感，特别是更在意周围人的看法，她们的考虑角度经常是这样做符不符合我的价值观、我的做事原则，这么做别人会不会不高兴，他们会怎么评价自己等。容易根据自己的好恶来判断的特点在经营公司时就会公私不分，难以站在一个客观、公正的立场上，造成企业有些决策难免会伤害一些员工的感情。而她们个人的做事风格却总是尽量想让公司每个员工都满意，过于靠情感来维系公司，就会使公司的许多制度难以正常执行。企业一旦做不到公平、公正，就会极大地影响员工的创造性和积极性的发挥。

3. 依赖性强

女性天生善良、有耐心，她们更易得到别人的支持和帮助。但由于女性生理的局限，加之文化因素的影响，人们始终把她们塑造为柔弱的、需要保护的对象，这给她们意志力的形成带来较大的影响。女性的依赖感普遍较男性强，遇到困难时总希望有人来帮助自己。依赖他人的心理也导致大部分女性管理人员在工作中的权力欲望明显比男性弱。女性工作的目的大多是想拥有高品质的生活，体会工作带来的乐趣和成就感。

4. 不够自信

这个特点对于做领导者的女性来说，升职和增加控制他人的权力会导致在遇到困难时无法勇敢地面对，并把希望寄托在别人身上。这样的上司如何让下属能够信赖你、追随你，企业又怎么会有长足的发展呢？如果有这方面的心理倾向，应时刻提醒自己保持独立性。当然保持独立性并不是什么事都自己拿主意、一个人说了算，而是不能有依赖心理。

三、社会及家庭环境影响

1. 社会性别角色定位的制约

女性既接受了男女平等、女性解放等现代文明的洗礼，也深受传统文化影响。一方面受到的是如何做人、如何育人、如何面对社会、迎接挑战，如何在竞争中生存和发展的现代化教育；另一方面，又受到世代沿袭的如何做女人、如何为人妻、为人母的传统教育。因此她们处于历史与现实、传统与现代、过去与今天的交织点上，在夹缝中奋斗。

我国传统文化中的“男强女弱”的封建观念，长期积淀在人们心中。在以男性为中心的社会里，对女性的角色评估总是处于男性价值体系之下，以丈夫和子女的社会地位和价值来衡量、体现女子即妻子与母亲的价值。认为女性一生最大成就是：只要嫁个丈夫尽其相夫教子的本分，让丈夫孩子事业有所成就，则成为足以令人称羡的“成功男人背后的伟大女人”。也因此，传统女性职业生涯似乎是一种“男人成就分享生涯模式”。这种“妻以夫荣”、“母以子贵”的“替代成功”观念剥夺了女性应有的主体意识和自主精神。

时至今日，“出得厅堂，下得厨房”不仅是男性理想中的完美女性的形象，也是许多职业女性的追求。社会性别文化对两性的评价标准依然是男的看事业，女的看家庭。对两性社会角色的期望和规范，直接影响着男性与女性在社会生活中的行为方式和角色定位。无论是在学业、就业、还是在工资收入等层面，人们对男性是以其社会价值为标准，即从事业成就方面去评价，总是期望男性取得更大的职业成就，而对女性期望值偏低，甚至对女性事业的成功抱有一定的成见。男人为事业不顾家是天经地义，女人为事业不顾家就一定会受到来自社会以及家庭多方面的斥责。由于对男女价值的评价标准不一致，自然引起男女在就业和升迁上的差别，这在一定程度上制约了女性的进取精神和竞争能力。

中国妇女社会地位抽样调查的相关数据报告显示：对近年来社会上“干得好不如嫁得好”的说法，34.1%的人表示赞同。值得警觉的是，女性支持该观点的比例高于男性7.1个百分点，达37.3%。因此，有的青年女性不思进取，只满足于找一个好丈夫，自己甘愿干一些简单的工作，把兴趣主要放在修饰打扮、社交、休闲等方面，除了应付日常工作，对管理几乎毫无兴趣。

同样的，大众传媒也强化了女性的角色定位，传媒中女性的正面形象无非是传统文化中所认定的“贤妻良母”形象。它们把有成就的女性描写为“女强人”，女性一旦成为强者，则可能演化成一种排斥和贬低，似乎“女强人”意味着在辉煌的事业背后一定是破碎的家庭。这些都直接压抑了女性的成就动机和寻求自我发展的愿望。当前不同的社会角色期待还造成了一个怪现象：过高的学历成为女性婚恋过程中的忧患。以至有人提出应把人分成三类：一是男性；二是女性；三是女博士。高学历的女性被划归于另类，既是对人类发展的讽刺，也是对现实生活中存在的女性成才障碍的真实写照。

当代最负盛名的女权主义者西蒙娜·德·波伏娃在《第二性》一书中提出了“女人不是生成的，而是变成的”。她在书中探讨了生理学意义上的“女性”是如何一步一步按照社会的习俗和要求，变成社会学意义上的“女性”，变成屈居于男性之后的“第二性”。正是这种社会性别所赋予女性的角色定位大大降低了女性的成才意识，在面临事业与家庭双重角色的矛盾时，面对来自社会和家庭的多重压力，她们容易选择放弃事业发展而保全家庭。当夫妻双方都有发展机会而面临选择时，做出牺牲的也多是女性，这就是女性中的一些人甘愿向传统家庭角色回归的原因，从而影响其整体才能和智慧的进一步发挥，束缚了女性的职业发展，影响着许多有才华的白领女性脱颖而出。

19世纪著名的经济学家和哲学家约翰·穆勒在他的名著《妇女的屈从地位》中有一段精彩的论述：“我确认，规范两性之间的社会关系的原则——一个性别法定地从属于另一个性别——其本身是错误的，而现在成了人类进步的主要障碍之一。我认为这个原则应代之以完全平等的原则，不承认一方享有权力和特权，也不承认另一方无资格。”难道这位200多年前的男性学者眼光的敏锐和公正不令我们这个时代的人钦佩？

2. 家庭两性分工模式的制约

虽然当今社会的进步与发展为女性施展才华提供了广阔的空间，在各个领域中也涌现出一大批女科学家、女学者等，但大多数家庭，对女性成才具有较低的期望值。全国妇联、国家统计局2001年9月4日第二期中国妇女社会地位抽样调查主要数据报告显示：对“男人以社会为主，女人以家庭为主”的传统性别分工模式，有53.9%的男性和50.4%的女性表示赞同。

职业女性要承担社会和家庭的双重责任，白领女性在单位是学者、职员、管理者，在“男同志能做到的事，女同志也能做到”的无差别的男女平等观念的影响下，不甘落后；回到家中，她们还是妻子、母亲、女儿，作为家庭主妇需要料理家务，从事难以价值化的隐性劳动。这种传统家庭的两性分工模式，使得白领女性的业余学习和进修提高的时间被占用，她们没有更多的时间、精力和体力投入自己的专业、工作，去更新知识，开拓创新，这直接影响了她们的事业发展。

四、性别刻板意识的不利影响

1.“玻璃天花板”效应

在女性的职业生涯发展中，往往遭遇所谓“玻璃天花板”效应，即一些看不见的障碍阻碍了有资格的女性在工作中得到晋升。一位研究领导多样性的专家说：“在所有阻碍职位晋升的藩篱中，刻板定型名列榜首。”性别刻板定型、职业机会不均、不受重视严重制约了女性才能的发挥。

在公司中，掌握权力资源的人更倾向于认为男性职员比女性职员素质高、能力强，即使在学历、职称、能力、成果相同的条件下，也更愿意将机会分派给男性职员。他们之所以对女性性别刻板，主要是对女性有偏见。任何人最初从事工作时，都必须有一个比较快的“初始速度”，才能在短时间内冲上一个相对较高的平台，得到同业人的认可。如果一个人到单位三五年未有建树，领导心里自然会对其业务能力有一定看法。而女性工作的最初三五年，正处于婚育高峰期。孕产期及之后的相当长时间，自然对业务有所影响，这是一种正常现象，但从公司管理者的角度来看，女性在工作中的投入不如男性大。因此，女性在职业发展中，相对男性未受到充分的重视。由于使用和控制资源处于劣势，导致白领女性在职业发展中的积累劣势，在成果、晋升、荣誉等方面遭到多维度连环损失，同时，公司职业金字塔中高层女性较少，位于低端的女性很难找到一个同性别的指导者，而建立异性之间的工作指导关系，困难也许会更大。这就阻碍了女性在职业上攀登工作阶梯和向上流动的可能性，造成了女性职业层次偏低的现状。

2. 不公平的公共政策和竞争环境

当前，由于我国的社会偏见和培养选拔机制不健全，在政策制定和实施过程中法律赋予男女平等的权利，还不能在社会生活中得到普遍的落实，白领女性在平等参与公司事务管理方面还存在很多障碍，各级领导岗位特别是中高层领导岗位女性比例偏低。即使进入决策层，也多为副职，且多为分管或负责被认为发挥作用较小的部门，从而导致女性的整体素质水平、综合竞争能力等明显低于男性。当子女长大了，家庭负担开始减轻时，女性却已过了从政的晋升年龄，而且各级领导岗位中所划定的女性比例又较低，这些客观存在的事实让女性望而却步，促使她们从政意愿下降。

公司现行的一些法规和公共政策仍然存在着不利于女性发展的内容，如在招生就业、硕博士录取、职称评定、分房等事情上存在着重男轻女现象。又如现行的退休政策规定男60岁，女55岁退休，使一些高学历、晚工作的女性得不到充分发展。有的公司在选拔女干部时，规定47岁以后即不再提名为候选人。这些不公平的做法，使公司女性尖端人才缺失现象雪上加霜。

随着公司对高学历人才的重视，尤其是评定职称中对学历的硬性规定，使相当一部分女性受到学历问题的困扰。与男性职员相比，女性职员获硕士或博士学位的比例较低，1997年获硕士以上学位的女性职员占总数的7%，其中女博士与男博士的比例是1:12。尽管目前全国各公司中的在读女硕士生和博士生人数有上升趋势，以天津市为例，2002年在读女硕士生和博士生占在读研究生总数的42.1%和30.5%，分别比5年前提高了4.1百分点和5.5个百分点，但是学历问题仍然是阻碍女性职称晋升、职业发展的一大障碍。

第二节　女性职业生涯发展的障碍

在职业生涯发展过程中，现代女性经常会遇到很多问题，这些问题既有组织、社会方面的因素，也与女性自身有关。这些问题的出现，经常会导致女性无法正确面对自己，从而引起职业生涯发展的危机。

一、女性职业生涯发展的自身障碍

1. 定位问题

在职业生涯的探索与尝试阶段，由于女性刚刚面对职业与岗位，在感到“外面的世界很精彩”的同时，容易迷失方向，不知道如何定位自己。此外，由于女性爱与别人攀比，这种来自内心的干扰，容易使女性被外界所影响，目标游移，结果也会导致选错目标或选错职业，产生定位危机。

2. 年龄敏感症

近年来，由年龄而产生的恐慌心理在职业女性中弥漫开来。这种情况主要出现于女性职业生涯发展的第二阶段。即女性从27岁、28岁开始，产生一种紧迫感，觉得选择和更换工作受年龄限制，职业道路似乎越走越窄。这个时候的女性通常会出现以下一些问题：

（1）对外界产生陌生感

环境总是在潜移默化地影响着一个人的观念和行为。在一个环境中时间越长，越难适应另外一个环境。随着年龄的增加，女性对外界会逐渐感到陌生和不适应。

（2）贪图安逸

30岁的女性，已经逐渐习惯于有条不紊、有板有眼的生活，对生活方式的更新开始产生惰性心理。另外，以职业、家庭为中心的人际关系，逐步程式化，缺乏发展，进入“生活圈子萎缩期”，对外界的感受逐渐缺乏新意。很多人过去接受的教育已经过时，在这种情况下，如果没有及时“充电”，想重新谋求发展会有较大难度。

（3）无法协调家庭与事业间的两难关系

很多女性在这时会陷入两难境地，因为她们既想做事业成功的人，又想做传统的“贤妻良母”；既想努力工作，又想把时间分给自己的家庭。

（4）做事束手束脚，变化迟缓

专家认为，要想职业上有所发展，就应当展示自己各个方面的能力和才华，要想升到组织高层的位置，就应当每3～5年换一次职位。但是在这个方面，女性表现得相当迟钝。随着年龄的增加，女性逐步进入中年，由于受“面子”和家庭、经济负担等方面的影响，她们不敢贸然从一道事业阶梯跳往另一道事业阶梯，以至于经常在机会面前徘徊不前。

（5）心理疲劳

随着年龄和阅历的增长，职业女性对工作的新鲜感逐渐减少，不少人出现了莫名其妙的疲劳感。这种来自心理的疲劳感降低了工作效率，也会削弱职业女性未来发展的竞争力。

心理疲劳的另外一种表现即为“紧张症”。人到中年，职业女性逐渐成为社会的中坚力量，她们中许多既是组织的骨干，又是家庭生活中的顶梁柱，在社会与家庭中都处于承上启下的角色，承受的压力较大，这些常常使得她们整天处于一种高度紧张的精神状态之中，使自己身心俱损。

3. 自信心不足

职业生涯发展不顺利的时候，很多女性怀疑自己的能力，这在很大程度上是因为她们的自信心不足，减弱了她们追求成功的动力，影响了工作效率。

自信心不足使她们习惯于低估自己，不敢全力以赴，在该行动的时候，踌躇不前，迈不开步子；做事情缺乏主见、亦步亦趋；怕“显眼”、怕“惹人注目”，结果总是不自觉地把自己摆在不显眼、不突出、不惹人注目的位置上，自我局限，自我停滞。

自信心不足还使得白领女性会寻求“小圈子”的安全感。由于依附心理较强，她们习惯于在组织中形成一个自己的“小圈子”。如果女性初次担任领导职务，她们很难对自己小圈子的“朋友”发号施令，使用权威，也很难做出一些强硬的决策，最终给自己带来不便，让环境操纵了自己的职业生涯。

自信心不足还会使其惧怕竞争。有相当多的职业女性渴望和谐、安定的工作环境，惧怕意想不到的种种竞争与威胁。事实上，逃避竞争是不理智的，因为你会发现竞争无处不在。很多白领女性因为忧虑竞争而忘记自己已有的优势。

4. 缺乏责任感

有些女性对自己的工作缺乏责任感，得过且过，缺乏进取开拓精神与创造卓越功绩的激情和动力，试想有谁愿意选择这样的女性承担重要责任？还有些女性当被指出所犯的过失时习惯于将责任推卸到别人身上或强调是客观因素造成的，要不就一哭了之，回避矛盾。这样的职业女性在工作职场上要想受到重用是不太可能的。

5. 舍本求末，因小失大

失败的人不会安排处理事情的先后次序和轻重缓急。也许自己从未丧失过对成功的自信心，问题在于自己无法克服优柔寡断这一通病。经常把本应今天应做好的事情拖到明天，或在考虑问题之前，总觉得还有其他家务琐事需要解决，如果真是这样的话，恐怕到最后在职业生涯中连一小步都迈不出去。著名的职业顾问托尼·罗宾斯总喜欢提醒人们：别把精力放在鸡毛蒜皮这类事情上，想想大事！

6. 过于感性化

女性思维常常表现为感性化，她们将这种特质带到职场中，使其在处理问题时不够理性。通常表现为以下几个方面：

（1）情绪化

过于情绪化是许多白领女性的通病，她们往往在情绪处于极端时做出一些非常重大的决定，事后又容易后悔。或者在公司内部处理问题不够理性，过多地以自己的好恶为标准，很少考虑策略。对顶头上司的态度尤为如此。如果女性与她们的上司不合，她们就会尽量减少与上司的接触。而男性却相反，他们会考虑如何把握与不受欢迎的上司之间的关系。因此保持理性平和的心态是女性在工作中最重要也是最难做到的要求，一旦突破这个发展瓶颈，许多女性都能够在职业生涯中游刃有余。

（2）希望得到每个人的好感

职业女性在刚进入职场时，总急于迎得所有人的好感，而当现实与理想产生差距后，往往出现强烈的失落感。她们在新的工作环境中，缺乏耐心。她们总试图尽快与同事交心，而导致过早地暴露自己。要么过于坦率地承认自己的缺点，要么过于暴露自己想取得成功的雄心壮志，导致与大家产生隔膜。

女性主管在处理问题时，为得到大家的好感，迎合大家的口味，经常采取妥协的方式，滥用自己的同情心与个人感情，致使决策产生偏差。

男性很少在共事的圈子里有朋友，最多是可以共事的伙伴。而女性则愿意把工作岗位弄得很温馨，如果她们与同事之间的友情破裂了，会感到失落、惊慌。

(3) 在公共场合随便说话

许多人之所以职业生涯发展出现障碍，就是因为过于轻信别人，特别是职业女性，无法把握组织文化，读不懂职场规则，总习惯于轻易与人交心，随便倾吐对某个同事或上级的看法，结果很快传开来，因此而产生受挫感。

此外，由于某些职业女性个性要强或性格内向，不善与他人合作，人际关系不协调，抑或因身体健康状况欠佳等问题的存在往往也容易使其职业生涯出现危机。

二、女性职业生涯发展的组织障碍

组织环境对女性的职业发展至关重要，女性只有充分融合于环境中，洞悉组织的一切，职业生涯才能得以延续。然而女性在组织中，经常由于组织环境的不适而引发个人的职业生涯发展的障碍。

(一) 缺乏良好的组织文化

每个组织都有自己构建和奉行的组织文化。组织以其特有的价值观念、信仰及伦理道德和组织风貌来要求、规范、塑造自己的员工。而有的组织缺乏良好的企业文化，整个组织上下缺乏活力，暮气沉沉，员工之间钩心斗角，整天忙于“办公室政治”，如果职业女性陷入这种工作环境中，很难保证不被同化。或者女性在个性、价值观念方面与这种复杂的组织环境难以吻合，不了解组织特有的不成文的规定，这时在组织中的处境就会举步维艰，加之某些组织中存在的种族、性别、年龄歧视的现象，其职业生涯的发展就会受到更为严重的影响。

(二) 组织机构不合理

一个企业的组织机构设置是否合理，也影响一个人的发展。组织机构不合理，工作流程繁琐，人的才能就难以得到全面发挥。例如，在当今信息社会，如果一个企业的组织机构是“金字塔”式的结构，管理层次较多，就会影响信息的传递，影响员工创意的实现，在此种组织机构中工作，要想干一番事业，实现自己的人生目标，你就必须突破此种机构的约束。职业女性如果无法突破此种机构的约束，就会落入组织机构不合理的陷阱，使你的生涯发展受到影响。

(三) 晋升渠道不顺畅

晋升渠道的大小，对一个人的发展也很重要，有位置，才有机会，有了机会，才有升迁的可能。但有不少组织，往往是等待升迁的人多，而空闲的位置少，这是人们经常遇到的一个问题。此问题对于个人的职业生涯发展是一大障碍。产生这种危机的原因主要有以下三个方面：

1. 与组织的发展态势有关

组织有三种态势：一是发展期，二是稳定期，三是衰退期。在发展期，新的业务、新的部门不断产生，值此用人时机，升迁机会就多；在稳定期，组织的业务发展、机构及人员都处于稳定状况，升迁需求也相对稳定，在这个时期升迁机会也相对较少；当组织进入衰退期后，业务萎缩，效益不佳，往往是缩减机构，减少人员，使得升迁渠道受阻。在这种情况下，女性升迁的机会可能更少。

2. 与员工的年龄结构有关

在一个组织内同龄、能力接近的人太多，也是升迁的危机之一。位置只有一个，够条件的人可能有几个或十几个，此时，未被提升的人，心理往往不平衡，甚至产生消极、悲观的情绪。

3. 与升迁的政策有关

有的组织看重资历，而有的组织看重能力。看重资历的地方，年轻人晋升希望就很渺茫；甚至有的人在年轻的时候无机会，好不容易熬到年头，政策又变了，年龄过时了，总是赶不上机会。这样的情况也确实大有人在。

以上都是组织环境的危机与陷阱，都是人生发展的不利条件；更是女性职业发展的一大障碍。

（四）人力资源管理缺乏互动性

1. 沟通渠道不畅

职业女性刚进入组织时，对许多事情难以判别，而组织又没有传递有关职位和信息，对人员进行有效指导。由于缺乏有效沟通，对员工的职位安排与调动只考虑组织的需要，而不是根据员工自身准备得如何来做出决定，结果往往导致个人选择了不适合自己能力和个性的职位。由于缺乏有效沟通，还会导致职业女性内心的茫然、不安等情绪，在组织中无法找到适合自己的位置，感觉到“现实的震荡”（Reality Shock），而引发职业危机。

2. 不关心个人的生涯发展

由于历史原因和观念差异，组织的人力资源部门要么不关心个人的生涯发展，将其视为员工个人自己的事，不予重视和支持；要么停留在人事职能部门事务性管理的层面上，对员工的发展采取的往往不是一种连续的和战略性的方法，而是离散的、互不关联的、断断续续的行为，与员工的自身发展需求无法融合，这种缺乏内部统一性的人力资源管理最终体现的是事后反应而非事前控制。

3. 企业职业生涯的集中管理难以满足员工的个体需求

目前组织与个人的关系只是静态的劳动分工关系，其间体现不出个人的需求及其主观能动性，也体现不出组织与员工之间互动的动态发展历程。两者缺乏一致性，个人失去了自我选择满足自身各种需求的权利，其能力发展与企业的职业需求不一致；组织未能尽自己的责任去认识个人需求并设法满足、引导个人发展以及开发个人潜能，以便最终实现个人职业生涯发展与企业的需求相一致，因而形成冲突。

（五）组织往往对人员素质要求过高

许多组织在用人时，不是讲求“人职匹配”，而是一味要求人员素质，以为最优秀的人必是最能胜任工作的人，因此在职位安排时过高地要求人员素质，大材小用。这种人力资源浪费的现象会使白领女性处于十分被动的位置：要么给女性发展设置无形的门槛，使其无法进入该职位；要么使女性在该职位上潜能得不到发挥，发展缓慢。

（六）性骚扰引发的烦恼

性骚扰是传统的父权社会的产物。随着女性越来越广泛地出入工作场所，身为老板的男性也便试图将这些传统影响带入工作关系中，以重用、升迁、培养或开除等手段迫使女性下属就范。作为一种权力的展示，女性面临性骚扰的现象大有愈演愈烈之势。女性在性骚扰面前，大多处于一种非常被动和不利的地位。一些人甚至因此造成严重的身心伤害，使工作表现或职业生涯发展受到挫折。

此外，一些组织的领导管理风格不够民主、领导对女性下属存有偏见等现象的存在，也会缩小女性的发展空间，影响其职业生涯发展。

三、女性职业生涯发展的社会环境障碍

随着科学技术的快速发展，社会竞争也愈趋激烈。竞争给女性的发展既提供了机会，也增加了发展面临的危机。

1. 就业环境严峻

产业结构的调整加剧了就业形势的严酷性。一方面，传统产业的缩减，带来了大量的失业或隐性失业，这其中女性人员居多，就一般统计来说，大约占下岗失业人员的60%以上。由于大量的下岗失业，又引发了城镇新增贫困人口的女性化趋势，那些因为年龄偏高、技能偏低或家庭困难的女性，往往因为下岗而陷入贫困。

目前由于知识经济的迅速发展，使得一批新兴行业大量出现，信息产业、

通信服务、金融服务、旅游服务、社区服务等部门的发展，又增添了许多就业岗位，特别是随着高新技术的发展，计算机的广泛应用，以体力差别作为职业分工的基础的男女职业选择界限逐渐淡化，以智能差异选择职业的机会为女性的就业提供了新的机遇并扩大了领域。然而，伴随着就业领域的扩大，却又出现了某些职业性别隔离或分离的倾向，即性别角色的定型仍影响着女性的职业选择趋向，那些传统分工角色定位，使得大多数的女性主要选择家庭服务在社会上延伸的职业岗位，如保育员、女性职员、模特、公关礼仪小姐、文秘小姐、导游导购小姐、娱乐业服务小姐、商业性演员等。从大量的招聘广告或人才市场用工信息中可以比较明显地找到这类佐证。一个鲜明的事实就是：鉴于传统观念对女性智能的疑虑和追逐组织投入产出的经济效益而视女性生育哺乳期为影响经济效益的大忌的用人原则，造成那些社会声誉、地位和报酬较高的管理岗位或技术岗位面向女性开放的程度低于男性的局面。

2. 对女性素质的挑战

知识经济带给女性思想素质的挑战是对其科学信仰、社会理想信念、公民道德意识、人生伦理价值观念等方面的冲击和影响。一方面，知识经济时代的就业取向、择业方式的变动，突显了人的主体意识、主体选择空间及职业的竞争性和风险性，使女性倍感就业压力，不能再依赖以往从国家或企业那里得到的种种特殊保护，需要更积极的主动性来维护女性的权益，努力做到“自尊、自信、自立、自强”。另一方面，主体意识的弘扬必定引发女性重新审视自己的地位，更新对客观世界的看法，评判既有的价值观念。当然，这里并不排除西方个人价值本位的社会意识形态的影响，以及中国传统封建、迷信意识的残余。此外，生活水平的改善，生活方式的变更，特别是消费观念的变化，无不刺激着人们的欲望，对物欲的需求与保持俭朴纯真在价值追求上的矛盾时时煎熬着人们，“以什么为理想的价值目标”由此成为检验人们思想素质的试金石。

知识经济带给女性心理素质的挑战是：不断趋新、变化、竞争日益激烈的市场，不断加快的生活节奏，日益强烈的物欲刺激，不仅冲击了人们的思想观念、应变能力，而且更检验着人们的心理素质。例如，由于市场竞争，因本企业缺乏竞争力倒闭而造成的压力；由于客观环境的限制，自己的目标难以实现而产生的压力；事业上追求尽善尽美与现实差距的压力，特别是白领女性，由于紧张的环境，加上理想与现实差距，对她们形成了重大的冲击。目前，在女性群体中不断增多的紧张焦虑症状，家庭婚姻关系易变甚至呈现异常冲突，均说明一些人的心理极为脆弱。由此可见，能否适应剧烈的市场竞争、投资风险和就业压力；能否以开放、乐观、宽容的心态为人处世；能否以适宜的方式方法调节不良心境，缓解心理压力，处理职业角色和家庭角色的双重角色冲突，增强身心健康便是对当代女性的全新考验。

知识经济对女性能力素质的挑战更为严峻；由于知识经济对高新技术的需求和创新人才的渴求，构成了社会对人力资源的关注，从而提高了各行业对从业人员学识修养和工作能力的要求。对应聘求职者除了提高了学历层次，更看重其实践能力特别是创新能力，以便换取更大的经济和社会效益，这种变化无疑也对女性的能力素质提出了更高的要求。在此环境中，如果自己不能及时增加新知识，就无法适应社会的发展，反映在工作上就是能力不足，难以胜任，甚至面临失业的危机，导致自己的事业失败。

从上述所论及的诸多“挑战”中，我们可以清晰地感触到知识经济带给人类特别是女性的挑战已不只是物质层面的挑战，而是深入至精神、心理层面的挑战了。作为女性若是放弃应对这些挑战，那将会错过改变现实中尚存在的、有着几千年传统的、不公正、不平等的社会性别分工状态的机会。

3. 就业歧视

就业歧视在如今我们的社会中相当普遍，不仅仅是组织现象，而且演变成一种严重的社会风气。首先是女性性别歧视现象依然存在。一些报刊上限制性别的招聘广告时有发现。有的组织特别是外企招聘人才时往往提出只招男性或男性优先的要求。有的招聘虽然表面没有性别限制，可一旦进入面试阶段就将女性拒之门外。一些单位和部门“重男轻女”思想严重，如在公务员招考中，经常会流露出希望招收男性公务员的想法。

年龄歧视也是司空见惯。人称如今求职有三大障碍：学历、经验、年龄。学历可以勤奋争取，经验可以默默积累，只有年龄是无法逾越的鸿沟。许多公司不给年纪稍大的女性更多的机会，公司似乎更青睐年轻女性。打开报纸的招聘广告，满目的“35 岁以下”的标记。而事实上绝大多数岗位根本没有限定年龄的必要。还有更多的没有写在招聘启事上，但在实际招聘中屡屡出现各种各样的歧视。

有些地方政府部门也在为就业歧视推波助澜，如实行地方保护主义，限定外地人在当地就业等。所有这些都严重地影响了白领女性的职业生涯发展道路。令人担忧的是，目前我国的法律不完善，在就业歧视这方面规定甚少，可操作性不强，在某种程度上也滋长了这些不良风气，而个人往往在这些限制面前无能为力。

此外，女性参政和管理社会事务的权利由于法律法规原因，还未得到充分体现；社会对待女性的传统态度与观念仍然根深蒂固，改革开放已经过几十年，然而“妇女回家”、“阶段就业”这些以男性为中心的论调仍然轮番提倡等现状，无疑会给白领女性的职业生涯发展带来不良影响。

第三节　女性职业发展的优势与劣势

大自然造就了男女两性，在赋予两性不同的构造和功能的同时，也赋予两性各自的性别优势。但是，在长期的社会发展进程中，以男性为中心的性别文化却贬抑了女性的自然优势，构建起男尊女卑、男优女劣的社会观念，并通过社会教化等手段使这种观念得到了整个社会乃至女性自身的认同。因此，重新分析和认识女性的性别优劣势，对于摆脱传统性别观念的束缚，树立女性自信，促进女性的发展，具有十分重要的意义。

管理大师亨利·明茨伯格在《关于管理的十个冥想》中提到："组织需要培育，需要照顾和关爱，需要持续稳定的关怀。关爱是一种更女性化的管理方式，虽然我看到很多优秀的男性 CEO 正在逐步采用这种方式。但是，女性还是有优势。"相对于男性，女性的耐心、韧性在认识自我、控制情绪、激励自己以及处理人际关系方面都有超越男性的优势。大多数女性工作细致、善沟通协调、有爱心、愿意替别人着想、希望得到别人的理解和认同，所以她们在公司里会显得更有人情味，更有亲和力。

女性在企业里集中于后勤和服务领域，如行政、商务、客户协调、财务、市场推广、策划、人力资源及公共关系等。它们共同的特点是工作事务性强，比较繁杂，适合发挥女性的细致、耐心的个性。在与客户的交流中女性比较耐心，而且能够站在对方的立场上考虑问题，客户可以得到较好的反馈。

因此女性在职业生涯规划和发展中应努力培养成功女性的优秀品质和特点，充分发挥自身优势，认识自我，发掘自我，展现自我。

女性在现代社会中扮演双重角色，即家庭角色与社会角色。而女性在选择职业时受到很多方面的影响和限制，主要体现在女性与家庭的关系中。女性对于家庭的作用直接体现在：一是生育，二是家庭事务。这既是由生理因素造成的，也是由社会因素造成的。同时，这两个原因使得女性更多地被排除在职业之外。

女性的劣势主要是生理上的和心理上的，女人比较感性，而职业本身很多时候是非常理性的，自信心等也影响着职业发展。尽管女性职业发展存在以上劣势，但女性也具有本身独特的优势。科学研究结果表明，女性在智力上并不比男性差。在政治、经济、文化、艺术、科学研究等领域，杰出的女性不胜枚举，绝大多数的职业岗位上女性比男性丝毫不差。如企业各种生产技术和管理岗位，机关事业单位各项业务、领导工作岗位，社会各项服务事业岗位等，女性一样可以胜任。同时更要看到，在许多领域，女性有着男性不可比拟的特点。女性职业发展的优势主要表现在以下几个方面：

一、从生理上看，女性具有很强的忍耐力

由于生理上的差别，女人具有男人无法比拟的忍耐力。女人的身体脂肪量大，抗饥饿能力高于男人。这就是为什么在面临困难和挫折时，女性往往能够吃苦耐劳，例如，当发生一些家庭变故或灾难时，男人往往容易一蹶不振，失去了生活的信心；而女人往往能够以惊人的毅力渡过难关。

英国心理学家协会的专家对从事高度紧张的职业的人调查表明，紧张工作会使男性体内的荷尔蒙增加，在女性身上却不会产生此种反应。心理学家在星期一、星期二、星期日对从事整天工作的50名男子与50名女子进行采访，并测量了他们血液中肾上腺素的含量，结果是，虽然这些男女都说他们干得很累，在工作中感到有压力，但是只有男子体内的肾上腺素增加了。专家们认为，这可能是男性患心脏病的比例比女性大得多的原因，而女性身上的雌激素有利于缓解压力。德国慕尼黑大学发表的一份调研报告也强调说，根据临床统计报告确认，男子死于血栓、黄疸性肝炎和自杀的人数高于妇女，其主要原因除妇女不吸烟、不饮酒等因素外，她们体内的雌激素有重要影响。德国每年有2.8万名男子死于肺癌；而死于肺癌的妇女只有8000人。根据对德国巴伐利亚州一万多男女公民的调查表明，德国死于血栓的男女比例是4:1，雌激素可直接影响心脏和血液循环，它在减少血栓对女性的危害方面发挥了巨大作用。

二、女性善于言辞，沟通能力强，有丰富的情感以及对他人情感的感知力

人们一般认为，男性理解空间的因子一贯是出色的，在数字、几何、逻辑推理方面，男性表现比较突出，而女性方面一贯优越的是语言因子。女性语言表达比男性发育早，在语言的流畅性、叙述文的长度、语法、造句、阅读能力等方面，也是女性较为出色。同样条件、同样年龄的小孩，女性在词汇积累方面比男性强。一般女性比男性口齿要伶俐，在听觉上，女性比男人灵敏，女性对色彩、声音等方面的敏感度比男性高40%左右，所以在沟通能力方面，女性占有明显的优势。

由于生理上的差别，女性天生比男人敏感，而具有细致的观察力。研究发现，女性在情感的表达和感知方面，具有男性无法比拟的优势，女性往往比男性富于情感，直观能力强，有一种天生的感觉力，对事物的观察力更为细致、敏锐和准确，能感受到男性所不能感受的东西。专家们认为这是女性先天赋有的特性，其原因和女性的生理特点有关，一个很重要的原因是女性要哺育孩

子，从孩子降临人间一直到会说话的一年多时间内，母亲靠什么体察婴儿的情感和需要呢？靠观察。久而久之，就形成了女性独特的性别优势。

因此，人们一般认为，善解人意是女性的天性，女性能设身处地感受别人的痛苦，能凭直觉回避危险，女性更注重人的自身，关注人的成长、人的交往和人的情感。女性更多地是通过言传身教感化周围的人，我们看到无论是在解决矛盾、调动同事的工作、建立同级或上下级关系还是奖励和处分等问题上，都证明了女性领导的做法更容易被理解和接受。在组织活动方面女性领导的效果也更好一些。

三、女性管理中的优势

无数历史事实和科研的结果证明，女性在管理方面有着独特的优势。妇女既有强烈的事业心，又有不甘示弱的好胜心，希望自己的个性在领导活动中得到充分的体现，在事业的成就中得到进一步完善。美国佐治亚州教育中心心理学博士门德尔松在经过大量调查后得出结论：女性担任公司的经理不可缺少的品质是——精力旺盛、敬业精神强、办事果断、有智慧、善于思考问题、敢于承担风险、待人接物讲求分寸、为人随和。

作为一个领导者来说，女性还具备许多男性无法比拟的优点，并在管理中形成有别于男性的领导风格，例如，赞美之词很难出自男性之口，但女性却能运用自如；男性往往以发号施令显示自己的权威，采取粗线条的管理，女性却比较细腻，能够更好地了解职工的心理需求，体察他人的情感。当职工生病、出现家庭矛盾以及思想波动时，女性能够及时捕捉这些信息，并通过深入细致并富有人情味的工作方法使职工渡过难关。因此，在女性领导的企业中往往人际关系较为和谐，有利于形成民主的管理作风。

四、女性性别优势中很重要的一点是善于向男性学习

长期以来，人们在对待男女两性的态度方面有不同的标准，并以此形成固定的性别刻板印象。一般认为男性应该坚强、勇敢，有事业心，雄心勃勃，而女性应该温柔、细腻、依赖、善解人意。所以，女性要和男性平等竞争，必须以男性标准为榜样，向男性学习，而且社会上对于女性向男性学习总是持宽容和鼓励态度，但对于男性向女性学习却持鄙夷和轻视态度，这原本是一个在男性文化占统治地位的社会中的性别不平等现象，但在客观上却为女性优化自己的性别结构提供了广阔的空间。

心理学研究表明，具有双性化性别特质的人更容易获得成功。美国的心理学家下结论说：男女都可能具有分析性思考能力、创造力和高智商，在这方面

的测验中，分数高的男子要比分数低的男子更富于女性气质；反过来，女子则是分数越高越富于男性气质。根据这些事实，美国学者麦金农曾提出了抑制理论，认为具有高智商、创造力和独创性的男女，在见解上均比他（她）们的同性高出一筹。因为在传统观念的影响下，人们往往会无意识地压抑自己身上的异性特质的发展——男性抑制自己身上的女性特质，女性抑制自己身上的男性特质——从而使思维过程受到了限制，只有摆脱这种束缚，才能产生创造力。美国另一位学者麦克比认为，优秀的女子一直受到这样的鼓励——摆脱母亲的围裙，做一个独立的人，而优秀的男子则是那些从小就受到母亲疼爱的人。换句话说，优秀的男子或女子都是不受既成男女性格束缚的自由人。

在现实生活中，许多事业有成的女性所走过的道路向人们展示，女性在事业上要想有成就，就必须具备比男性更坚强的心理素质，向男性学习。在两性互动的过程中，女性也总是以男性为榜样，善于吸取男性性别上的优势，从而建立女人的自信，在成功女性的身上，融合了男女两性的气质，既有女性的温柔、细腻、富于情感的一面，又有男性的刚强、果断、意志坚定的一面，由于同时具有男女两性的性别优势，因此她们常常出现跨性别行为，这种双性化性别特质是女性能够获得成功的一大优势。

第四节　女性职业生涯发展的策略

一、职业女性要不断学习

柯达全球副总裁叶莺表示自己对未知无所畏惧，因为你可以去学习。她向记者叙述她是如何挑战未知的：“现在我每年都会去不同的大学念书，我的同事也都是这样，今年8月我就要去接受一些摄影方面的技术培训，另外，有关财经方面的知识，像哈佛大学、斯坦福大学，我都在那里培训过。这是一个很简单的道理，如果你在银行里有一个账户，你老是不向里存钱而总是提款，这个账户就会变空。自强不息的意思，讲得通俗点就是你要不断地在你的知识库里有所投入。”

信息时代需要更新更快、更系统化、理论化的知识人才，而这正是许多职业女性所欠缺的。社会发展到现在，许多观念已经渐渐被摒弃，但是有些女性的思维定式观念跟不上时代。通过学习来进行人力资本的积累，包括学校所受的教育，在职培训和自己在工作中获取的各种技能和经验。随时学习是让自己成长的关键。学习并不表示一定要去学校或补习班进修，而是从生活、工作中以及从周围的人对事物的观念、思考、做法来学习。但是学习不是盲目地学，要根据自身和职业的特点和需要，结合职业生涯发展阶段和规律，有计划地培训和学习才能获得最大回报。职业女性需要认识到，进行培训是要弥补阻碍进一步提高现有职业能力所缺的知识，不可随大流赶热潮地进行培训，造成时间和精力的浪费。

二、处理好事业与家庭的平衡关系

人的全面发展包括自我生理、心理发展，生活知识和技能，社会交际、休闲娱乐、职业生涯、家庭生活的发展和协调。既然职业生涯开发与管理的目的包括人的全面发展和社会的进步，职业生涯成功至少应对家庭生活的成功起积极作用。事业家庭双丰收应做到以下几点。

首先，要确定优先次序，弄清对自己的某个阶段来说，家庭和工作之间的重点。测验的方法就是放长眼光，看看最近五年里最要紧的事情是什么。维持家庭与事业之间的平衡关系每个人各有其道，但必须适合自己。作为 IBM 亚太区高级主管中唯一的中国本土女性，尹丹岭同时还是两个儿子的母亲，她面临的压力和困难可想而知，更何况她的先生是一家跨国公司的中国区总经理。她的秘诀就是：合理安排时间，分清轻重缓急。这个秘诀看似简单，但很多女性领导者正是因为觉得自己是“超人”，什么都会做、也应该做，才会在事业与家庭间疲于奔命。尹丹岭的时间表除了工作外，还包含一项内容：与先生和儿子沟通交流，当与家人交流被正式列上了议事日程时，似乎这些时间都能挤得出来。安顿好家人，再工作时似乎效率就会特别的高。在自己同样喜爱的工作、丈夫、儿子之间寻求平衡，其中酸甜只有她自己能真正体会得到，因为，她懂得放弃。

其次，要更新观念，改变传统家庭模式所带来的内疚因素。现代职业家庭需要有与传统家庭不同的家庭与工作标准，职业父母们应该与家人随时进行顺畅的沟通，学会态度坚决地说“不”，是多数人都要解决的重要问题。不存在一种通用的方式，应该允许自己试验及得到专业指导，找到适合自己家庭独特需求的解决方法，鼓励自己成为职业父母族，达到事业与家庭的平衡。

三、组织应对白领女性职业生涯发展给予充分帮助

职业女性作为组织的重要组成部分，其职业生涯发展是组织存在与发展的必要条件和动力源泉，并与组织的发展互相促进。如果组织给女性员工提供具体指导，并采取一些有利于女性职业生涯发展的措施，给其生涯发展予以帮助，那么组织与个人发展一定会出现双赢局面。

1. 塑造相互尊重的企业文化

首先，组织应当发展这样一种企业文化，它鼓励所有员工在与同事相处时尊重对方，并保持自尊。如在美国林肯集团，其共享的价值观已制定成文。林肯集团的共享价值观是：公正、尊重他人、员工的所有权、多元化、责任心、正直诚实、致力于达到最优。在制定那些帮助林肯集团成为全美前10家最适合女性员工工作的公司的措施时，上述价值观发挥了至关重要的作用。尊重他人与保持自己的尊严对于认识个人价值至关重要。许多项目没有成功，是因为组织最高层没有认识到，在有益的措施能收到成效前，必须先建立一种互相尊重的企业文化。目前女性员工对工作与家庭之间的平衡问题非常关注，组织应制定措施来帮助减轻女性由于平衡工作与家庭关系而产生的压力。一个优秀的经理应该明白：员工们需要同朋友和家人共度美好时光，需要时间来照顾老人和孩子，需要时间维护个人健康，或者去进修学业。一个优秀的经理应能给员工提供一个安全稳定的环境，善于倾听并鼓励员工讨论自己的需要。

2. 适时进行职业指导

职业指导帮助白领女性了解自己的生理和心理特点，并提供有关职位机会和职业特点的信息，帮助个人选择和获得最适合自己的职位。组织的职业指导发生于两个场合，即职前指导和在职指导。在女性刚进入组织前，组织可帮助女性分析自己是否适合本组织提供的职位，使其少走弯路；在女性进入组织之后，组织可帮助其分析和选择最适合的职位，或给其职位变动提供咨询和参考意见。总之，组织应加强与个人之间的沟通和协调，帮助个人在职业生涯中更迅速地成长和发展。

3. 帮助制定个人职业生涯发展方案

(1) 帮助其制定和执行职业生涯规划

职业生涯规划，是一个人职业生涯的妥善安排，在这种安排下，个人可以依据各个计划要点，在短期内充分发挥自我潜能，并运用环境资源达到各个阶段的职业生涯成功，最终达到既定的职业生涯目标。

从组织管理角度讲，要帮助女性依据组织需要和个人情况制定生涯发展目标，找出达到目标的手段、措施，形成个人不断成长与组织不断发展的双赢局面。重点是协助其在个人目标与组织内实际存在的机会之间，达到更好的结合，而且强调提供心理上的帮助。具体应帮助个人制定、执行和修订生涯规划。

(2) 为其设置职业通道

职业通道，是白领女性实现职业理想和获得满意工作，或者达到职业生涯目标的路径。组织中的成员，其职业目标可否实现，其个人特质、能力至关重要，这是基础或根本的内在条件。但是仅有此，没有外在条件，例如组织的需要和机遇，个人职业发展也是不可能的。从此意义上讲，组织设置职业通道是决定性因素。

（3）为其疏通职业通道

白领女性在职业生涯发展过程中，可能会遇到“绊脚石”，扫除通道上的障碍，使得其职业发展道路通畅，是组织分内的工作任务。

4. 帮助提供具体发展措施

促进个人职业生涯发展，组织可利用多种策略或方法。例如改善工作环境、增强工作挑战性、工作丰富化、领导才能训练。

（1）提供培训机会

白领女性需要接受一系列广泛的培训，以拓展自己的职业生涯。但相对男性来说，白领女性在培训中还没有充分显示出自身特点。根据英国学者琼·普莱尔的需求分析，女性需要发展的 7 个主要先决条件如下：

第一，发展关于组织文化如何被创造和维持以及如何部署权力以形成价值和行为的意识——尤其是和性别有关的意识；

第二，创造自己的管理风格，详细列出各种可能的选择；

第三，发展在当前组织文化中有效的策略和管理技能；

第四，发展能影响改变文化的策略和技巧；

第五，发展自信和描述自己观点的技能；

第六，探索她们如何成功地行使权力，要考虑她们可能遭受别人的暗中损害和她们拥有潜在的“高级”权力两种情况；

第七，考察她们想从作为一种持续生命进程的职业中得到什么，并制定策略以帮助她们实现所选择的各种生命角色组合的价值。

根据以上 7 个条件，组织可以给女性员工开展一系列有针对性的训练主题。

（2）给予其富有挑战性的责任

一种让女性成长的方式就是增加她的责任，让她们尝试新工作，接受交叉培训以便从多种角度来看待问题。在锻炼她们的专业知识和实践经验的同时，要寻求她们的建议，以激发其创造性和潜能。

（3）组织团队学习

组织可以通过在企业内部进行团队学习，交流讨论，使个人职业生涯与组织发展生涯相结合，这对个人职业生涯发展会有相当大的帮助。女性如果能在团队讨论中与他人合作，她们的职业生涯成就将会更加丰硕。

四、社会的支持与保障

除了个体和组织的因素外，社会的支持也在促进我国女性管理者发展中起着必不可少的保障作用。这就需要社会各界，包括政府行政部门、立法及监督部门以及其他非政府性公共组织等，共同行动起来，不断优化和完善社会环境，建立综合支持系统，促进我国女性领导者的长远发展。

1. 重塑女性领导者的社会认知标准

在社会文化环境方面，政府和媒体应该大力宣扬和提倡两性角色和形象向多元化发展，改造传统两性角色分工的刻板定型，为女性管理者的发展创造优良的舆论空间。要提倡公众更新观念，在新的社会条件下重新认识女性的素质、能力，寻求新的女性领导者的成功标准。各级各部门、社会各界、新闻媒体应大力宣传促进女性管理者发展的重要意义；宣传女性管理者的工作成绩；宣传各个领域女性管理者的先进事迹，让社会各阶层充分认识女性管理者的能力和作用，同时也激发广大女性参与领导活动的热情和奋发向上、自强不息的进取精神，为女性人才的成长和女性管理者的发展创造有利的舆论环境和宽松的社会氛围。

2. 健全女性管理者发展的法律法规体系

我国在完善女性管理者发展的法律法规体系的过程中，可以从三个方面入手。首先是对现有的法律法规的完善。要从可操作性的角度对某些条款具体化，减少模糊性，如对性别歧视做出界定，明确对出现性别歧视的企业进行怎样的处罚等；其次，在现有法律法规的执行上，要加大力度，严肃执法。比如贯彻《中华人民共和国劳动法》时，将用人单位禁止出现性别歧视的规定，以及一些对女性权利的特殊保障写入劳动合同，这样就杜绝了少数有法不依的现象。最后，要对执法情况进行严格的监督，只有健全而透明的监督体系，才能保证将法律法规落到实处，也更有利于社会各界对于国家相关法律法规的理解和支持。

3. 完善女性管理者发展的综合支持系统

一是发展家庭生活支持系统。女性管理者和所有职业女性一样，需要来自家庭的支持。西方一些国家认识到，要让女性和男性平等地参加公共生活，男女应该平等地分担家庭责任。因此，有了这样一个有名和响亮的口号："分一半权力给女性，分一半家务给男性。"这代表着女性更多地参与到社会生活中来，让男性也做家务劳动，而不再是"男子主外，女子主内"的传统家庭模式。

除了单纯地关注女性管理者的配偶的支持作用外，我们还可以引入西方社会性别研究中的“家庭户”（Household）概念，进一步完善支持系统。在此，先明确“家庭”（Family）与“家庭户”（Household）的区别。家庭的特点是它表现人的宗族、血缘关系，是一个规范系统，规范成员的活动与行为。而把它们纳入“户”的物质关系之中，则“户”的突出特点是它的地理特性，是其成员从事的一系列维持日常生活及传宗接代的再生产活动的所在地，是经济单位。家庭所在地的经济水平对户内两性分工与资源占有、权力决策等有影响作用。这就要求根据女性领导者的家庭户的特点不同，建立不同的支持系统。比如在许多大城市，由于生产力和经济发展水平较高，女性管理者承担的家务劳动已经较少。那么她们更需要的是家庭成员在精神和态度上对其工作的支持，需要一种和谐的家庭氛围。而在某些发展水平较低的小城市，尤其是广大的农村地区，把女性领导者从繁重的家务劳动中解放出来才是解决问题的关键。

二是发展社会服务支持系统。为使女性管理者以更大的热情和更好的状态投入工作中，加快发展和完善家务劳动社会化，已是势在必行，并成为广大女性管理者的迫切要求。这就需政府大力发展食品、蔬菜、商业、煤气、轻工业等与日常生活相关的产业并积极开展社区服务，兴办大批便民利民的服务网点，打造家政服务品牌。

三是发展公共组织支持。20 世纪 80 年代后，我国与女性有关的公共组织纷纷成立：如中国女企业家协会、欧美同学会妇女委员会、中国女摄影家协会、全国工商联女企业家联谊会等。其中中华全国妇女联合会规模最大。要促进女性领导者的发展，就要发挥妇联以及社会各类组织的力量和作用。各级组织应该在女性管理者的发展过程中深化宣传，促进女性管理者发展的环境不断优化，成为女性管理者的社会大学和“加油站”；通过各种活动提高女性管理者的能力和素质；成为代表女性管理者的发言人，维护她们的权益，为她们争取更多的发展机会。

案例

市场中的职业再选择

——上海市再就业模范庄红卫的经历

一、下岗和打工

生活对很多人来说，并不是平坦的，随着经济体制改革和产业结构的调整，一些计划经济时代进入企业的人下岗了。有的人憋了一肚子气，怪自己生不逢时。上海的女工庄红卫倒觉得，下岗未必不是一种机遇。庄红卫初中毕业后进入一家陶瓷厂工作，1991 年下岗。三年以后，在无线电厂工作的丈夫也下岗回家。下岗的人，生活上都会发生变化，马上面对收入减少、工作未定的局面。庄红卫更是陷入麻烦之中：生活好像是在与她"作对"，家中的四位老人三位得了癌症，儿子也体弱多病，夫妻二人的日子很难很难……

为了生活，庄红卫通过各种途径寻找各种工作：她在夜市开过大排档，去青海卖过服装，补过轮胎，推销过花露水…… 到处打工、尝遍了工作艰辛的庄红卫，心里仍然存在着希望，她相信："面包会有的，一切都会有的。"

二、搞家净菜社

国家为了促进下岗职工再就业，制定了很多优惠政策，加强了就业服务，在许多部门和企业建立了再就业中心。庄红卫夫妻二人进入了政府举办的免费培训学校上学。经过就业培训，庄红卫懂得了经济改革、产业结构调整和下岗的道理，明白了市场就业的性质和途径，了解了第三产业、社区服务、家政劳动、政府扶植就业等方面的内容。她在思考着自己就业的出路。

一天，庄红卫在报纸上看到介绍日本净菜公司的文章，她了解到发达国家发生了"厨房革命"，家务劳动的社会化使得大量"小菜场"被超市和净菜公司代替。上海是一个有上千万人口的大都市，人们的生活节奏越来越快，大家都希望有更多的休闲时间，希望自己的一些家务活有人给代劳，做家务不正是三四十岁的妇女拿手的事情吗？为什么不开家净菜社呢？庄红卫决定，走自我创业之路，要从市场中选择适应自身条件的职业。借了一万块钱，租了一间 28 平方米的房子，找了几个合作伙伴，起名"庄妈妈净菜服务社"，办理了工商登记等手续，做好各种准备，净菜社开张了。那时，庄红卫的年龄有 30 多岁，号称"庄妈妈"，有两层含义：其一，洗菜、切菜是婆婆妈妈的琐事，要有很大的耐心去干；其二，"妈妈"的称呼让人感到亲切，她们的服务力求周到细致，叫人放心。

开始，净菜社只有四个社员，客户也只有六个——全是庄红卫的邻居。净菜社的姐妹们替客户买菜、洗菜，切好、包好，送货上门，只收 10% 的服务费。诚实和认真换来的是信誉和发展。庄妈妈净菜社在大家的努力工作下，发展到员工 100 多人、场地 200 多平方米、客户 300 多家，还在崇明岛建立了蔬菜基地，添置了电脑、手机、传真机、汽车，制定了操作规程、质量标准、员工保险等管理制度。著名漫画家郑辛遥按照

“庄妈妈”的头像画了注册商标。庄妈妈净菜社的影响又扩大了。为了扶植再就业，政府给予庄妈妈净菜社无息贷款，对其经营帮了大忙。

三、从净菜社到公司

找上门的客户越来越多。可是，净菜社的供应能力有限，2/3 的订户未被接纳，因为她们怕质量跟不上，砸了牌子，只得请客户们谅解。政府及时给予了支持，帮助庄红卫解决贷款等多方面的问题，并宣传庄红卫大量拼搏、自行创业、兴办净菜社的事迹，为了获得进一步的发展，庄妈妈净菜社和一家工厂谈妥，由他们注入资金，提供了几千平方米的场地，扩大规模，满足市场需求。净菜社的形势越来越好。

后来，上海出现了上百家净菜社。庄红卫认识到，有竞争是好事，说明这个行业有前途。发展了一年，她要改变小作坊的模式，以做得更大一些、更正规一些，把净菜社扩大为净菜公司。“公司”不是简单地“多干活”就行的事，它需要管理和运作。为此，庄红卫招聘了几个懂电脑、懂营养学、懂管理的人员，以扩大经营、发展事业。在从事净菜社的事业中，庄红卫感受到：家政服务范围很广，净菜只是一小部分。事情太多了，机会太多了，自己的能力有限，就是不睡觉也忙不过来。

净菜事业的发展，使社里的姐妹们，也看到了希望，找回了自信，觉得自己不再是可怜巴巴的“苦菜花”，而成为新兴行业的开拓者和自己命运的主人。

四、事业是永存的

但是，市场竞争是激烈的。由于市场的变化和经营管理方面的问题，庄妈妈净菜社经历了由创办到兴旺，由扩大为公司又到倒闭的过程。

虽然，创业、扩张、衰退、关闭，是市场经济常见的事，但也给人们留下不少思考。崔永元主持的中央电视台《实话实说》栏目，为此做了一期节目，谈其成功，谈其失败，谈其奋斗，谈其价值。坐在人们面前的庄红卫，还是那样的安详、和善，从就业到下岗、从打工到创业，虽败犹荣的她仍在考虑着未来的发展。有的学者说，仅“庄妈妈”品牌的知名度，就值 200 万元。她和她的净菜社更大的价值，是给我们展示了在市场经济条件下自主择业的精神和创业、发展的道路，是她那自强不息的精神。

关 键 词

女性职业发展　　女性职业发展的障碍　　女性职业发展的对策

复习思考题

1. 女性职业发展的特殊因素是什么?
2. 女性职业发展的障碍有哪些?
3. 女性职业发展的优势和劣势各是什么?
4. 如何改善女性职业发展的条件?

第十一章 工作—家庭平衡管理

本章掌握要点：

- 职业生涯与个人家庭生活的关系。
- 工作的意义。
- “溢出理论”。
- 工作—家庭的边界理论。
- 工作家庭平衡计划。

网络渗入家庭和妇女离家走向社会参加工作，这种改变影响了社会组织及我们的工作方式和职业发展。大多数公司认为工作和个人生活是零和游戏中两个竞争的要素，一方的增加必然意味着另一方的减少。所以，很多管理者沿用这种传统观点决定如何分配雇员们的工作和个人生活，他们通常认为工作—生活计划仅仅是一种生活福利，认为雇员的个人利益得到获取，公司的利益就回损失；雇员在办公室里做的事是公司的事，下班后做的事是自己的事，老板们总认为雇员应该把公司的事放在第一位。但是，随着知识经济时代的到来，从人口统计学的显著变化可以看出，在职业人群中逐渐增加的妇女数量越来越多，更多的母亲走上了工作岗位，这也促进了人们对工作—生活问题的重视。新一代的公司经理人正在尝试使用一种新策略。愈来愈多的公司老板选择与雇员合作的方式，争取让雇员的工作和家庭生活达到双赢。

第一节 家庭和职业生涯

对每日上班的绝大多数人来说，工作和生活的中的互相冲突总是与我们相伴。人们总是有年幼的孩子和年迈的父母需要照顾，况且，每个人各自还有自己的业余爱好，还要花一定的时间参加各种社会活动。所以，职业生涯与每个人的家庭生活有着密切的关系，职业生涯的每一个阶段都与家庭的影响息息相关，要么协调，要么冲突。我们每个人的职业选择和职业发展或多或少都会受到家庭成员的影响；家庭对我们工作的效率很难说没有影响。

一、家庭是职业生涯的基础

一个人一生的职业生命周期可能不断变化，可能有多种选择，但是一个人的家庭角色，比如儿女、父母、妻子、丈夫等，这些角色是不可能变的。我们能放弃一项职业，却不能放弃扮演的家庭角色，而且要想办法完成好这些角色。有人曾经喊出“家庭第一”的口号，因为家庭不仅是生活中的依靠，也是事业成功和幸福美满的保障。当我们不管遇到什么样的麻烦和困难时，它是工作的也罢生活的也罢，都会得到家庭的支持和理解。研究表明，拥有坚固家庭关系的人们，比那些没有这种家庭支持的人赚钱更多，生活更幸福、健康。

二、家庭对组织有支持作用

实践证明，一个管理者关注员工工作之外的角色对工作同样有利。真诚关心员工的个人生活，将会有利于员工对组织的信任；明确员工的各种角色有助于管理者全面了解员工的这种天赋，这种天赋对一个人的职业生涯发展有直接的影响；有利于管理者了解员工的各个角色之间的关系，从而发挥出各个角色的最大效益，进而避免角色的冲突和对工作造成的影响；有利于组织和个人的目标有机结合。

三、尊重个人兴趣有利于提高工作绩效

一位公司经理发现他的一个销售代表非常专心于她的母校（一所排名前十位的大学）的建设。她是该校的资金筹集者，而且经常利用自己的业余时间去招聘一些当地的中学生。这位经理得到她的允许后，向公司的招聘总监说明这位销售代表对她母校的了解和承担的责任，建议他任命她担任公司在校园招聘工作中的联络人。事实上，该公司以前在校园招聘方面的成绩很一般，而且，这位招聘总监也正在寻求能够提高公司在大学里的知名度和增加在大学里招聘的人数的方法。他们经过见面和交流，这位招聘总监被她的活力、思路和她与母校所建立的关系打动了，于是就任命这位销售代表担任联系人，取代了一名与学校无任何关系的销售代表。就这项工作来说，可能占用她 20% 的时间。但是，经理认为，尽管她花在客户身上的时间减少了，但却会带来更大的商业价值，增强了公司从学校招聘销售人员的能力。

这位经理为什么采用这项措施？首先，他正确地预测到她对母校的特殊感情，她肯定能做好这份工作，而且她与大学已经建立了良好的关系，这种资源

对公司的招聘工作会很有帮助。其次，他预测到她在短期内花在客户身上的时间损失是有限的，因为她早已经把业余时间花在学校上了。最后，经理估计，能有一个将个人兴趣和工作联系起来的机会，她应该是很感激的。事实也是如此。后来，她告诉同事，自从她成为联络人后，她对公司的责任感迅速提高了。

四、工作及工作的意义

Work（工作）的含义：W-willing 意愿；O-offer 提供；R-resources 资源；K-knowledge 知识。工作就是甘愿向他人提供资源和知识，如果我们不是自动自发，心甘情愿，工作就会毫无意义。黎巴嫩作家纪伯伦在《论工作》中写道："工作是眼能看得到的爱"，"一切知识都是徒然的，除非有了工作"。

人为什么会选择工作？按照马斯洛的需求层次理论，工作能够满足人们的五种需要，包括生理需要、安全需要、社交需要、尊重需要以及自我实现的需要。由此看出，最低层面是为了生存，最高层面是个人价值的体现，许多人认为工作就是为了生存，但实际上每个人都深深渴望工作带来的不仅仅是收入，更多的应该是身心的愉悦，在解决了基本的生存问题后，人越来越渴望自身价值的实现，因此工作不仅使我们生存，而且给我们的个人生活赋予了意义。

1. 工作决定生活质量

有一个事实是我们每个人都无法否认的：我们的工作质量直接决定于我们的职业选择。财富是劳动创造的，有了物质的保证，才能过自己想要的生活。人们只有不再为生存而犯愁时，才会进一步追求精神的满足。如果发展得好，你还能用自己富余的力量造福于社会。这说明工作不仅仅是谋生的手段，还能带给我们更多美好的东西，给每个人以实现自身价值的机会，一个发展自己，实现人生梦想的机会。

2. 工作决定社会地位

不同的职业具有不同的职业声望，这直接决定着我们在社会中的地位。有些职业在社会中处于比较令人尊重的地位，你所展示的才华和业绩一旦被社会所肯定，便能获得相应的社会地位和荣誉，担任重要的社会角色。通过职场打拼，能知道自己有多重要，也能体验到人们对你的需要，而这可以决定你的自尊水平，也能体现一个人的社会价值。

3. 工作决定活动范围和时间分配

不同的职业会有不同的交际圈子，如果你在企业做销售管理，可能天南海北地奔波，那么交际的世界自然扩大，三教九流无不接触；如果你在政府机关做档案管理工作，那么你的工作圈子可能会窄一些，因为你所接触的外部世界也就是那么大的范围。物以类聚，人以群分，你想与志同道合的人共同做事、来往，就要通过自己的努力去寻找这个机缘。你向往某个群体，就要让自己具备与这个群体相适应的个性条件。当你进入自己想要的交往圈，就会如鱼得水，能充分享受人际交往带给自己的愉悦，给自己编制多彩的生活情景与温馨的感受。

4. 工作能体现人生价值

通过工作，你才能逐步实现自己的愿望，做自己觉得最值得做的事。一个人怎么算成功，不同的人有不同的标准，有追求功名利禄和职务提升的；有追求实现自我成就事业的；有追求平淡是真生活富足的；还有人更愿意倾向于“面壁十年图破壁，未酬蹈海亦英雄”式的豁达人生。只要你真正努力付出了，从事着自己喜欢的职业，充分发挥着自己的才能，职业发展中诸方面达到或接近自己的要求，就应该视为最大的成功。无论自己处境如何，你完全不必怨天尤人，盲目攀比别人，贬低自己，自寻烦恼，特别是现在的商业社会。要认识到“尺有所短，寸有所长”，个人能力是有差异的，正如诸葛亮再聪明也只能是个谋士角色，辅佐别人成就霸业而成不了一国之君一样。人应该做好自己分内的事情，在职业发展中寻求生活的乐趣，“工作着是美的”；而不要过于受“胜者王侯败者寇”思想的影响。你是自己人生的真正主宰，救世主只能是你自己，应对自己负责。

五、工作—生活平衡的三原则

美国《哈佛商业评论》登载的研究报告证明，他们注意到很少但数量逐渐增加的经理，已经采用了不同的方法来解决员工工作和生活冲突的问题。他们认为，工作和个人生活并不是互相竞争的关系，而是相互补充。实际上，他们采用了双赢哲学，在很多的研究案例里，新的方法不仅为公司也为员工个人带来了明显的回报。这些经理们遵循了以下三条相互支持的原则：

1. 要阐明什么是重要的

公司要明确告诉员工，公司的重要目标是什么，同时也鼓励员工大胆说出自己的个人利益和目标，明确表明你在工作中何时和何种情况下会与工作的追求相冲突。这样做的目的是，真正知道公司目标和个人目标，然后制订出能同时实现两者的计划来。

2. 公司要把员工当做完整的人来看待

管理者把员工作为完整的人来看待，去理解并支持他们，开明地承认甚至鼓励他们在办公室之外扮演的角色。管理者要清楚技术和知识可以在员工不同角色之间相互转换。管理者还应该划清各个角色之间相互重叠和相互独立的部分。

3. 管理者要帮助员工实践工作—生活平衡的方法

目前，很多工作方式还是工业时代的遗产，那时员工的上班时间都在进行体力劳动。但是，今天更新的通信工具，比如互联网、电子邮件、语音信箱、电视会议系统和计算机网络可以使工作完成的方式、时间和执行人有更大的灵活性。一个公司有位行政助理，她是一位老员工，利用自己在公司的资历和资源，喜欢评头论足，工作缺乏热情。很多员工觉得她影响了其他人的士气，建议经理辞退她。经理与她进行了认真的沟通，发现她对与数字打交道的工作很感兴趣，因为没有足够的计算机技能而没有进财务部门。同时，经理还发现，她不仅要为自己的家庭做家务、整修庭院、支付账单和接送孩子，还要照顾病重住院的母亲。按照常规的管理，这位经理会这样问："我如何帮助你解决这些问题呢?"可是，经理没有这样问，而是问她："我们如何改变工作方式，才能既改变部门的工作绩效，又能解决你的问题呢?"经理先帮助她熟悉 Excel 系统，又安排她参加新的 Excel 的预算系统和基本分析方法的培训。这些培训大大增加了她掌控财务部门工作的能力。把她调到财务部门后，奇迹发生了，她可以顺利地进行数据收集和分析。因为与数字打交道的工作大大提高了她的工作热情，她的士气和绩效也得到明显的改善。因为使用电脑的工作，也让她的工作时间和方式更灵活，让她的母亲需要她的时候可以回家工作了。

当然，这三条原则可以单独实施，但是，最好还是三者结合起来使用，让各原则之间相得益彰。

第二节　工作—家庭平衡理论

一、工作与家庭冲突的类型

工作—家庭冲突有以下三种：基于时间的冲突、基于紧张的冲突，基于行为的冲突。基于时间的工作家庭冲突是最普遍的冲突；在一种角色中产生的紧张会影响另一种角色的情绪；基于行为的冲突在于工作中的角色定位，不同于家庭中的期望行为。当然这些冲突来源于压力，这种压力如图 11-1 所示。

当然，每一种压力都会带来时间、紧张和行为方面的冲突。

二、工作—家庭平衡理论

（一）"溢出理论"（Spillover Theory，Staines，1980）

该理论认为，假定尽管存在工作和家庭之间的暂时分界，但是在一个领域的感情和行为会带到另外一个领域。"补偿理论"是对"溢出理论"的补充，

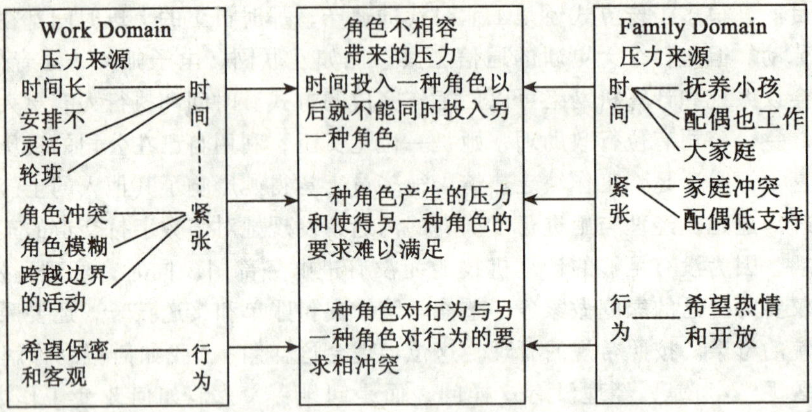

图 11-1　工作人员的压力来源

该理论认为，假定在工作和家庭之间存在相反的关系，在一个领域中有所丧失，就会在另一个领域中投入更多企图弥补。

这些理论和研究证明了一个重要结论：工作和家庭生活相互影响，雇主、社会和雇员相互之间都不可忽视彼此的威胁。

溢出理论与补偿理论的局限性如下：

①新的研究发现溢出和补偿在个体中同时发生，而无法解释为什么个体选择一种反应，而不是其他。

②它们仅指出情感上的联系，给出一点或没有给出工作和家庭之间空间性、暂时性、社会的和行为的联系。

③这些理论把个体看成是反应性的，而不是能动的、可以塑造环境的。

④溢出和补偿理论错过了工作—家庭平衡的关键问题：雇员和家庭以及工作组织成员之间的关系。

（二）工作—家庭边界理论

美国学者克拉克（Sue Campbell Clark，2000），在对以往的工作—家庭关系理论进行了批判的基础上，于2000年提出了工作—家庭边界理论。

该理论认为，“工作”和“家庭”是两个不同的范围，人们在其中与不同的规则相联系。人们每天在工作和家庭的边界中徘徊。

范围继承和分解，边界创造和管理，边界跨越者的参与，影响工作—家庭边界跨越者和其他人之间的关系。工作与家庭系统之间的主要联系不是感情，而是人。人们每天在工作和家庭两个范围内转移。人们塑造两个范围和它们之间的边界，影响边界跨越者与这个范围以及与其中的成员之间的关系。

虽然人们塑造环境，但同时也被环境塑造。工作—家庭边界理论试图解释边界跨越者和他们的工作与家庭生活之间复杂的作用，解释冲突出现的原因，给出保持平衡的结构。这里“平衡”被定义为对工作和家庭的满意和良好职能，角色冲突的最小化。

工作—家庭边界理论的核心概念主要有以下内容：

1. 工作和家庭范围

“工作”和“家庭”是两个不同的范围，人们在其中与不同的规则相联系。工作与家庭间的差别可以分为两类：价值终端的不同和价值途径的不同。工作主要因为最终提供了收入和成就感而使个体满足，而家庭生活因为亲密的关系和个人快乐而使人满意。

个体在工作和家庭中所凭借的手段确实有所不同：“有责任的”和“有能力的”是在工作中达到目标的最重要的手段，而“充满爱的”和“给予的”则是家庭中最重要的手段。虽然工作和家庭范围内的文化，途径和终端不同，个体常想在一定程度上把二者集成起来。

人们用“集成”和“分解”来处理不同范围内的问题，一个完全集成了家庭和工作的人将在什么属于家庭与什么属于工作上无任何差别。相反地，分解包括了十分不同的智力和感情手段。虽然集成作为工作和家庭生活的最“平衡”的手段有直觉上的吸引力。实际上，不可能达到想要的集成和分解。事实上，它已经创造了一个两者之间的共同合作。在这种平衡模式下，每个范围提供了重要但不同的需求。比如，成就的需要在工作上得到满足，爱的需要在家庭中得到满足。不同活动的混合带来了多样性和兴奋，一个范围提供给另一范围的有规律的间隔使个体可以更新他们的能力。个体如何分解和集成工作和家庭？是什么决定一个人分解或集成以达到平衡？通过研究范围间的边界及个体如何塑造和处理边界，我们可以从中找到答案。

工作和家庭的边界是对工作或家庭范围的界定，是与范围相关的行为的起始点。边界一般分为三种主要形式：物理的、世俗的和心理上的。一个物理上的边界，如工厂或家庭的围墙，定义了与范围相关的行为在哪里发生；世俗上的边界，如工作时间的设定，划分出什么时候工作结束，什么时候承担家庭责任；心理上的边界，是由个体创造的规则以指导他们思考模式、行为模式以及适应于某一特定范围的情感。心理上的边界在很大程度上是自身创造的，而物理和世俗上的边界则是被个体用于建立心理边界的规则。边界的特性如下：

(1) 渗透性

边界的渗透性是指在一定程度上，一个范围内的元素进入其他范围。比如，一个个体可能在家里有办公室，物理上的门和墙创造了他们的工作边界。

然而，因为他们的家庭成员习惯频繁地进入与他们交谈，这就使边界具有渗透性。通常，物理和世俗上的边界的渗透性被视为打扰，它们也能被相反地理解为是一个人对另一个重要范围成员的提醒。心理上的边界也具有渗透性，对工作和家庭否定的感情和态度的满溢，通常被认为是心理上的渗透。然而并不是所有心理上的渗透都是否定的，当一种条件下的想法和观念被用于另一种条件下的想法和观念时，它们就成了创造性的，虽然工作与家庭两个范围内的目标是不同的，但共享的方法却可以解决不同范围的问题。

（2）灵活性

边界的灵活性是指边界范围的扩张或收缩，依赖于一个范围或是另一个范围的需求。例如，如果一个个体可以自由选择工作时间，工作和家庭间世俗上的边界就会非常灵活。如果一个个体可以选择工作地点，物理的边界就会非常灵活；类似地，当一个心理上的边界很灵活，一个个体就会在工作的时间想着家里，或者在家里的时候想着工作。当心理上的边界更灵活时，范围间的想法、观念、情感的流动就更加容易。

（3）混合性

边界的混合性是指当渗透性和灵活性大量出现在边界周围的时候，混合便出现了。预料的边界区域不可能独立于范围之间，但可以在工作和家庭间混合。

（4）力量性

边界的力量性是指渗透性、灵活性和混合性决定边界的力量性。渗透性和灵活性差的边界是不可能混合性强的。相反地，渗透性和灵活性强的边界也不可能有太弱的混合性。流行的观点认为弱边界是极端功能性和个人性的，而有责任感的工作地点则增加了更多的灵活性。另外，一些人强调，当工作和家庭边界更模糊时，雇员更难以处理家庭和雇主之间的关系，如什么时候在哪里工作，家庭责任如何履行。因而，理想的边界力度的程度依赖于范围的不同。有专家研究证明：当范围相似时，弱边界将会促进工作—家庭平衡；当范围不同时，强边界将会促进工作—家庭平衡。

边界的强度，取决于某个方向渗透力的流动阻力，或是某个方向的边界弯曲。例如，个人的工作条件可能要求他们的家庭生活保持灵活性，这时他们可能增加额外工作时间；但在家庭要求上升时不允许他们有同样的灵活度。相反，个体在接孩子回家时没有什么灵活性，但他可以自由按需求开始或离开工作。总的来说，边界在较强的范围内就更强，在较弱的范围内就更弱。

2. 边界跨越者

由于范围和边界部分地是自我创造的产品，描述那些频繁在工作和家庭之间转移的个体——边界跨越者，就显得很重要。边界跨越者中最大的贡献者是那些有能力调整边界和范围以适应他们需要的人。

边界跨越者在一定程度上可以描述成：他们在一个范围内是中心或周边参与者。中心参与者是指：使范围文化内在化，包括学习语言和公司内在价值；证明有能力胜任某项责任；与核心人员保持联系；以范围责任进行个人识别。与其相对应，周边参与者是指：忽略或轻视范围价值和文化基准；尚未达到全面竞争的能力；缺乏与范围内核心成员间的联系；很少或没有范围责任识别。中心参与者与周边参与者相比可以通过两个主要因素，即影响和认证，来降低对工作—家庭的判断。

（1）影响

中心参与者由于竞争、与范围中心成员联盟、范围内文化和价值的内化而产生影响。作为一个中心参与者产生的影响为边界跨越者提供了协商的力量，以改变范围和边界。有研究表明在可以自治和有选择能力的工作上工作的人表现出更多的满意和对工作和家庭的调节能力。如果作为一个中心参与者，他给一个人更多的选择，那么工作和家庭之间的平衡就更容易达到。

（2）认证

认证就是个体是否在他们的责任中找到意义，找到与其责任相联系的自我概念。当个体内化范围价值，他们的认证与范围内的成员关系紧密联系时，他们掌握边界和范围的动机增加。因此，在工作和家庭中的认证，都可以通过个人的努力来促进平衡。当边界跨越者被一个范围认证了，他们就会承担起这个范围的责任，并想塑造环境以使他们做得更加出色，有所贡献。平衡作为人为边界和范围管理的结果，如果没有工作和家庭范围内相关成员对其角色和活动的认证几乎不可能达到。以对认证和影响的讨论为基础，可以认为：作为范围内中心参与者的边界跨越者比那些周围参与者对范围有更多的控制能力；作为范围内中心参与者的边界跨越者在两个范围内比那些不是中心参与者有更多的工作—家庭平衡。

3. 边界维持者和其他范围成员

由于工作和家庭活动通常是与别人一起实施的，那些对定义范围和边界有特别影响的范围成员可以称为边界维持者。工作中的边界维持者是监督人；家庭中的边界维持者是夫妻。其他范围成员对定义范围和边界有影响力但对边界跨越者没有权力。边界维持者和其他范围成员在边界跨越者掌握边界和范围的能力上起到重要的影响作用。但对于边界不仅个体间没有达成共识，而且关于每个范围的构成也没有共识。事实上，在这些问题上的异议正是工作—家庭间冲突的主要来源。许多案例表明，雇员和上司或夫妻关于“家庭”或“工作”

范围的不一致，从而引起分歧。像上司和配偶这样的边界维持者用他们有限的经历来定义“工作”和“家庭”的组成，他们细心守卫着边界和范围，并使边界跨越者没有灵活度来处理发生的冲突。

然而，边界维持者和边界跨越者之间的经常交流可以帮助双方互相理解。经常交流可以缓和角色冲突，因为如果他们不清楚边界跨越者在其他范围内的责任，这个范围内的成员就可能提出不切实际的要求。因此，如果跨越者和范围内的成员能进行开放式的交流，或者偶尔的共同参与，比如邀请家庭成员参观厂房或工作组里的成员一起帮助一个同事修理家里的东西等，也会增加对另一范围的了解。

4. 边界跨越者的义务

范围成员对边界跨越者的义务，不只是关注满足边界跨越者的及时要求，而应当把他们作为一个完整的人来看待。范围成员支持边界跨越者在其他范围内的责任是其基本义务。多项研究表明，范围内成员对边界跨越者的支持可以增加其福利。因此，大多数雇员希望上司能了解他们的家庭情况以便使他们的要求得到满足。由此，我们可以这样理解边界跨越者的义务：边界跨越者所在范围内的成员对另一范围有高度了解，比那些范围内的成员对另一范围知之甚少的，具有更高的工作—家庭平衡；边界跨越者所在范围内的成员对其有高度义务，比那些范围内的成员对其有低度义务的，具有更高的工作—家庭平衡。

5. 范围特性的影响

范围的不同与交流除了边界跨越者和范围成员的个人贡献外，范围的特性也限制或增加交流。对具有不同工作和家庭情况的个体的研究表明：这些雇员的工作和家庭文化十分不同，他们很少与上司谈及家庭生活，然而，当人们住在两个不同的世界里时，会感觉比在同一个世界里的人交流困难。与上司谈家庭，与家人谈工作都是减缓工作—家庭冲突的重要方法，这样的平衡虽然重要但很难达到，这是因为：工作和家庭范围十分不同时，比起跨范围交流，边界跨越者更乐于进行同范围内的交流；边界跨越者与边界维持者之间的，关于另一范围活动的经常的支持性沟通，会减轻导致不平衡的不良条件。

工作—家庭边界理论构建了工作—家庭平衡的理论框架，解释了个体如何处理和协商工作和家庭两个范围和其间的边界，以使其达到平衡。由于工作和家庭有不同的目的和文化，人们每天在这两个范围间穿行，调整焦点与目标以及个人内心风格以适应每个范围独特的需要。虽然，工作和家庭中很多方面难以调整，但个体为了创造出想要的平衡，在一定程度上塑造了工作和家庭范围的类型，塑造了两范围间的边界和桥梁。工作—家庭边界理论既描述了冲突存在的原因，又为组织和个人提供了维持更好的工作—家庭平衡的工具。该理论虽然是由西方学者提出的，但其研究的背景和理论内涵与中国的情况也基本相似，因而该理论对中国的组织和个人，做好工作—家庭平衡计划也具有重要的指导和借鉴意义。

第三节　工作—家庭冲突诊断

一、工作—家庭冲突

在双职工家庭中女性对抚养小孩以及做家务仍然要承担主要的责任。参加工作并不能减轻她们的家庭责任。虽然丈夫也在逐渐增加对家务的责任，但是他们仍然是处于辅助的角色。

一项调查表明，母亲平均每周有52小时花在家务和抚养小孩上，而父亲花在这些活动上的时间只有23小时。虽然在结婚的时候，是平等地分担家务，但是小孩出生以后很快就会回到基于性别的家庭分工。

双职工家庭所经受的过重的负担和压力，将损害双方的关系：这是因为许多父母会因为没有足够的时间和小孩在一起，而感到负疚；夫妻双方没有时间来培养双方的感情；家庭和工作的负担使他们没有时间。

二、职业生涯成就受到限制

双职工家庭可能减缓或限制个人的职业生涯成就，对于女性来说更是如此。许多母亲有意减少对工作的投入，以减轻家庭和工作之间的冲突。她们会削减工作的时间拒绝可能带来冲突的职业生涯发展的机会，拒绝可能带来地点变更的提升，有时会以保留工作为条件，而离职一段时间。有时是她们自愿削减对工作的投入，以更好地承担家庭的责任；但有时是雇主对双职工家庭的女性采取歧视政策，限制对她们的投入。因为雇主认为她们对家庭的承诺重于对职业的承诺。

在许多女性受到家庭的负累而有损她们的职业成就时，双职工家庭中的男性却会得到额外的好处。一项最近的研究表明，有小孩的男性比没有小孩的男性会挣更多的钱，在组织内会升到更多的职位，并且对工作有更高的满意度。因为雇主认为有小孩的男性比没有小孩的男性，更负责任，更稳定，因此在工作中会赋予他们更大的自主权，更有利于他们取得成就。

当然，也有男性对家庭会更投入，和女性一样会主动削减对工作的投入，从而也会有损他们的职业成就。

在双职工家庭他们的职业生涯成就受影响的程度，取决于特定的职业生涯领域对时间投入的要求。如果某个职业领域的时间要求是合理的，可预测的，灵活的，那么他们在这个职业领域的发展不会碰到什么障碍。

另外，他们职业生涯成就可能取决于：各自职业的相对重要性，各自对家庭的投入程度，在家务和抚养小孩方面可能得到的外部帮助，以及雇主在处理员工家庭—职业冲突时的政策。

双职工家庭必须决定，哪一方的职业在任何条件下具有优先地位。也就是决定谁在家照看生病的小孩，参加学校的家长会。一般来说男性的职业比家庭责任优先，女性的家庭责任优先于女性的职业。但是也有例外。不同的家庭在处理这个问题上有不同的方法：有的家庭坚持双方的职业具有同等的重要性，双方共同负担家庭的责任，对于迁居这样的决策，是基于双方的职业的需要。有的家庭以一方的职业为重，家庭尽量配合和满足职业发展的需要。有的家庭根据各自职业所处的发展阶段和需求，来决定各自职业的相对重要性。对于这个问题来说，重要的不是最终的结果，而是双方达成结果的过程和方法。在这个过程中，双方要坦诚、灵活并且要充分考虑对方的感受，双方对不同的安排可能对婚姻产生的影响要有一致的看法。

总的来说，双职工家庭的压力和紧张可能会影响一方或双方的职业生涯的进展，特别是这种进展定义为在组织阶梯上的快速提升时。研究表明双职工家庭的职业女性，最终也能取得较大的职业成就，虽然会比单身或没有小孩的女性取得成就的时间要晚一些。

三、竞争和嫉妒

研究表明，女性事业越成功，她的婚姻幸福指数反而越低，说明她的丈夫对她的成就感到不安或憎恨。无论是男性还是女性，这种嫉妒的情绪如果没有得到很好的处理，会最终威胁到婚姻关系的稳定性。一方面，夫妻双方在同一或相似的职业领域会更容易产生竞争的感觉。在不同的职业领域由于缺乏可比性，因此不太容易有竞争的感觉。比如企业家和教师。研究表明双职工家庭的女性，在双方都是从事同一领域的工作时，较少给对方提供情感上的支持。但是也有人认为，双方从事同一领域会更加了解对方所承受的压力，因此能给对方提供更加有力的支持。其实，能否给对方支持，更多的取决于双方的感情和心态的调整，而不是所处的职业领域。当个人把自身的职业看得很重时，最容易产生竞争或嫉妒的情绪。

四、角色问题

传统的贤妻良母式的女性是待在家里相夫教子，而不是在外面和男人竞争。双职工家庭的职业女性往往会对自己的生活方式有一种负罪感，对自己的性别角色产生疑问。

对于双职工家庭的男性来说，他们不知道是要全力投入工作还是更多地承担家庭的责任，他们对自己的角色也感到困惑。不过，随着社会的进步，人们观念的逐步改变，角色问题会慢慢显得不是那么重要。

五、双职工家庭对小孩的影响

《财富》杂志调查表明，55%的男人和58%的女人认为双职工家庭的小孩没有足够的时间和父母在一起，也没有得到足够的照顾。但是，双职工家庭的小孩与传统家庭的小孩想比，更加足智多谋，更具有独立性。在双职工家庭的小孩倾向于持有更加平等的性别态度。事实上，双职工家庭的小孩更多地受亲子关系、小孩的看护与教育，以及父母对小孩的态度的影响。

六、双职工家庭的生活质量

前面已经提到，双职工家庭既有优点也有风险，那么如何使优点最大化，而尽量减少缺点？以下两种相关因素可以提高双职工家庭的生活质量。

（一）社会支持

1. 情感支持，特别是来自家庭成员的支持

在双职工家庭里，支持应该是相互的。来自对方的支持可以看做一种有用的反馈。建设性的反馈是对对方努力的一种肯定，也是增进家庭和睦的一种方式。

2. 处理双职工家庭事务

霍尔提出了三种战略来处理工作—家庭冲突。

（1）使用结构性角色再定义

我们通过改变公司和家庭对我们责任的期望，来降低工作家庭之间的冲突。结构性角色再定义是一种积极地通过部分改变产生冲突和压力的环境来达到减少冲突的方法。

（2）个人角色再定位

改变对自己的期望。

（3）应激的角色行为

采取更有效率的行为，来满足我们所有的期望。起得更早，睡得更晚，有效地管理时间和精力。相信人的潜力无限。霍尔认为夫妻双方要会综合使用这些战略，并且由各自为政转变为双方共同努力。解决问题的关键是要形成一种沟通的氛围：定期讨论问题，听取对方的意见，表达自己的观点，讨论要达到

的目标。

（二）灵活性

对自己职业生涯成功的标准要用自己内在的标准（满意、快乐、平衡的生活）来衡量，而不是传统的以收入和在组织里的地位等外在标准来衡量。

第四节　工作—家庭平衡计划

在企业愈发追求和讲求“企业社会责任”的今天，“平衡工作和生活”可谓是目前企业面临的共同课题，带有相当的重要性和紧迫性。因为要想真正实现企业的“外部客户满意”，唯有首先使企业的“内部客户”——员工满意；而要想巩固和提升员工的满意度，“员工工作与生活的平衡计划”当为企业思考和实践中不可或缺的一环。

一、工作—家庭平衡计划的含义

组织中的员工除了过职业生活外同时还在经历家庭生活。家庭对员工本人有重大意义，也会给职业生活带来许多影响。工作与家庭间的潜在冲突对职业生活的影响甚至超过个人发展目标对职业的影响。

工作生活平衡，又称工作—家庭平衡计划，是指组织帮助员工认识和正确看待家庭同工作间的关系，调和职业和家庭的矛盾，缓解由于工作家庭关系失衡而给员工造成压力的计划。一般来说，单身成人的主要问题是寻找配偶和决定是否结婚组建家庭。婚后初期，适应两人生活、决定是否生育，做出家庭形式和财务要求的长期承诺变为当务之急。子女出生后，体验为人父母的经验，担负起抚养和教育子女的责任成为首要任务。子女成人时他们不仅要适应空巢生活，而且又要开始为自己的父母提供衣食和财务上的照顾。这些需要形成的压力有的会影响员工的工作情绪和精力分配，有的则形成强烈的职业方面的需要和工作动机，最终影响员工对工作的参与程度。制订出有效的工作—家庭平衡计划的主要措施包括：向员工提供家庭问题和压力排解的咨询服务、创造参观或联谊等机会促进家庭成员和组织的相互理解和认识、将部分福利扩展到员工家庭范围以分担员工家庭压力，把家庭因素列入考虑晋升或工作转换的制约条件中，以及设计适应家庭需要的弹性工作制以供选择等。

二、工作—家庭平衡计划的实施要点

在设计和推进“工作—家庭平衡计划”时，应重点把握四个要点。

1. 观念先行

大力提倡工作与家庭相平衡的观念。从组织自身来讲，“工时愈长，效果愈好”的观念已然落伍，员工身体、心灵与家庭健康三者并重，才是企业永续经营的有力保障之一。从对员工的期待上来说，优秀的组织从不向员工过度地索取，而是尽可能地确保员工在不过度影响工作的前提下看待家庭中的责任。例如，摩托罗拉公司向员工宣传，人生的目标应该包括三个部分——家庭目标、生活目标和财务目标，要在三者之间寻求平衡，不要一味地把财务目标定得很大，家庭与生活同样重要。台湾地区宏碁（Acer）公司董事长王振堂更是以身作则，每天晚上七点就开始催同事下班。在他看来，“知识经济的时代，应该要工作得更聪明、更轻松，把时间拿去陪家人”。

2. 实行弹性工作制

实行弹性工作制使员工拥有平衡工作与生活的自主权。弹性工作制蕴含相互信赖，给予员工较大的工作自主权，充分体现了企业对员工的尊重和爱护，能够极大地调动员工的工作积极性。它的操作形式包括在家工作、工作分享、部分工时、弹性上班等。例如，IBM 公司在充分考虑了员工的实际需求后，设立了 8 点、8 点半、9 点三个早上到岗时间，相应的下班时间为下午 5 点、5 点半和 6 点，员工可根据自己的情况自由选择。如果员工的主管同意，员工甚至一周内可以有几天在家里办公。此外，IBM 员工还可自由调配工作与个人时间，可以提前回家，料理家事，照顾孩子，和孩子吃完晚饭后，再打开计算机，大人与小孩一起“做作业”。在联邦信号公司（Federal Signal Corporation），刚休完产假归来的女性员工可以每天工作半天，直到调整适应了全日制工作为止。

3. 实施“员工支持计划”

实施“员工支持计划”，解决员工的后顾之忧。绝大多数世界一流企业都制订了各种各样的“员工支持计划”，通过安抚和稳定员工的“后院”，帮助员工从生活琐事中解放出来，从而全身心投入工作之中。员工支持计划的范围很广，包括员工的身体、心理、财务、育儿或家庭生活的照顾等。花旗集团在这方面堪为楷模。它的“员工支持计划”包括多种“专门”与“备用”儿童看护计划，以帮助员工从烦心的小孩看护工作中摆脱出来。花旗银行的专门看护中心分布在马里兰、内华达等，设置了儿童医疗、智力、社会与情绪康乐等课程，每天为超过 1500 名儿童提供服务。备用儿童看护中心则分布在员工住所或工作场所附近。此外，花旗集团还有多种“补充儿童看护服务”来满足学校假期与大雪时的要求。为了支持“工作妈妈们”的需要，花旗集团还在美国、柏林、伦敦等国家和地区的医疗设施中配备了专门的哺乳设施。

4. 关心员工的身体健康

关心员工的身体健康，对员工进行健康投资。员工健健康康，组织才能平平安安。现在，更多的组织不再停留在定期体检、给员工报销医药费等传统做法上，而是主动对员工进行健康投资。有些公司的高管身体力行，带头参加各种有益健康的活动。例如，强生公司CEO韦尔顿每周都邀请员工走出户外，"与CEO步行"一小时；美国包括"《财富》200强公司"在内的许多CEO，正通过"CEO健康表率活动"积极推动保健与疾病防治方面的研究和教育工作。此外，很多公司采取各种举措，为员工创造条件进行体育锻炼，通过各种途径帮助员工培养健康的生活方式。例如，摩托罗拉公司要求必须为出差的员工订带有健身房的酒店，平时也安排一些体育活动、发放旅游景点的门票或组织集体旅游等，督促员工进行运动。强生公司采用物质激励的手段促使员工接受体检和问卷调查，那些被认为属于高发病人群的员工会被劝导参加饮食和锻炼计划，帮助他们培养更为健康的饮食习惯和生活方式。

综上所述，注重员工的工作、生活与家庭平衡，已不再是偶一为之的补贴或奖励，而是竞争日益激烈下发展的必要策略。因此，组织应当从解决员工切实困难入手，真心呵护与用心经营"工作与生活平衡"计划，发自内心地关怀员工，方才有助于此项计划落到实处、物有所值。

三、实施工作—家庭平衡计划的意义

组织应该采取工作—家庭平衡的政策，因为这项政策可以带来很多好处。比如，提高工作效率、吸引人才、降低流动率和缺勤率、减少管理成本、增强顾客满意度，并可以建立一个更加愉悦、公正并充满活力的工作场所。

人力资源专家应该对低工作满意度予以注意，因为员工工作满意度低可能导致多重组织问题。举例来说，工作满意度低会导致员工流失率和缺勤率升高，最后给公司造成低绩效和生产力下降。许多公司为了提高员工生产力，开始关注组织内员工的工作—家庭平衡感觉，希望以此提高员工的工作满意度和改善组织绩效。

工作—家庭平衡可以定义为，员工试图兼顾互相冲突的工作要求与家庭责任所处的两难困境。由于劳动力流动如此迅速，使得员工在处理工作—家庭平衡问题上遭遇更多困难。工作时间越来越长，而且因为互联网、PDA、手机和笔记本电脑等技术的发展，即使员工离开了办公室，工作也不会结束。此外，正如美国劳动力正在发生变化一样，家庭的概念也正在变化，单身女性、单亲人士和双职工夫妇人数增加了。

各个组织正在采取措施，帮助他们的员工取得更好的工作—家庭平衡。但重要的是，要注意到支持员工及其家庭并不是许多雇主在工作—家庭平衡上采

取措施的原因。研究发现，47% 的组织支持工作—家庭平衡计划，为的是提高员工留存率和招聘水平，25% 的组织支持这些措施，希望以此提高生产力和员工奉献精神。但是，39% 的组织报告说，他们的确在工作—家庭问题上采取了措施以支持他们的员工及其家庭。本质上说，人力资源经理应该注意员工对其组织内的工作—家庭平衡的感觉，因为这不仅对员工及其家庭重要，更好的工作—家庭平衡也能帮助达到组织的目的与目标。

灵活地平衡生活和工作问题被员工评为工作满意度的第三重要方面，仅次于福利和酬劳或薪水。另一个有趣的统计数字是，女性将工作—家庭平衡评为工作满意度的第一重要方面，而男性则将之排到第四位。这可能是因为许多女性仍然承担了家庭的大部分责任，而工作—家庭平衡计划帮助她们成功地将工作和家庭活动结合起来。随着进入劳动大军的女性数量持续上升，这种福利将变得日益重要。

四、工作—家庭平衡的评估方法

设计更好的工作—家庭平衡福利是人力资源经理贡献于组织目标的一种方式。应该定期检视工作—家庭平衡计划。

①对所提供的工作—家庭平衡福利进行评估。有没有其他能够但现在没有提供的工作—家庭福利？同类组织提供了哪些工作—家庭福利？

②管理层和员工之间的沟通。实行了工作—家庭平衡计划的组织中员工满意度有多高？还希望有其他福利吗？人力资源专家应该经常进行调查，评估员工满意度以及他们对组织中的工作—家庭平衡的看法。这些结果应该反馈到管理层和非管理层员工，而调查反馈可用来对计划进行改进。

③ 评估所提供的工作—家庭平衡福利产生的投资回报率。虽然对员工来说，良好的工作—家庭平衡所带来的好处似乎是显而易见的，对组织来说，有什么好处，又如何评估？评估工作—家庭平衡福利对收益和利润的直接贡献是困难的。有专家指出，工作—家庭平衡的影响力是中期的，或者说是间接的，类似于留存率、公司的声誉、生产力、质量、创造力和顾客服务。

这意味着工作—家庭平衡措施是达到组织高效生产的手段，而非目的本身。从本质上看，优质的工作—家庭平衡福利将提高员工工作满意度和生产力，降低员工流失率和缺勤率，并有利于招聘高素质的应聘者。这些因素随后会影响到组织的目标，比如收益、利润或股价。

为了维持工作—家庭平衡计划并在组织内部获得对计划的支持，重要的是跟踪计划的影响力并展示出这些措施的商业价值。做到这一点的办法是，统计在实施工作—家庭平衡计划之前和之后的员工流失率和工作满意度。如果流失率降低了，就有可能将这些好的结果与工作—家庭平衡措施联系起来。由此，人力资源专家可以从减少的员工流失率和更高的员工工作满意度计算出所获得的生产力增益。

五、实施工作—家庭平衡的方法

案例

37 岁的陈某是某家咨询公司的总经理，在他进入公司后的两年里，他一直都非常努力，兢兢业业，几乎达到了“以公司为家”的地步，因此他也赢得了“拼命三郎”的美誉。可是就在某个周末，陈某的小儿子不小心摔伤了膝盖，但是却不让陈某靠近他。这不但让这位职场沉浮多年的老手吓了一跳，也让他很难过，原来儿子把他看做陌生人。这对陈某而言是个转折点，他认真反思了自己最近几年的工作和生活，原来他一直忽略了人生中最重要的事，没有和儿子培养亲密的感情。

很多人和陈某一样，总是埋头工作，却忽略了家庭的温暖和生活的乐趣。工作和生活在他们眼里就像是跷跷板的两端，总是高高低低地起伏不定，很少有平衡的时候。传统社会中，男性是工作职责的主要承担者，是家庭经济生活的支柱；而女性则是家庭职责的主要承担者，其主要任务是收拾家务、照顾老人、生儿育女等。但是，随着社会城市化、工业化的发展，与工作、家庭相关的社会背景、家庭结构、工作方式以及人们的工作、家庭价值观都发生了很大变化：男主外、女主内的传统也成为历史，双职业（双收入）家庭成为主流。而且，人们不再仅仅是为了满足家庭生存的需要而工作，而且还为了体现个人价值，以提高家庭和个人的总体生活质量和幸福感。同时，这种生活背景也对家庭提出了新的要求，要求家庭成为工作的支持者，协助个人促进工作绩效和工作中生活质量的提高。因而，在传统观念和社会现实的相互作用下，工作和家庭之间相互冲突的影响越来越大，如何减少工作—家庭冲突，平衡工作与生活的关系已成为增强个人和家庭的生活幸福感，维持个人身心健康，改善个人与组织和家庭之间的关系，以及提高个人胜任力和组织绩效的重要因素。

只有成功的职业发展与温馨的家庭生活二者兼得，生活才算真正圆满。要鱼和熊掌兼得，掌握平衡是要领，但是寻求平衡需要一个过程。我们无法企及一种一成不变的平衡状态，而是需要持之以恒地努力维持平衡。工作和家庭生活的平衡是一种挑战，我们需要制订循序渐进的行动计划以求胜出。下面就是一些平衡工作—家庭关系的方法：

1. 重新考虑事物的优先级

我们可以在一生中不同的时间段分别达成我们的职业目标和家庭目标。现实是事业和家庭目标不能偏废，必须同时完成。如果我们牺牲职业目标以求实现家庭目标，那么我们就失去了平衡。同样，如果我们只专注于事业，忽略家庭，一样也失去了平衡。有时候，你可能觉得你必须在成功的事业和家庭生活之间做出选择。但是广泛的调查显示，你可以两者兼顾，不必放弃优先级同等重要的两件事中的任何一件。所以要树立这样一个信念：既要事业有成，也要家庭美满，你可以在同一时间框架内实现这两个目标；不要将其中之一往后推延，牺牲其合理时间用于达成另一目标。必须好好考虑，你究竟重视什么，想要什么。在寻求并保持事业和家庭生活的平衡这一过程中，你必须积极主动地负起责任。

做一位成功人士需要对事业的投入，这使得维持事业和家庭生活的平衡尤其富有挑战性。事业成功意味着附加许多其他的要求，这往往使生活复杂化，比如成功人士需要考虑员工、顾客以及供应商，这些人的要求会增加他们的压力；同时他们也可能需要参加更多的会议、商务旅行和谈判，也会面对更多的矛盾，这样留给家庭的时间相应减少。

虽然有上述要求，成功对于维持事业和家庭的平衡而言，应该是一项资产，而不是一种负债，它是起积极作用的。这是因为，对许多人而言，成功的最大价值在于它给我们机会去行使我们的领导力，从而帮助我们实现自我。这一行使领导力的挑战要求我们对所追求的平衡加以定义。在事业上获得丰厚回报所需要的那些素质和技能对于发展稳固的家庭关系而言也是必需的，反之亦然。

平衡就是不断适应变化进行调整的过程，在这一过程中，我们力求使生命中最重要的两样东西——家庭和事业保持一种和谐关系。因为不断有变化对我们的生活造成冲击，只有注意持之以恒地付出努力，才可以保持这种平衡。正因为如此，我们说平衡是一个过程，而并非某种状态。平衡不是平均，平衡并不意味着精力或时间在事业和家庭间的五五分成。有些人觉得将60%的精力投入工作，40%的精力投入家庭生活是平衡的，而另一些人可能会选择将更多的注意力投入家庭。

2. 追求创造平衡的过程

平衡是不会自动达成的，我们必须积极主动地负起责任，寻求工作和生活的平衡。不要坐等其他人给你带来工作和生活的平衡。很多人认为，不必费尽心机，工作和生活之间的平衡总归是能够实现的。只要需要，我会随意调整我的时间安排。而实际上，如果我们不积极主动地寻求工作和家庭生活的和谐平衡，工作将会主宰我们的生活，尤其对于那些热爱竞争、追求轰动效果的人而言更是如此。

这是很多人常犯的错误。他们在排列事件的优先级时，认为事业和生活的平衡是水到渠成的。事实上，这是我们可能犯的最严重的错误之一。获得平衡是取决于对这样一个过程的追求，这个过程包括排列事件的优先级，实现前瞻性的预期，划定行动边界，设立内部标准。这里的底线是，你要用自己的观点来阐释什么是事业和家庭的成功。

首先，我们要正视这样一个简单的现实，事业和生活的平衡不会凭空而降，而是要靠我们自己来经营。同时，我们应及早设定工作和生活各自的边界。工作可以像水，充满你赋予它的空间。这意味着，你必须设定边界，限定你的工作所能占用的空间。设定边界的方法之一就是设定事件的优先级，我们要知道哪些事是最重要的，哪些事我们必须放弃。其次，在选择过程中，我们既要从事业的视角去考虑，也要从家庭的角度出发。不必患得患失，对于生活中哪些是我们真正想要的，我们要做出重大抉择并至少在一定时间段内持之以恒。最后，根据自己的条件来定义成功。随着个人财富的增长，我们对“拥有多少钱才算足够”的概念可能会不断变化。我们交往的人中，比我们富有的人越多，我们越倾向于认为我们所拥有的、目前所处的状态是远远不够的。领导者们随着他们职业生涯的晋升，尤其会陷入这种攀比的怪圈。根据自己的条件来定义成功，参考内部标准——你的自我感觉，你的家庭成员的自我感觉，你对他人的贡献，你的自我成长等。停止使用外部标准——其他人的成功、收入、地位、财富、资产或是获得的东西。

3. 做出选择无怨无悔

很多人认为，我们可以在以后对以前搁置一边的东西进行弥补。而现实是：这是不可能的，我们无法亡羊补牢。如果我们执著于事业并以家庭为代价，错过孩子的成长过程，我们无法令时光倒流。相反，如果我们为了抚育家庭而荒废事业，基本上我们也难以回到原先的事业轨道，我们会因而失去实现自己的事业目标的机会。

现在你需要做出艰难的选择，因为平衡是通过放弃那些你不是那么迫切地想要的东西而实现的。平衡事业和家庭的艺术在于尽量减少折中，这将使我们能够在两方面都能做得更好。

怎样才能做到这一点呢？方法就是，通过撇开一些事情，这些事情给我们的感觉似乎非常重要，而事实并非如此，包括那些做了固然好但不做亦无妨的事情，还有那些没什么意义的活动，它们无法使你感觉精神焕发并以更好的精神状态去做更重要的事情。这些事情应退居其次。在大学里，我们经常吃惊地目睹很多人在几年的刻苦攻读后，发现成功完成他们选择的课程，其重要性胜过生活中很多其他东西。事实上，很多人认识到了他们的生活中哪些人、哪些地方、哪些事情是应该放在首位的。作为领导者，我们倾向于承担超过我们承受能力的责任。因此有必要培养技巧，对某些责任范围外的职责说“不”。一个小小的承诺可能会排挤掉我们生活中最重要的某些事情。中意一辆新车，那么新屋的计划就可能泡汤。想要一份新工作，那么进一步的深造可能不得不放弃。放弃你不是迫切想要的东西，当你决定放弃时你不必有任何遗憾。幸福生活的秘诀就在于必要的取舍，对那些我们无法求全的事情我们不必遗憾。

4. 选择一个可以实现平衡的职业

很多人认为，不考虑家庭因素，选择任何我最喜欢的工作或职业，我终究也能够抽出时间，享受家庭生活。而事实上我们必须仔细地选择我们的工作和职业，确保工作性质允许我们有足够的时间照顾家庭。想寻求事业和家庭的平衡，需要对所从事的职业进行甄选。有些职业相对于其他职业，更有利于实现家庭和事业的平衡。而像投资银行业（由于工作时间太长）或是咨询业（由于频繁出差）则难以实现事业和家庭的平衡。如果你已经在某一行从业已久，难以改弦易辙，你还是可以作出以下选择：

方案1：继续你现在的工作。但这可能意味着你必须积极主动，而不是被动地去改变公司文化，使其支持你平衡事业和家庭的需求。

方案2：在公司内部调动。如果你喜欢所在的公司，而无力改变目前的工作场所文化，试着在公司内进行调动，有可能你会发现新的职位更加适合你。

方案3：离开公司。如果都不能奏效，那就离开。寻找新的职业或是岗位，能够给你时间和空间追求你在事业和家庭生活中最想得到的东西。有能力的职业人士永远都会有选择。

如果选择方案1，可以通过以下途径，拓展并保持你平衡事业和家庭所需的空间：通过说服上级获得更灵活的工作时间安排。培养出看家本领，成为在业务或是企业客户方面掌握关键要素的唯一人物，具有其他人缺乏的技能。努力工作只会使公司觉得你有价值而并非无可替代。要有条理，对于可能要处理的难题，要事先计划。工作要区分轻重缓急，先做最紧要的。在处理那些对你来说尤为紧急的事情的时候，不妨指导他人完成。如果认识到自己的确是承担了太多的职责，因此将原本由自己负责的某一项目交由他人代理。这可能不太容易，因为人们都标榜自己的工作态度能接受任何挑战，要兑现诺言。但作为领导，要平衡事业和家庭，你同样不可能事事亲历亲为。要使人们确信工作时间的减少并不一定意味着工作产出的减少。要引导公司文化，使每个人都支持工作和家庭的平衡。

最后，还必须做到：让你爱的人和你一起来创造事业和家庭的平衡；靠自己一个人很难取得事业和家庭的平衡，如果发动你的主要家庭成员和工作拍档一起来改进你的平衡计划，你会有更大的成功把握；要了解每一位家庭成员的期望和注重的事物，帮助每个人获得平衡。夫妻双方都能平衡事业和家庭至关重要。

审视你所处的平衡，从而决定继续保持或是重新获得平衡。你所处的平衡状态可能会被打破，所以有必要定期审视你所处的平衡状态。那些可能会打破平衡的事件有：家庭成员的事故、疾病或死亡；你的公司与其他公司合并、减员或是破产。其他事件也使你踉跄失去平衡：伴侣关系失去浪漫；产品或服务失去市场；公司赢利状况不佳；过分沉湎于某一嗜好。当你认识到存在任何上述问题时，你要决定必须做出哪些调整。

万一你失去平衡，你要有重获平衡的计划。这一过程可以使你达到目的，达到事业和家庭生活的平衡。

关 键 词

家庭　　工作—家庭平衡　　工作—家庭平衡计划　　工作—家庭平衡计划评估

复习思考题

1. 联系实际谈谈工作和家庭的关系？
2. 工作—家庭平衡理论有哪些？它们对协调工作和家庭的关系有什么意义？
3. 工作—家庭冲突的表现是什么？如何预防冲突的产生？
4. 如何有效地实施工作—家庭平衡计划？

第十二章 工作中的压力研究

本章掌握要点：

- 了解工作压力的定义。
- 掌握工作压力的来源与影响。
- 了解工作压力过程的调节因素。
- 掌握工作压力的应对策略。

第一节　工作压力概述

压力一词源于拉丁词汇“stringere”，译为拉紧。压力和负担的最初定义是应用于物理学和工程学，最后这个概念被用来描述压力如何影响个体。在这个概念中，外部力量的强迫作用，迫使个体要竭尽全力，从而造成压力。

对压力概念的第一种看法，认为压力是一种外部刺激，而对压力概念的第二种看法则认为，压力是个人对压力事件的反应。对压力的第三种看法，综合了前两种的看法。

从刺激的角度定义压力，就是认为压力是一种导致焦虑与不安体验的事件或刺激；这些事件或刺激被称为压力源。这种类型的定义主要关注于客体的外部力量或要求。

这种基于刺激的压力定义是从外在的、客观的标准来定义压力，也是这种定义能够被广泛接受的原因：对外因的关注，为我们指出缓解压力所需要改变的目标。

但是，当把这个概念应用于人类的时候，它暴露出明显的缺陷。一方面，人们对同样的压力源反应各不相同。另外，同一个人，对同一个压力源的反应也可能随着时间的不同而变化。

基于反应的压力定义关注有机体对压力源所做出的反应。

由于基于反应的压力研究主要关注有机体的反应，学者们往往从医学和生物学的角度研究压力。

但是，基于反应的压力定义存在着缺陷。一方面，不同的压力源可能导致不同的反应，而且压力反应也随着时间的推移而改变；另一方面，即使在没有压力的情况下，人们也会表现出某些类似的压力反应。我们不能只关注压力的反应而无视压力的来源。

用刺激-反应方式来定义压力，意味着把压力视为环境刺激（各种压力源）和个人反应（精神紧张）之间交互作用的结果。这种压力的定义方式在组织压力研究中非常流行。本书将压力定义为对有机体产生物理或心理作用的情景（压力源），且导致生理、心理和行为上的后果。

Ivancevich 和 Mattesso 把压力简单定义为“个体和环境的交互作用”，然后继续详细定义压力在工作方面的含义如下：“一种适应性反应，受个体差异和/或心理过程的调节，即一系列导致了极端的心理或生理需求的任何外部（环境的）行动、情景和/或事件。

注意这个定义中有三个关键成分：①它指的是对于情景或事件的一个反应，而不是情景或事件本身；②强调了压力能够受个人差异影响；③它着重指出“极端的心理和/或生理要求”。因此，可以说，只有特殊或不一般的情景才能够真正产生所谓的压力。

第二节　压力的来源与影响

如图 12-1 所示，基于以往的研究，工作压力模型的结构分为：压力源、感知到的压力、压力表现以及压力产生的后果这四个部分。表 12-1 列出了一些常见的压力源，这些压力源中的大多数已经为我们所熟知，不需要更多的解释。

模糊不清的工作情景、对个人能力的过高要求、额外的时间承诺以及糟糕的人际关系都会产生压力。

一、压力来源

当员工对其工作目标没有明确的蓝图，不了解同事对他们的期望，不了解工作的范围和责任时，角色模糊就会出现。产生这种模糊的原因经常是因为主管给雇员安排任务的时候没有明确他在该组织中扮演的角色。

有一系列的事件可能导致角色模糊，包括开始一项新工作，换一个新老板，第一次负责监督，一个定义不清或根本不现实的工作描述，或是现存组织的结构的变化。所有这些或其他类似的事件都可能造成暂时的角色模糊。

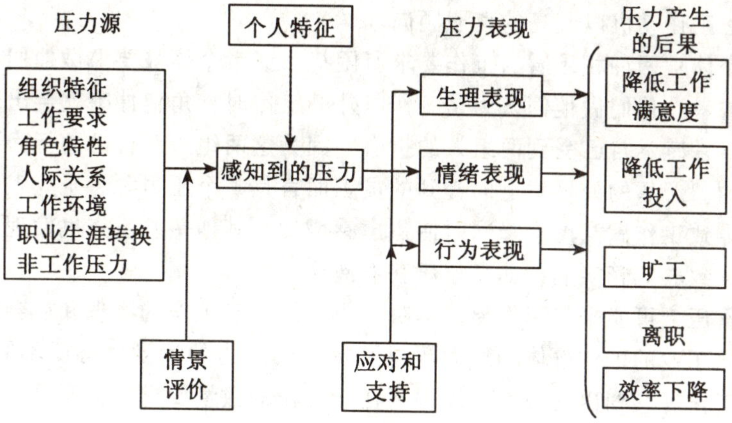

图 12-1　工作压力模型

表 12-1　　**压力来源**

组织特征	工作环境
集权化，决策参与度低 沟通不畅 不公正的报酬	过冷或过热 噪音 拥挤
工作要求	职业生涯转换
时间压力 责任过大 重复性工作	转换工作、雇主、地点 技能退化 职业生涯平台 失业 退休
角色特征	非工作压力
角色冲突 角色模糊 角色超载	工作—家庭冲突 离婚或疾病 亲人去世 小孩出生
人际关系	
人际冲突 竞争 琐碎和不公正的管理	

与角色模糊相联系的压力表现有：心情沮丧、自尊下降、生活满意度下降、缺乏工作动机以及高的离职倾向。

当个体被两种相矛盾的工作要求所困扰，或者个体被要求做他们不想做的事情，或者让他们做他们认为是工作以外的工作时，角色冲突就会出现。工人们可能经常感觉自己受到两组人的折磨，因为这两组人对自己的行为要求是互相冲突的。矛盾的处境对上面提到的员工而言是一个压力源。研究表明，角色冲突会导致工作满意度下降同时使焦虑感增加。其他一些研究也发现，角色冲突可以导致心血管疾病，如高血压和血液病。

工作压力可能来自工作要求本身，也可能来自工作的物理和社会环境。另外，不同职业的工作群体的压力源以及感受到压力的程度也有所不同。例如，高科技工作者感到压力很大，原因不在于工作的数量要求多，而是工作的质量要求高。而一般管理者通常报告因工作量太大，而感到工作压力。

除了工作和非工作方面的压力源外，职业生涯转换方面的问题，如技能退化、雇佣歧视以及失业的威胁也会带来压力。

环境中的压力源能否带来压力，还取决于对情景的评价与解释。如果人们将情景看做无关的或积极的，就不会导致压力的评价。如果人们感到某情景是有压力的，那么，他们可能做出了两种压力的初步评价：有害—损失评价和威胁评价。

有害—损失评价通常包括对个体而言很重要的人和事的潜在损失（可以是真实的，也可以是想象的）。威胁评价是指个体在觉察到自己处理要求的能力不足时做出的评价。当环境要求很高，或个体处理环境要求的能力很低，或两者同时发生时，个体会做出高度威胁的评价。当情景的要求很高，而个体认为在自己能力范围内时，则会做出挑战性评价。被评价为挑战性的情景会导致非常积极的结果。

二、压力的影响

1. 压力与工作绩效

虽然，研究者一直对压力源和工作绩效之间的关系有较大兴趣，但是工作压力源和行为结果——如工作绩效——之间的关系比较弱。

1908 年，Robert 和 John Dodson 阐述了如图 12-2 所示的倒 U 形关系。在某一压力点（唤醒点）之前，绩效随压力提高而提高，在唤醒点之后，绩效则随压力的提高而降低。绩效和压力之间这一复杂的倒 U 形关系，表明适度的压力对促进绩效的作用最大，给予较小的与给予较大的压力一样，都达不到最佳的绩效。

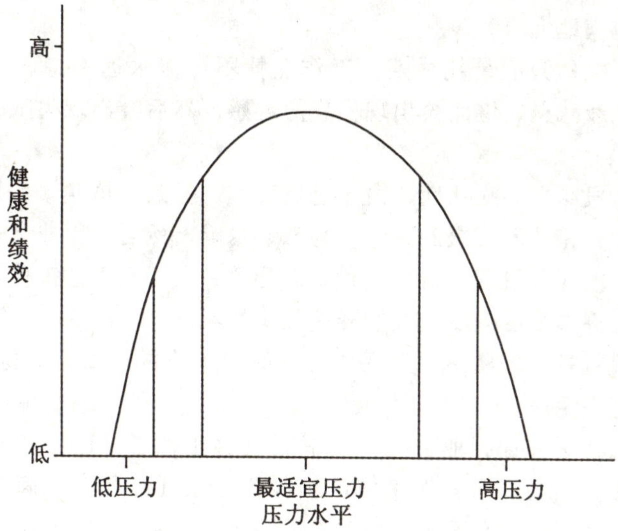

图 12-2 压力对健康和绩效的影响

但是，最佳绩效需要的最佳压力水平，并不是一成不变的，而是随着不同员工、不同工作任务和工作情景而变化。

2. 压力与工作倦怠

工作倦怠，近年来成为工作压力研究者的研究焦点，引起了大家的广泛关注。倦怠是一种包括组织行为、态度和生理健康成分的压力反应。

Maslach 和同事建立了科学的倦怠概念，用三个维度：情绪衰竭（Emotional Exhaustion）、去人性化（Depersonalization）、个人成就感降低（Decreased Personal Accomplishment）来定义倦怠。其中，情绪衰竭描述个体感觉自己生理，情绪和认知上的资源被耗竭，表现出没有激情，过度疲劳等现象，不能面对每天的工作，代表了工作倦怠的个人压力维度。

去人性化描述个体心理和情绪上有意疏远工作和同事，表现出一种消极的、没有人情味或玩世不恭的工作心态，代表了工作倦怠的人际情景维度；个人成就感降低描述个体无法达到既定目标而缺乏成就感的感觉，伴随着一种低自尊和无助感，代表工作倦怠的自我评价维度。在这三个维度中，情绪衰竭是核心维度。

北京师范大学心理学系教授许燕认为，职业倦怠可以分为五个阶段，每个阶段都有不同的特点。

第一阶段称为蜜月期，就是一个人刚参加工作的时候，工作热情非常高涨，自身的能源储备非常充足。在蜜月期中，工作到夜里一两点都没事，第二天照样精神饱满地上班。

第二个阶段称为能量耗尽期，工作热情不可能永远保持着，随着能量消耗，工作的乐趣减退，继而会出现精疲力竭感，然后会出现失眠、身体不适等症状。

第三个阶段叫慢性症状期，由于过度工作，导致身体频繁生病或出现不适的症状，也就是持续不舒服的感觉，易怒、暴躁，然后变得非常忧郁。

第四个阶段叫危机期，由于上述状态导致一段时间无法工作，而且社会关系也会出现许许多多的问题，人们开始焦头烂额。

第五阶段就是受创期，即生理和心理的问题非常严重，威胁到日常工作，甚至有可能危害生命。

职业倦怠在服务性行业员工（尤其是社会工作者、医生和教师等）中体现得最为明显。因为，服务性工作依赖服务对象（如顾客、病人、学生等），要求员工适应高要求，来满足服务对象的需求。这种极端性的需求很容易耗竭员工的情绪。

在某咨询机构对大量咨询案例进行分析总结后发现，职业倦怠高发的十大职业人群分别是护士、公务员、教师、工程师、记者、警察、零售员、市场营销人员、心理咨询师、金融工作者。

三、压力过程的个体调节因素

在日常生活中我们经常看到，在同样的压力情境下，有的人并不容易产生压力反应，而有的人却快要崩溃，这表明个人体特征在压力—反应过程中起着重要的调节作用。

个体特征是指在性别、年龄、种族、社会地位、过去经历、遗传因素、智力、耐久力和个性类型等方面有区别的变量。Payne（1998）指出，个体特征在压力过程中扮演着重要的角色。在压力过程中，个体特征改变或者缓和了压力源—压力反应关系。

例如，Davidson 和 Cooper（1987）、Jick 和 Mitz（1985）研究发现，女性更容易产生心理压力反应（如压抑和疲劳症状等）；而男性更容易产生身心压力反应（如高血压和心脏病等）。

Pretty、McCarthy 和 Catano（1992）发现，女性员工比男性员工更容易产生倦怠体验。Murphy 等人（1994）发现，女性比男性员工更容易体验工作歧视感。Piltch 等人（1994）和 Trocki、Orioli（1994）分别取样美国和加拿大两国的员工，都报告女性比男性员工遇到更大的来自个人和组织的压力源，也更容易出现压力反应症状。

由于个体特征比较多，我们不可能一一加以介绍，下面重点介绍两种重要的个体特征对压力过程的影响，它们分别是：A 型行为模式和耐久力。

1. A 型行为模式

近年来，压力研究中受到广泛注意的典型个性特征，就是 A 型行为模式（Type A Behavior Pattern，TABP）；A 型性格以不耐烦、竞争性大和敌对意识等个性特征为典型特点。也就是，A 型性格的员工面对一定的客观压力源，比非 A 型性格的员工，体验到的压力感可能更强，导致的身心反应也会更强烈。A 型性格的人面对生活压力，发展为冠心病的倾向更大。

A 型行为模式具体表现为：自尊程度高，成就欲和权力欲强；以工作为中心，娱乐时间比较少；经常对自己设立高标准和绩效要求；努力实现并经常超过要求；一种强烈的时间和任务紧迫感，不耐烦、竞争性大，敌对意识和好胜心强。

非 A 型性格的员工行为，称为 B 型性格，描述 A 型行为的另外一个极端，能够经常自我放松、休息娱乐，没有好斗竞争性。

A 型行为的人还有明显的人口特征。A 型行为尤其在年轻人和获得成功的人身上体现明显。A 型行为随着社会经济地位的提高而明显，随着年龄的增长而减弱。

A 型行为被认为易在男性身上出现，但研究者现在知道，已婚的高社会地位的工作女性和男性一样容易出现 A 型行为。

2. 耐久力

压力研究中的另外一个重要的个体差异变量就是耐久力（Hardiness）。Kobasa 定义耐久力为包括控制、承诺和挑战性三维度结构的人格变量。其中，控制，指个体相信他们能够控制和预测环境；承诺，指个体投入地工作和坚持生活价值观；挑战性，指把生活中的不断变化看做是令人兴奋和有益的，能促进个人成长。Kobasa 认为，耐久力是一种个性特征，提供了应对压力的心理弹性资源。这三个维度的相关特质，在压力过程中，对客观压力源的感知和反应都起一定调节作用。

Kobasa 和他的同事，在 5 年的时间内，在几百名中高层经理中，调查他们的压力性生活事件、健康状况和个性特征。研究者分辨出一部分经历压力的经理。而且，他们将这部分经历压力的群体分为两类：一类已经出现健康问题；另一类是很少出现健康问题的人。Kobasa 等人发现，这两类人在耐久力的三个维度上具有区别：与高压力感—多疾病的一类人相比较，高压力感—少疾病一类人报告他们对生活有较大的控制感，对工作生活方面有很强的承诺感，主动迎接工作生活中的挑战和改变。

所以，耐久力强的经理看待工作生活事件以及对它们的反应，都与耐久力弱的经理不同，他们将这种个性视为应对压力的宝贵技能资源。

接下来的研究大多证明了耐久力对身心健康反应的积极效应。尤其是很多研究报告了耐久力与疾病和倦怠量负相关，耐久力强的员工容易将压力源感知解释为可控和积极的。

第三节 压力的应对与管理

一、压力的应对

1. 压力应对过程模型

Schuler 将压力应对定义为一个过程，而不是一系列的生理、心理以及行为的反应。这个模型追踪研究当人们遇到压力源并且体会到压力后，随着时间的推移，个体是如何应对的，这也是为什么叫做过程模型的原因。

体会到压力源带来的不快是所谓的“应对激发”，这是应对过程的开始。应对激发导致了初次评价和二次评价。这个认知上的评价是过程模型的核心部分。

初次评价包含回答一系列问题，如“相关压力源是什么”、“不确定性在哪里”，“它的重要性在哪里”。只有当这个压力被认为是重要的，二次评价才会继续进行。

二次评价开始于分析“为什么这个压力情境被认为是重要的”。通过这个自我分析，个体可能认为所体会到的压力已经不是很重要了，这个过程就结束了。然而，如果个体依然认为这个压力很重要，则二次评价的最后部分将启动：选择特定的应对策略。

许多因素会影响到特定策略的选择，包括对每个策略的代价或者收益的分析；实施策略的准备情况；是否有可能寻求到合适的帮助；个体差异，如解决问题的能力。

该模型基于这样一种假设：个体所青睐的某种应对策略取决于个体差异变量（如自我效能）。这在我们从组织角度干涉工作压力方面有着潜在的重要性。

例如，Schaubroeck、Jones 和 Xie（2001）提出，如果个体自我效能感较低，并且没有真正感觉到他们对工作环境的控制，那么通过提高工作控制的数量来满足工作要求的办法就不会很奏效（甚至产生相反的结果）。

2. 社会支持

从广义上来讲，社会支持是指“其他人所提供的资源”。在最近几年中，它比其他个体或组织特征得到组织压力研究者更多的关注。社会支持之所以能够使人们有效应对工作和生活中的压力，是因为通过一系列的帮助使得受助者感觉到他们受到了重视，并且身处于沟通网络和共同责任中。

当个体在生活中出现压力的时候，如果拥有亲密、有帮助的家庭成员、朋友、同事，则他所报告的负面情绪较低，并且较少有躯体健康问题和焦虑情绪。

关于社会支持的一个重要研究问题是：不管个体体会到的压力有多大，社会支持是否都能够影响紧张的程度，或者社会支持对于高压力的个体是否有作用。

其中最常见的是社会支持对压力的直接或者主要的作用，不管个体经历的压力有多少，社会支持对压力引起的紧张状态都非常有帮助。

其他研究者报告了社会支持和压力之间的更多非直接的联系，被他们称做社会支持的缓冲或者调节作用。

缓冲作用是说明压力和紧张情绪之间的关系处于这样的变化状况：社会支持主要对那些体验到高压力的个体起作用。社会支持被认为只有在高压力水平的时候才最能起到作用，因为感知到压力的增加与动员的资源相补偿可以减轻和管理感知到的威胁。

另外，有研究表明女性倾向于依靠外部组织的社会支持，而男性倾向于依靠工作相关的社会支持。

3. 员工帮助计划

员工帮助计划（Employee Assistance Programs，EAP）的定义是：为了帮助那些面临个人问题的员工而由组织发起的计划。组织意识到员工个人问题可能消极地影响工作绩效。开发和建立一个 EAP，能够培养、提高员工和管理者之间的亲密关系。

EAP 有多种形式。一种选择是组织操作，成员由组织员工组成；另一种选择是，组织通常与外部机构建立一个网络，并和不同的专业人员建立正式关系。

组织在计划引入 EAP 的时候，需要确认以下一些问题：

①确认影响员工的问题的类型/强度；

②确认将要涉及 EAP 服务网络中的社团机构或专业人员；

③确认员工对于使用 EAP 的障碍，包括经济花费、隐私以及服务地点；

④检验组织特征，包括沟通系统、员工和管理者之间的关系以及对于成立EAP所需资金的来源；

⑤检验自我报告的压力或个人困难与工作绩效之间的关系。

二、具体目的的压力管理

1. 降低工作倦怠

由于工作倦怠被认为是典型的来自一个易受影响的人与一个有特殊压力的工作环境的交互作用，于是出现了各种各样的关注人和工作环境的干预。

Pines（1982）提出了两个组织压力源作为员工产生工作倦怠的原因：一个是工作超负荷和过量的文书工作；另一个是官僚主义。这种对压力源明显的解决方法是减少工作负荷或者雇佣额外的员工，重新评估与工作有关的过程和规则。

当员工有着不同的教育和工作相关背景时，培训研讨班特别有帮助。绩效反馈是已经被广泛采纳的另一个对倦怠的组织干预。在很多高水平人际接触的工作中，特别是在卫生保健领域，员工很少得到积极的反馈：顾客只有当他们仍然生病或忧伤时才会继续使用服务。所以，工作者经常会形成关于他们工作有效性的扭曲的认识。一个采用现实绩效标准和频繁的绩效反馈设计的良好的绩效评价系统，可以有效地减少这种扭曲。

社会支持群体代表了另一种减少与工作相关的倦怠方法。大量的研究表明，社会支持与工作倦怠存在负相关。

2. 管理A型行为模式

像工作倦怠一样，对A型行为进行干预以改进它的消极效应已经成为焦点。但是，不同于工作倦怠的是，大多数的努力都是特别指向个人的。

由于A型行为是一种多维结构，不是所有的组成部分都必然和消极结果相联系，所以理想的干预应该指向对健康和安宁来说是消极的成分。

在组织内部，由于人力资源部门的一个目标是通过将人的各种特征与组织特征相匹配，使人与环境的适合达到最优化。

那么，在A型组织中（时间压力大、竞争性强、倡导敢作敢为）的A型员工可能产生的健康问题最多。因为，人—环境匹配会强化个体的个性特征。相应地，在B型组织中，B型员工可能产生的健康问题最少。而其他的组合，如B型组织中的A型员工与A型组织中的B型员工，被预期在这两种极端之间。

Matteson 和 Ivancevich（1982）通过研究证实了上述假设，这表明即使是最佳的人—环境匹配在某些情况下也会付出健康的代价。

案例

看似松弛的工作中的压力

英国的许多私企员工对那些在公共事业部门工作的同事，总有着一种刻薄的刻板印象，认为他们是一群慵懒的人。他们总认为，在公共事业部门工作的人的工作状态，就像一个松松垮垮的文件夹，只要时钟指向五点差十分，就表明该下班了。

在这种环境下，压力应该不会成为一个问题。私企的领导更倾向于认为公共事业部门有垄断的存在，尽管这种垄断由于变化的资本市场、不可预测的销售模式以及由结构改革带来一系列冗繁的事务而显得并不那么严重。

在去年晚些时候由权威的研究机构公布了一个研究报告，报告的结果出乎人们的意料。研究显示：在公共事业部门工作的员工与在公司打工的员工相比，感受到的压力更大，其自我价值的估价更低。

英国人事与发展特许研究所的研究人员，对1000名员工进行了民意测验发现，在私人部门中工作的人只有21%的人反映他们的压力相当大。相比之下，28%的中央政府工作人员感到压力特别大。在地方政府中这个比例高达30%，这些人包括教师。在政府医疗服务机构的比例高达38%。

在这个商业竞争异常残酷的世界里，面对独裁的老板和一言堂的格局，只有21%的雇员认为，组织曾考虑过他们的意见。但是这个数据在政府医疗服务机构和一些地方政府中就跌到了16%。当我们想看看中央政府部门的情况的时候，我们吃惊地发现，只有7%的员工觉得组织曾考虑过他们的意见。

与此情况相似，只有12%的在中央政府部门工作的被调查者报告，他们的组织很在乎他们的主观幸福感。这个数字在政府医疗服务机构和一些地方政府中就分别上升至18%和20%。在私企中，这个数字又有所升高，达到21%。

中央政府工作人员的工作满意度平均得分为6.1分，满分是10分。这反映了由于一些政治原因，中央政府的员工对自己的工作到底是什么，在一定程度上感到很迷惑。

另外，由于政府部门追求成功心切，一方面政府要求做的事情越来越多，另一方面却不相应地增加所需的资源，因而使得政府部门的工作越来越艰难了。政府医疗服务机构的员工尽管要应付很大的压力和可怕的责任，但是他们的工作满意感得分却达到了6.9。这几乎与一些公司的员工的得分一样高。主要原因是——尽管是间接原因——他们中的许多人有很高的动机水平。

在政府部门，这里的员工几乎不与他们的终端客户接触，而且内阁的改组也意味着中央政府部门成为一个不安全的工作地点。这使得高级主管们很难为雇员创造一个感觉被保护的工作环境。

资料来源：[英] 约翰·阿诺德等．工作心理学．沈秀琼等译，经济管理出版社，2006.

思考题：

1. 私营部门的压力来源与公共事业部门的压力来源有何异同？
2. 在中国是否同样存在公务员的压力大于企业工作人员的压力的现象？
3. 自我报告的压力感知是否具有可比性？

关　键　词

工作压力　压力源　工作倦怠　A型人格　压力应对　员工援助计划

复习思考题

1. 什么是压力？如何正确看待工作压力？
2. 主要的压力来源有哪些？会产生哪些影响？
3. 压力过程的调节因素有哪些？
4. 如何应对工作中的压力？
5. 对降低公共部门员工的压力你有何良策？

第十三章
组织职业生涯管理

本章掌握要点：

- 了解组织职业生涯管理的内涵与特征。
- 了解组织职业生涯管理中的角色。
- 了解组织职业生涯管理与人力资源管理之间的关系。
- 掌握组织职业生涯阶梯管理的内涵与模式。
- 了解组织的继任计划。
- 了解组织的导师计划。

你可以买到一个人的时间，你可以雇一个人到固定的工作岗位，你可以买到按时或按日计算的技术操作，但你买不到热情，你买不到创造性，你买不到全身心的投入，你不得不设法争取这些。

——弗朗西斯（C. Francis）

第一节　组织职业生涯管理概述

一、组织生涯管理的内涵与特征

组织职业生涯管理是指组织根据自身的发展目标并结合员工的发展需求，制定组织职业需求战略、职业变动规划与职业通道，并采取必要的措施加以实施，以实现组织目标和雇员发展目标相统一的过程。组织职业生涯管理具有以下一些特征：

1. 组织职业生涯管理的主体是组织

虽然一般而言，制定和执行职业生涯规划的主体不是某个组织，而是组织员工中的个体，但是组织通过影响员工对自身、环境、目标的认知，间接对员工个人的职业生涯规划产生重要的影响。

2. 组织职业生涯规划的内容

它包括职业生涯规划的方法与程序、组织人力资源招聘计划、职业生涯阶梯设置、组织继任规划、顾问计划、退休人员计划以及组织职业生涯规划落实措施。

3. 组织职业生涯规划主要目的是使员工的职业生涯目标与组织发展目标一致

根据巴纳德的社会协作系统理论，个体为什么会加入一个组织？主要是因为个体力量的有限，为了完成个体无法独自完成的任务，需要加入一个组织。个体加入一个组织的主要目的是希望通过组织实现自己的目的。从这个意义上来说，个体是依赖于组织的。组织目标的实现是个人目标实现的前提和基础，只有组织的目标实现了，个体才更有可能实现自己的目标。

另外一方面，组织目标的实现依赖于组织成员贡献力量的意愿。只有当组织员工意愿为实现组织的目标贡献自己的力量时，组织的目标才有可能实现。而这种贡献意愿的大小，取决于在共同追求中个人的动机得到满足的程度。

因此，组织与个人关系在本质上是相互依赖，既对立又统一。组织职业生涯规划的目的是使员工的生涯目标与组织发展目标一致。

4. 组织职业生涯规划与个人职业生涯规划也是对立统一的

组织为员工设计的职业规划，与员工个人职业生涯规划有明显的不同。个人职业生涯规划是以自我价值实现和增值为目的，自我价值的实现和增值并不局限于特定的组织内部，员工可以通过跳槽实现个人发展目标。

组织职业生涯管理则是从组织的角度出发，将员工视为可开发增值的人力资本，通过协助员工在职业目标上的努力，谋求组织的持续发展。

但同时我们看到，组织的需要是组织职业生涯管理的动力，无法满足组织的需要将导致职业生涯管理因失去动力而终止；员工个人职业发展需要是组织职业生涯管理活动的基础，无法满足员工个人基本发展需要将导致组织职业生涯管理活动的失败。

二、组织职业生涯管理的有效性

帕芝（Pazy，1988）将组织职业生涯管理分为三类，即政策、发展和信息。

①政策，是指组织有比较系统的人力资源开发政策，即人力资源规划、为重要员工建立档案、进行员工培训、用科学的方法选择员工等。

②发展，是指员工对组织实施的职业生涯管理效果的感受。如员工是否积

极主动地发挥自己的才能、组织是否愿意对员工发展投资，是否按晋升标准提升职员，员工是否做职业生涯规划等。

③信息，是指组织职业生涯管理方面信息传播的广泛性。如组织的职位空缺、岗位培训等信息的收集与发布。

组织职业生涯管理的有效性评价。职业生涯管理有效性评价指标：绩效（指对自己绩效的主观感觉）、职业态度（指个人知觉和评价职业的方式，如职业满意度和工作卷入等）、职业认同（指能意识到自己的倾向、兴趣和能力）、职业适应性（指能适应职业变化）。

帕芝研究的结果表明：职业生涯管理政策与四种职业生涯管理有效性标准均有显著相关；组织职业生涯管理中的发展与职业生涯管理有效性中的绩效、职业态度、职业认同均有显著相关，但是与职业适应性相关不显著；职业生涯管理中的信息与职业态度和职业生涯职业认同显著相关，与绩效和适应性相关不显著。

在运用层级回归方法控制了年龄、任职年限、性别、个人职业生涯管理等因素后，发现组织的职业生涯管理对绩效、职业适应性的影响不显著，而对职业态度、职业认同有显著影响。

组织职业生涯管理的三项内容与有效性评估的四项指标间的相关性如表13-1所示。

表13-1 **组织职业生涯管理的有效性评价**

	绩效	职业态度	职业认同	职业适应性
政策	显著相关	显著相关	显著相关	显著相关
发展	显著相关	显著相关	显著相关	相关不显著
信息	相关不显著	显著相关	显著相关	相关不显著

三、组织职业生涯管理中的角色

1. 组织内部的角色

组织内部承担雇员职业生涯开发与管理任务的角色有多个。首先是组织最高领导者，他们是雇员职业生涯发展的组织者，他们组织人力资源管理部门和职业生涯委员会制定战略规划和实施计划。而后将实施计划交由职业生涯指导顾问和各级管理者具体落实执行。在实际工作中，组织内的同级和直接下级也起到了不同角色的作用。下面对组织中的角色及其作用分别加以介绍。

(1) 组织最高领导者

组织最高领导者是雇员职业生涯开发与管理的重要人物。组织发展战略是由最高领导者确定并指挥实施的，另外，组织最高领导者还参与组织各项管理制度和人事制度的制定。

需要指出的是，组织最高领导者或多或少地会对高级管理人员进行直接的管理，他们可能参加职业生涯委员会，处理有潜能人员的有关问题，并决定一部分管理人员的职务分配，因此组织最高领导者实际上决定了组织人力资源策略的选择，以及从整体上影响了职业生涯开发与管理的内在功能。

美国学者施尔曼（Sherman, 1996）教授指出，职业生涯开发与管理的成功与组织高层领导者的全力支持密不可分。

理想的方式应该是，高层经理与人力资源部经理、职业生涯委员会一起设计并实施职业生涯的开发体系和制度。该体系应该反映组织的（愿景）目标和文化。

(2) 人力资源部门

人力资源部门负责整个组织中的各类职业人员的开发与管理，职业生涯开发与管理是其工作内容的重要组成部分。针对组织内部不同的人员，分析其工作的特殊性，制定相应的政策，并根据工作发展的需要设立特殊的岗位，进行特殊的培训，设定不同的职业发展通道，以培养能够担任特定的职业开发与管理的专家。

(3) 职业生涯委员会

职业生涯委员会是组织为职业生涯开发与管理战略的制定和实施而设立的机构，它一般由企业最高领导者、人力资源部门的负责人、职业指导顾问、部分高级管理人员以及组织外部专家组成。职业生涯委员会是对与组织人员发展相关的决定进行讨论的专门机构，其主要职责是制定每年的职业生涯年度会谈策略，对有潜力的雇员进行定位，并对其发展道路进行观察监督。职业生涯委员会的会议具有很强的影响力，有关职业分派的一些决定也在职业生涯委员会进行讨论。职业生涯委员会需要连续不断地收集和整理个人、企业和社会发展的信息，以便进行正确决策。

(4) 职业生涯指导顾问

职业生涯指导顾问是设立于人力资源管理部门或职业生涯委员会中的特殊职务，由具有丰富的人力资源管理知识和经验的专业人员担任，也可以由德高望重、已在职业生涯发展中取得显著成就的资深管理人员担任。

职业生涯指导顾问可以在两个层次参与工作。从组织角度出发，他们负责研究有关管理人员的聘用和管理问题，贯彻职业生涯委员会的决策。其实际的参与程度取决于组织的结构和组织的国内、国际发展战略计划。

从雇员角度出发，职业生涯指导顾问是其职业生涯的顾问，也是其直接上级进行职业生涯开发与管理工作的顾问。因此，职业生涯指导顾问的任务主要表现在如下四个方面：

①直接为雇员的职业生涯发展提供咨询。

②帮助各级管理人员做好职业生涯开发与管理工作。

③协助组织做好员工的晋升工作，通过一系列方法，来明确可以提供的工作岗位、员工发展的愿望、实现地理位置上的人事变动的条件，等等。

④协助做好各部门管理人员间的薪酬平衡，使之不会因为所处岗位级别及部门情况的不同而差距过大，避免薪酬政策间的差距阻碍了组织内部的人事变动。

（5）直接上级

雇员的直接上级，其作用因组织的人事政策的不同而有所不同，因为，各类组织对雇员的管理（如聘用、薪酬、人事调动）的集权程度不同。但无论如何，直接上级是雇员职业生涯开发与管理中不可或缺的角色。其作用主要体现在以下几个方面：

①日常工作中一般由直接上级对雇员进行评估，因此，直接上级对雇员潜能的定位起到重要作用。

②直接上级可以通过不同工作任务的分派来使雇员发挥自己的能力，展现自己的潜能。

③直接上级还可以充当顾问的角色，即根据对某个雇员的印象参与对其职业生涯的指导或将自己对其发展前景的看法告诉雇员。

④直接上级可以利用他们的关系网为雇员在组织内的职业生涯发展产生积极的作用，促进雇员的晋升。

实际上，组织中各个层次的直接上级都在自觉或不自觉地做着人力资源开发工作。组织的人力资源开发政策正是通过各层管理人员落实到其直接下级的，每一个员工都会通过直接上级对其工作的安排和评价感受企业人事政策的宗旨。

因此，可以说每一个直接上级都在理性或感性地影响着下级在职业生涯上的发展。组织应明确地建立直接上级参与雇员职业生涯开发与管理的工作体系，具体如下：

①对直接上级参与对雇员的职业生涯发展进行评估。

②对直接上级进行职业生涯管理的专项培训。只有这样，才能更好地促进组织与雇员的发展。

(6) 直接下级

直接下级的作用除根据切身体会对上级雇员做出评价以外，有时直接下级的发展状况也会影响上级的发展前途。雇员职业生涯发展的一个重要标志是能培养出一个优秀的直接下级。

直接下级的成长也为上级雇员在职业生涯发展中抓住机会提供了保证。如果一名管理人员由于工作成绩突出而获得了晋升的机会，但由于未能培养出一名优秀的下级来接替自己的工作，只好先让其保持原职，待其职位“后继有人”后再晋升。在这种情况下，这名管理人员只能延迟或错过职业发展中的一次职务晋升和发展机会。

(7) 平级

组织内平级的雇员因为没有上下级关系，可以无拘无束、畅所欲言地提出最为平等的评价和建议。由于所处的角度不同往往对问题有不同的看法和建议，这对同级雇员的发展往往很有帮助，但是由于组织管理体制的影响，其角色和作用往往被忽视。

2. 组织外部专家

职业生涯开发与管理中的组织外部专家可由大学的人力资源教授、人力资源管理咨询专家、职业指导专家、职业咨询专家或退休的高级管理人员担任。组织外部专家的意见不受公司内部具体情况的局限，可以使管理人员开阔视野，对雇员的职业生涯发展往往会产生重要的指导作用。

3. 家庭主要成员

家庭主要成员对雇员的职业生涯发展往往会有很重要的影响，如家庭成员的职业价值观、地域偏好、需求等。但家庭成员意见的重要程度取决于雇员对家庭生活与职业生活关系的价值判断。

由以上分析可以看出，职业生涯管理的角色有多种，不同角色居于不同的地位，发挥着不同的作用，这些角色相互作用、相互影响和相互联系，共同构成了员工职业生涯发展的角色体系。这一体系如图 13-1 所示。

在上述职业生涯开发与管理诸多角色中，不同的角色居于不同的地位、发挥着不同的作用。在这些角色中，谁是最关键的角色？无疑是雇员本人。同时，在职业生涯开发与管理中员工的主管和人力资源部门的角色，具有特殊的重要性，特列表对其进行比较说明，详见表 13-2。

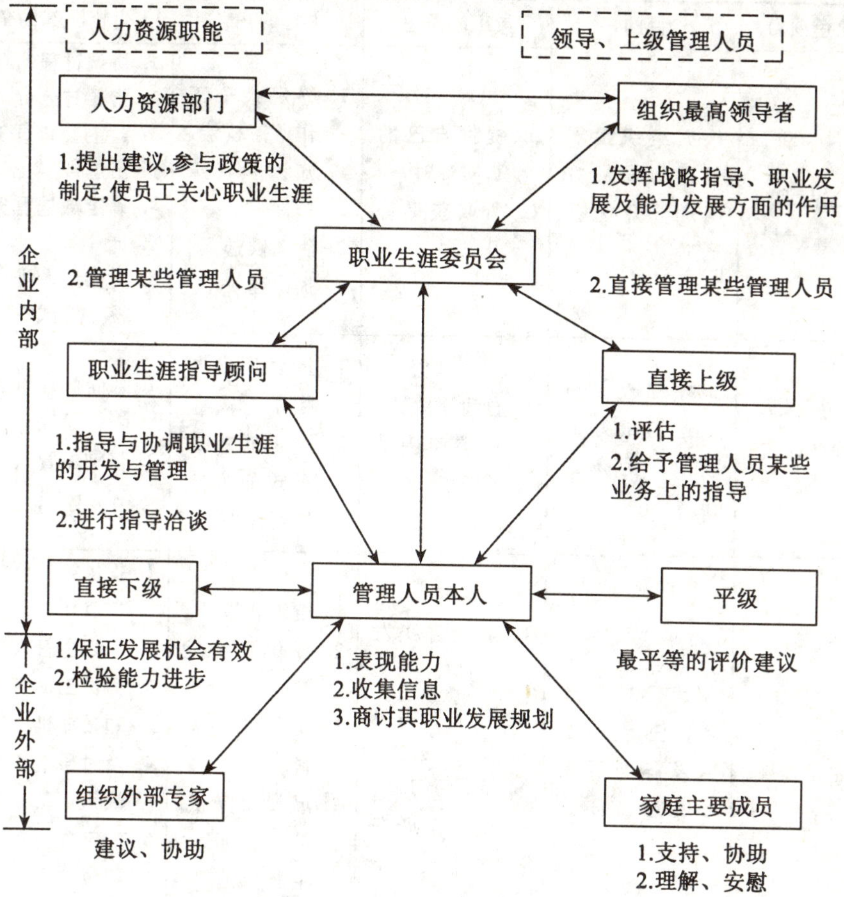

图 13-1　职业生涯发展中的角色与作用

表 13-2　**职业生涯开发管理中的角色**

角色项目	目的	员工的角色	主管的角色	人力资源部的角色
职业生涯目标	确定职业生涯努力方向，实现个人理想	1. 剖析自己 2. 分析有关因素 3. 规划自我发展目标	1. 为员工提供有关信息 2. 协助员工剖析自己 3. 帮助员工制定目标	1. 职业生涯规划指导 2. 分析员工职业生涯目标的可行性

续表

角色项目	目的	员工的角色	主管的角色	人力资源部的角色
配置与选拔	根据组织发展目标与发展方向，晋升优秀员工	1. 提供自己的真实资料 2. 争取获得晋升	1. 界定某一工作所需技能、知识和特殊条件 2. 甄选候选人，提出建议	1. 协调过程 2. 指导与分析 3. 对主管和员工提出忠告 4. 确定甄选晋升标准 5. 对候选人进行考核、面试
绩效评估	指导和教导员工达到最好的绩效，提高工作满意度	1. 自我评估 2. 请求和接受回馈	1. 提供回馈与指导 2. 以正式或非正式的方式进行评估	1. 监督和评价各种考评量表 2. 培训主管人员和评估人员
个人职业生涯发展	创造良好的环境，使员人个人发展与组织发展统一起来	1. 承担自我发展责任 2. 获取真实信息 3. 界定与沟通 4. 完成发展性计划	1. 组织和指导 2. 提供真实反馈 3. 提供相关资料 4. 鼓励和支持员工的职业生涯发展	1. 提供相关资料与信息 2. 培训主管人员 3. 为员工提供训练和教育机会 4. 及时通报职位空缺 5. 制定并公布有关职位的标准及要求
职业生涯发展评估	评估员工的工作能力和潜能，使员工的发展与公司的发展需要相结合	1. 自我探索 2. 自我评估 3. 分析自我发展存在的问题	1. 评估员工的当前绩效、潜能和兴趣 2. 与其他主管沟通信息 3. 确认机会和问题 4. 推动员工规划的实施	培训主管人员如何对员工进行职业生涯发展评估

续表

角色项目	目的	员工的角色	主管的角色	人力资源部的角色
职业生涯调适	使工作生活目标能密切地融合	1. 接受评估意见 2. 必要时调整生活与职业生涯目标	1. 根据评估结果，提出调整意见并实施	1. 调整方案的备案 2. 协助主管完成员工的工作或职业生涯目标的调适

案例

为什么总是留不住人才？

这是一家集禽类养殖、屠宰冷冻加工、熟食加工于一体的大型工业企业集团。该集团总部位于中部某省的一个县城，由于目前该集团发展迅速，因此，对各类人才的需求非常大。

虽然，每年该集团都会引进很多的大中专毕业生，但是，没有几年这些引进的人才大多数都流失了，很少有毕业生经过2～3年的培养后能担当重任。对此，该集团无论是老总，还是人力资源部经理都很困惑：为什么我们留不住人才？

为了解决大学生流失率高的问题，公司在人力资源管理部门专门设立了一个管理岗位，来负责管理大学生的有关事务。

例如，试图通过加强和大学生之间的沟通、改善大学生的伙食待遇、搞各种文体活动、节假日招待慰问甚至帮助介绍对象等各种手段，来降低大学生的流失率，但是效果却不尽如人意。

在笔者与公司老总面谈后，感觉到老总对人才的渴求非常迫切，希望能快速培养人才，同时也很困惑。

他告诉我们，以前他们公司的有些老工人，通过师傅带徒弟的方式为公司培养了好几位骨干人才，但是，目前的大学生经过三年多的培养基本上难以承担重任。

到底是大学生本身的问题，还是企业出了问题？在接下来的调研中，我们发现这个企业有个很显著的特点，那就是公司内部中层管理人员调动非常频繁，很多管理干部在同一个岗位上连续工作的时间都不到一年，有些人甚至在一个岗位上工作三五个月就调走了。调动的主要原因据说是没有在短时间内达到老板的业绩要求。

尽管老板很能干也很强势，对中层管理干部要求较高，而且一再提出公司在近期要上市，但是公司的管理基础却比较薄弱，几乎所有中层管理岗位上的人，甚至包括相当一部分领导干部，都不同程度存在岗位知识和技能知识缺乏的问题，专业化水平较低。

公司其他部门向人力资源部门要人的时候，通常会附加一个条件，即人力资源部最好是向他们提供“来了就能用”的人，而不是那些还不能胜任工作的刚毕业的大中专生。

通过分析，最后发现企业之所以留不住人才，在于老总本人在工作中不自觉地选择了一种不恰当的人力资源策略。

作为强势领导，加上养殖行业所面临的严峻生存环境，老总特别希望公司能快出业绩，所以他期望手下的员工能够胜任，能够在短期内让自己看到业绩，而一旦下属达不到要求，就立即换人。他的这种做法其实是不自觉地采用了“交易型”人力资源战略，而不是“投资型”人力资源战略。前者是指直接获得和使用成熟的人才，而后者则是指自己培养人才。

并不是说，这两种用人战略本身有对错之分，但是对企业的要求却不同。

使用“交易型”人力资源战略，要求如下：

①企业有较强的经济实力，薪酬水平要高于市场平均水平。但是，该企业是一家成本领先的生产性企业，资金非常紧张，劳动力成本承受能力有限。不太可能依靠较高的薪酬水平来吸引人才。

②企业本身具有吸引力。该企业属于养殖行业，没有高新技术企业的自然魅力；另外，该公司总部所在地理位置不太理想，人文环境较差，对外来人才吸引力不大。

由于老总在无意识中采取了不恰当的人力资源战略，所以对中层管理干部提出了不切实际的快速出业绩，同时不允许犯错误的过高要求。

而中层干部在这种压力下，又向人力资源部门施压，伸手索要“来了就能用的人”。

至于那些对自己职业发展期望很高的刚刚毕业的大中专生，则根本没有被领导层和管理层放在心里，以致很多当初被以锻炼的名义下放到养鸭场和车间从事纯体力劳动的大中专生甚至被人遗忘了。

此外，这种错误的人力资源战略还导致了另外一种非常危险的结果，即公司中大量的管理人员由于不能在短期内出业绩而被免职或降职，被过早地打上失败者的烙印，失去被提拔和重用的机会，在公司中的职业发展前途一片暗淡。

事实上，对这家企业而言，它只能采取“投资”策略，即在可以获得的大中专毕业生和来自当地的其他人员的基础上进行密集的培训，同时允许管理人员在成长的过程中适当地交学费。只有通过不断积累、坚持培养的方式，这家企业才有可能获得未来扩张所需的各类专业人才和管理人才。

资料来源：刘昕．人本之道——中国人力资源管理沉思录．中国劳动社会保障出版社，2007.

思考题：

1. 职业生涯开发管理的隐含假设有哪些？是否存在跨文化的影响？

2. 案例中老总有着根深蒂固的中国式管理思维，作为一名人力资源管理者，你该如何去面对？

第二节 基于战略性人力资源管理的组织职业生涯管理

一、基于战略性人力资源管理的组织职业生涯管理系统

战略性人力资源方法出现于20世纪80年代早期，随后该方法成了热门研究领域。从人力资源战略角度来看，人力资源战略应该来源于公司的总体战略，并与组织文化和外界环境相匹配。

从上一节的案例，我们可以看到，由于企业最高领导者在不经意中选择了不恰当的人力资源战略，导致组织生涯管理系统不能有效地满足组织和个人的需要。

因此，组织职业生涯管理系统作为组织人力资源管理系统的一个子系统，其作用的有效发挥离不开组织人力资源管理系统的密切支持。这两个不同层级却相互联系的系统，只有相互配合才能有效地满足组织和员工发展的需要。

随着战略性人力资源概念框架的出现，相关的理论研究开始把职业生涯管理系统当做组织内的一个子系统，并与战略和人力资源实践相关联。

在已有的研究中，施恩提出的人力资源规划与开发模型较好地将组织生涯管理系统与人力资源管理系统整合在了一起。如图13-2所示。

在模型的左边，主要反映了组织层次的一些活动：首先，组织规划确定了组织长期与短期发展目标（方框A），其次，通过人力资源规划（方框B）预测出为了实现组织规划所需的人员的类型和数量。在这两个步骤中，组织的规划决定人力资源规划，人力资源规划必须对组织规划形成支撑。

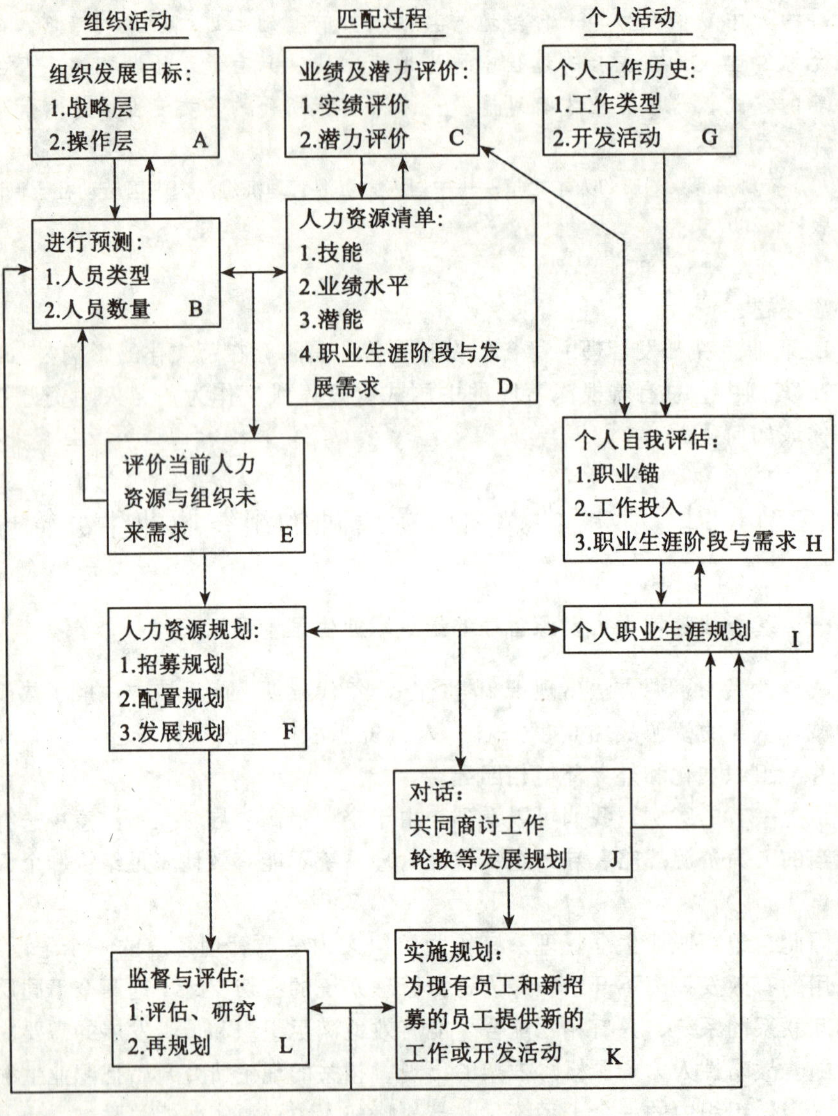

图 13-2　施恩职业生涯管理模型

再次，组织评估现有的人力资源，能在多大程度上满足组织发展的需要（方框 E）；通过评估，组织制定专门的人力资源规划（方框 F）来获得适当的人力资源以满足组织发展的需要。

最后，组织对人力资源规划的实施情况进行监督与评估（方框 L），在必要的时候进行再规划。

在模型的右边，主要反映了个人层次的一些活动。正如组织有自身的发展目标一样，个人也有自身的成长和发展需求。首先员工对自己过去的工作和学习经历进行回顾（方框G），在此基础上对自己的职业锚、工作投入程度以及当前所处的职业生涯发展阶段和发展需求进行全面评估（方框H），最后，员工制定自己的职业生涯发展规划（方框I）。

由于员工的个人规划不可能脱离组织发展规划和组织人力资源规划的框架而独立制定，因此，员工的个人发展目标必须与组织的发展目标相一致。

为了有效地整合组织发展和员工个人发展，施恩在模型中提出了一个匹配双方需要的过程。首先，组织对现有人员的实际业绩以及潜在能力进行评价（方框C），其次，把评价得到的数据以人力资源清单的形式储存起来（方框D），清单的内容包括员工的技能、业绩水平、潜能、员工所处的职业生涯阶段以及发展需求等。

组织更好地了解了员工的生涯需要以及各职业生涯阶段相关的组织任务，将防止组织毫无根据地假设什么样的安排对员工来说是最好的。

绩效评估对员工的个人自我评估（方框H）来说是一个较好的反馈信息来源。组织和员工在职业生涯发展规划或发展策略上取得一致（方框J和方框K）将有助于把员工的个人职业生涯规划（方框I）和组织的人力资源规划（方框F）联系起来。

最后，个人和组织都需要不断地更新和监督规划的实施情况，并在需要的时候做出调整（方框L）。

总之，施恩的模型展示了员工个人职业生涯规划与组织人力资源规划之间的相互依赖的关系。只不过，有的人力资源管理系统职业生涯导向性强一些，而有的要弱一些。

二、组织战略职业系统

Sonnenfeld 和 Peiperl 把多个学术流派的成果整合在一起，提出了一个临时框架作为理解职业系统的战略方法。他们指出，组织职业系统的模型没有最好的，组织所运用的特定类型的职业系统应该与公司的战略相匹配。

这些类型包含两个维度：供应流，范围从完全从内部晋升到大量外聘管理人员；任务流，表示分配任务和晋升决策在多大程度上基于个人的业绩表现或集体对组织的贡献。这个模型把组织的职业系统分为四种类型（每一种处于一个象限）：学术型、俱乐部型、棒球队型和要塞型，如图13-3所示。

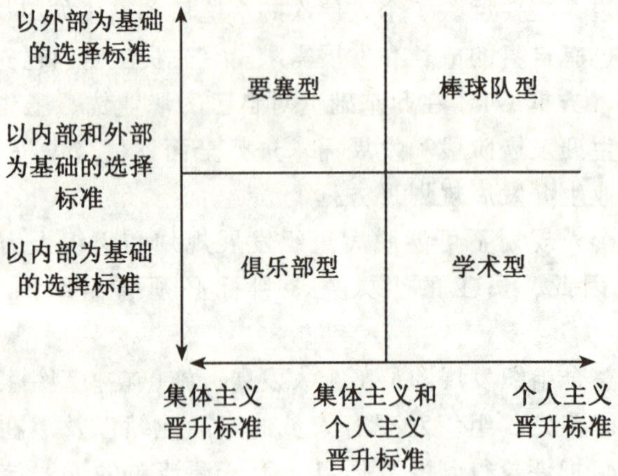

图 13-3 Sonnenfeld 和 Peiperl 的模型

1. 学术型

学术型所处的象限具有内部供应流和个人主义任务流。这种类型的公司特征是人员在早期阶段就进入该公司，在得到长时间的专业化训练中不断成长。公司特有的技巧、横向或双职业路径、跟踪和人才保留是这种类型公司的典型特征。

职业进入阶段的特征包括在早期进入公司时经过了严格的筛选，从而确定其具有成长潜力。

职业发展阶段的特征包括初级人力资源实践、针对特定工作的广泛培训，跟踪和对高潜能职员的挖掘，以及职业路径的清晰阐述。

职业退出阶段的特征包括对组织的贡献很少，由于业绩很差而退休或解雇。典型的组织案例是一些大公司，如 IBM 和 GE。

2. 俱乐部型

俱乐部型是指具有内部供应流和集体主义任务流的象限，这里安全感和从属关系非常重要，人们非常关心在固定等级中的身份地位。俱乐部型的公司常常会对市场形成一定的垄断地位，而且公众可能对这种类型的组织感兴趣（如公共事业、军事或宗教组织）。

职业进入阶段的特征包括在早期职业阶段强调的可信赖性。职业发展阶段特征很普遍，职业发展路径非常缓慢，并且强调忠诚。职业退出阶段的特征包括对组织的贡献很少、退休。

3. 棒球队型

棒球队型是指外部供应流和个人主义任务流所组成的象限。这种类型的组织并不提供职业安全保障，他们关心创新和为组织带来高业绩。人员不需要对组织承担太多的义务，但是人员要具备充沛的精力和远大的抱负，每一个人都希望成为团队里的明星。当这种期望破灭时或当公司处于麻烦之中时，人们会迅速转向新的组织，且常常是相似的组织。

职业进入特征包括初级人力资源实践强调信任感和专长，所有职业阶段都有招聘。

职业发展意味着在职培训，但是具有很少的正式培训和很少的持续规划。

职业退出阶段特征是为组织带来高贡献额，并转向其他组织。

典型的组织案例有娱乐业、广告公司和律师事务所。

4. 要塞型

要塞型具有外部供应流和集体主义任务流，这些公司为生存而努力奋斗，因为行业中的经济状况不利于它们。

职业进入阶段包括消极招聘，进入感兴趣的行业，选择性地循环招聘。

职业发展的特征包括努力保持核心能力。

职业退出阶段包括经常停工，由于高资历得到人们的尊敬。

典型的组织案例包括航空公司、旅馆和零售商。

这四种类型的比较见表 13-3。

表 13-3　　战略职业系统四种类型

分类	进入组织	内部发展	退出组织	实例
要塞型	1. 被动的招聘 2. 申请人自我选择	组织保留业务骨干	1. 经常辞退 2. 重视资历	零售业
棒球队型	1. 招聘活跃 2. 强调证书 3. 挑选各个层次的员工	1. 非正式的培训 2. 几乎没有职业管理	1. 高离职率 2. 员工要经历多个组织	唱片公司
俱乐部型	1. 员工职业生涯早期 2. 强调终身职位	1. 发展全面技能 2. 晋升路线按部就班 3. 升职缓慢 4. 强调员工的忠诚	1. 低离职率 2. 退休最典型	银行

续表

分类	进入组织	内部发展	退出组织	实例
学术型	1. 员工职业生涯的最早期 2. 强调员工的发展潜力	1. 高度重视发展活动 2. 广泛的工作培训 3. 追踪和资助潜力大的员工 4. 严格的晋升路径	1. 低离职率 2. 退休和解聘都常见	大学

这个模型把人力资源管理理论和实践与公司的总运营战略联系起来，并得到了案例的支持。

案例

3M公司的职业生涯管理系统

特点：

①现有工具和资源的联系与综合。

②内部人才的利用。

③注重发展与平级调动。

结果：促进交流，提高工作效率。

一、背景

多年以来，3M公司的管理层始终积极对待其员工职业生涯开发方面的需求。从20世纪80年代中期开始，公司的员工职业生涯咨询小组一直向个人提供职业生涯问题咨询、测试和评估，并举办个人职业生涯问题公开研讨班。通过人力资源分析过程，各级主管对自己的下属进行评估。

公司采集有关岗位稳定性和个人职业生涯潜力的数据，通过电脑进行处理，然后用于内部人员的选拔。相对来说，历史较短的人力资源部门现已自成体系，可对员工职业生涯开发中的各种关系进行协调。

公司以往的重点更多地放在评价和人力资源规划上，而不是员工职业生涯开发的具体内容上。新的方法强调公司需求与员工需求之间的平衡。

二、系统组成部分

3M公司最新设计的员工职业生涯规划与管理工作主要包括如下内容：

①岗位信息系统。

②绩效评估与发展过程。

③个人职业生涯管理手册。

④主管和员工公开研讨班。

⑤一致性分析过程。

⑥职业生涯咨询。

⑦职业生涯项目。

⑧合作者的重新定位。

⑨学费补偿。

⑩调职。

上述内容共同构成了一套卓有成效的员工职业生涯开发体系。

1. 岗位信息系统（JIS）

若干年来，3M公司的全美员工民意调查显示，员工要求有更多的有关个人职业生涯机遇的信息。因此，在大环境非常适合的情况下，3M公司于1989年底开始试行岗位信息系统。员工们反应非常积极，这一示范项目被推广，从此该系统在公司全面实施。在试行阶段，人力资源部、一线部门及员工组成了一个专题工作小组，进行了为期数月的规划工作。

该系统包括岗位信息通告系统和反馈系统。管理层中的所有岗位，最高到总监级，均在全公司通报，只有最高层中的1.5%的岗位不在通告之列。所有经批准的空位均被列出，只有极少数的特殊情况除外。

空出岗位的通告时间为10个工作日，岗位需求信息的发布采取电子方式，员工们可以通过自己的电脑调阅这方面的内容。销售代表及其他现场工作人员通过拨叫一个电话号码来获得岗位信息。另外还开通一条电话热线，专门解答人们对岗位需求信息发布系统的疑问。

员工们可以申请自己认为有资格胜任的所列出的任何岗位，但在申请之前他们必须在现有岗位上工作满24个月，除非他的主管放弃这一要求。

他们以书面的方式填写申请表，这些申请表直接送交用人经理进行筛选。用人经理打电话给自己希望面试的申请人的经理，然后再直接打电话给申请者本人。

反馈是本系统必不可少的一部分。用人经理对所有候选人均做出回应，未被面试者至少会收到一份格式化的信函。所有参加面试但未获得申请岗位的人将收到一份备忘录或者一次电话通知，这一项目由员工职业生涯管理部门进行协调。

2. 绩效评估与发展过程（PADP）

绩效评估与发展过程涉及各个级别（月薪和日薪员工）和所有职能的员工。1989年，它开始适用于月薪员工，1990年开始适用于日薪员工（当这一过程扩大到日薪员工时，公司为他们召开会议并提供培训）。

每一位员工都收到一份供明年使用的员工工作单。员工填入自己如何看待自己的工作内容，指出明年的4～5个主要进取的方向和期望值。这份工作单包括一个岗位改进计划和一个职业生涯开发计划。

然后，员工与自己的主管一起对这份工作单进行分析，就工作内容、主要进取领域和期望值以及明年的发展过程取得一致。在第二年中，这份工作单可以根据需要进行修改。

此过程旨在根据实现目标过程中的相关因素，突出需要强化和改进业绩的领域（除工作内容和所取得的成果外）。等到年底的时候，主管根据以前确定的业绩内容及进取方向进行业绩表彰工作。

在实施这一绩效评估与发展过程之前，3M公司的评价过程的重点不在具体的对发展规划的要求。而上述过程巩固了这样一个观念，即员工对工作和职业生涯开发负有主要责任，而领导者则为此项关键性资源提供咨询、建议和辅导。

具有重要意义的是，绩效评估与发展过程促进了3M公司主管与员工之间的交流。他们定期召开业绩讨论会议（一般是一季度一次），鼓励员工根据需要主动与自己的主管进行非正式的商谈。

3. 个人职业生涯管理手册

公司向每一位员工发放一本个人职业生涯管理手册。它概述了员工、领导者和公司在员工职业生涯开发方面的责任。这一手册还明确指出现有的员工职业生涯开发资源，同时提供一份员工职业生涯关注问题的表格。

4. 主管公开研讨班

为期一天的公开研讨班有助于主管理解自己所处的复杂的员工职业生涯开发环境，同时提高领导技巧及对自己所担任的各类角色的理解（咨询者、教练、推荐人等）。

主管的反应始终是非常积极的，同时还计划开展一次公开研讨班跟踪此过程。这一公开研讨班巩固了这样一个认识，即人才开发是主管工作的一个基本组成部分。这一开发的重点还强调对业绩表彰过程的利用。虽然一般性业绩被包含在所有员工的评估中，但是针对主管还是增加了额外的评估，“员工开发与管理”乃是这些新增因素的第一个方面。

5. 员工公开研讨班

早在1987年，3M公司就已经开办了旨在帮助员工分析个人前途的职业生涯发展公开研讨班。经过1990年的改进，这一员工公开研讨班为期两天，提供“员工个人职业生涯指导”，即强调自我评估、目标和行动计划，以及平级调动的好处和职位晋升的经验。

内容可以任选，其重点在于内部岗位的求职技巧、如何写简历、如何面试等。如何有效利用岗位信息系统也被纳入公开研讨班的内容之中。

开始时有些主管担心这样的公开研讨班可能会起到鼓励人们跳槽的作用，然而事实并非如此，参加公开研讨班的大部分职员报告说，他们现在对自己目前的个人前途更加满意了，同时他们还充分地认识到如何更加现实地把握自己的职业生涯。

公开研讨班结束后，员工们根据要求回答跟踪问卷调查，而且他们的行动计划也得到跟踪（主管也参与其中）。为一视同仁地协助员工和主管，人力资源部准备了一个资料库，其中就有与个人职业生涯相关的录像带。3M公司的各个图书室有关于个人职业生涯的业务图书。

虽然，公司目前尚未使用职业生涯开发软件，但是正在就与个人职业生涯相关的电脑服务进行调查。

6. 一致性分析过程

这一接下来的过程到达了顶点，集团副总裁会见各个部门的副总裁，讨论其手下管理人员的业绩情况和潜能。此过程影响到评定结果和人力资源部门的评审过程，因此对于转岗、发展和晋升都具有影响。

这是一项重要的信息共享过程，对于管理人员来说，也是反馈业绩信息的又一来源。此过程起始于总监们与自己的经理们举行会议，执行总监们与自己手下的各位总监举行会议，部门或负责人事的副总裁则与各位执行总监举行会议。

与上述一致性分析过程紧密相连的是一个在执行层面上开展的人员接替规划项目，它已经实行了六七年之久。公司正考虑将这一高度成功的项目扩大到中级管理层。

7. 职业生涯咨询

一方面公司鼓励职员主动寻找自己的主管商谈个人职业生涯问题，另一方面公司也提供专业的个人职业生涯咨询（除此之外，还为每一个部门指定一个人力资源经理）。

这一咨询功能包括一些评估工具。员工们可以从主管、员工帮助顾问或人力资源经理处征得个人职业生涯咨询意见，抑或他们可以自行其是。咨询一般被用做对员工工作研讨班的跟踪调查，帮助员工制订一份深造计划，讲解简历写作技巧和面试技巧，帮助员工在求职失败后重新考虑个人前途问题，或者帮助员工求职或重新确定个人发展方向。

8. 职业生涯项目

作为内部顾问，员工职业生涯开发工作人员根据职业兴趣开发一些项目，并将它们在全公司推出。一个非常普及的项目涉及如何保持高水平。项目的内容包括员工职业生涯管理部门的信息及现有的内部职业生涯开发资源。

9. 合作者的重新定位

员工职业生涯开发工作人员在全公司范围内协调合作者的重新定位程序。由于双职工夫妇的原因，这已经成为一个重要的功能，虽然本项目也解决非工作关系合作者的选择问题。

10. 学费补偿

此项目已实行多年。它报销学费和员工当前岗位学习相关的费用，以及与某一工作或个人职业生涯相关的学位项目的全部学费和费用。

11. 调职

内部调职的协调通过“3M公司员工转岗”程序进行。岗位被撤销的员工自动进入一个个人职业生涯过渡公开研讨班，同时还接受具体的过渡咨询。这种方法在过去的8年中唤起了数千名职工的工作热情。根据管理层的要求，还为解除聘用的员工提供外部新职业介绍。

三、成果

在3M公司试图更加准确、现实地统一员工需求和公司需求的努力中，已经成功地提高了工作效率，更大程度地唤起了职工参与实现公司目标的热情。主管在员工职业生涯指导方面更有信心，在改进与员工的交流方面更有可信性。

3M公司的各项员工职业生涯开发服务项目，针对的是真正的需求。职业生涯开发和当前工作的改进虽然分属不同的领域，但又相互关联。由于公司是根据具体的情况对待每一个人，所以它为个人和公司都带来了最大的利益。

资料来源：[美] 托马斯·G. 各特里奇等. 有组织的职业生涯开发. 李元明，吕峰译，南开大学出版社，2002.

第三节　职业生涯发展阶梯管理

一、职业生涯发展阶梯的内涵

职业生涯发展阶梯是组织为内部员工设计的自我认知、成长和晋升的管理方案。职业生涯发展阶梯在帮助员工了解自我的同时，使组织掌握员工的职业需要，以便排除障碍，帮助员工满足需要。

另外，职业生涯发展阶梯通过帮助员工胜任工作，确立组织内晋升的不同条件和程序，对员工职业生涯发展施加影响，使员工的职业生涯的发展目标和规划有利于满足组织的需要。

职业生涯发展阶梯包括：职业生涯发展阶梯模式、职业生涯发展阶梯设置以及职业策划与工作进展辅助活动等。其中职业生涯发展阶梯模式与职业生涯发展阶梯设置是职业生涯阶梯设计的核心内容，也是要研究的重点。

职业生涯发展阶梯是决定组织内部人员晋升的不同条件、方式和程序的政策组合。职业生涯发展阶梯可以显示出组织雇员晋升的方法，晋升机会的多少，如何争取晋升等，从而为那些渴望获得内部晋升的员工指明努力的方向，提供平等竞争的机制。

其内涵主要包括以下三个方面：

1. 职业生涯发展阶梯的宽度

根据组织类型和工作需要的不同，职业生涯发展阶梯可宽可窄。要求员工在多个职能部门、多个工作环境轮换工作的职业生涯发展阶梯是宽职业生涯发展阶梯，它适应对员工有高度综合能力的要求。要求员工在有限个职能部门和工作环境中工作的职业生涯发展阶梯是窄职业生涯阶梯，它适应只要求员工具备有限专业经验和能力的需要。

2. 职业生涯发展阶梯的速度

根据员工能力和业绩的不同，职业生涯发展阶梯的设置可以有快慢之分，即快速梯和慢速梯。正常晋升和破格提升都应做到有政策依据。

3. 职业生涯发展阶梯的长度

根据组织规模和工作复杂程度的需求不同，职业生涯发展阶梯可长可短。职业生涯中的等级在 4 级及以下的可称为短阶梯，在 10 级以上的可称为长阶梯，在 5 ~10 级之间的可称为中等长度的职业生涯发展阶梯。组织职业生涯发展阶梯的长短对雇员的发展和潜力的发挥具有重要影响。

职业策划是指组织在员工进行个人评估和确定未来职业发展策略时给予他们有效的帮助，协助员工确认自身的能力、价值、目标和优劣势，并帮助员工制定相应的职业生涯开发策略和职业生涯发展路线的过程。

职业策划一般由组织中具有专业知识的人力资源部门提供正规的帮助服务，以确保员工评估在形式、时间、内容范围上的一致性和一定的准确性。组织可利用收集到的职业策划结果，有针对性地安排雇员的职业生涯活动，通过职业策划满足雇员和组织的双重需要。

工作进展辅助活动是组织为帮助员工胜任现职工作、顺利完成各项工作任务而提供的各种旨在提高员工工作能力的辅助行为。工作进展辅助活动的方式灵活多样，具体可根据组织内部的工作性质、个体条件的不同而采取不同的方式。总体来说，工作进展辅助活动是以协助员工在工作中成功积累工作经验和提高工作能力为目的。

科学、清晰的职业生涯发展阶梯设置和规划可以满足雇员长期职业生涯发展的需要，同时还可以满足组织高层次工作清晰化、专业化的需要。

组织可以借此通过适当的招聘政策吸引和留用更多高素质的人才，保证组织发展有稳定可靠的人员保障，而且可以更好地得到组织政策和法律的保护。

二、职业生涯发展阶梯的模式

职业生涯发展阶梯规划，是现代人力资源管理的关键。组织为雇员建立科学合理的职业生涯发展阶梯，对调动他们的积极性与创造性，增加对组织的忠诚感，从而促进组织的持续发展，具有重要的意义。

组织的人力资源管理要善于有效地把组织的目标与雇员个人的职业发展目标结合起来，努力地为他们确定一条有所依循、可感知的、充满成就感的职业生涯发展道路。

有关职业生涯发展阶梯的研究，始于20世纪50年代的欧美等国。20世纪90年代中期，中国部分企业也开始导入并做了这方面的尝试。

根据当前国内外不同组织职业生涯发展阶梯设置的实践，可以发现，目前职业生涯发展阶梯模式主要分为三类：单阶梯模式、双阶梯模式和多阶梯模式，下面分别加以介绍。

1. 单阶梯模式

传统的组织或企业职业生涯发展阶梯只有管理类职业生涯发展阶梯，一般为：职员、经理助理、部门经理、总裁助理、总裁。

对拥有专业人员（如工程师、科研人员）的公司来说，一个重要问题就是如何让雇员感到自己得到了重视。在许多公司的职业生涯路径中，工程师和科研人员能够得到晋升和物质回报的唯一途径就是进入管理层。图13-4是技术人员和管理人员传统职业生涯路径的示例。技术类职业生涯路径的发展机会相当有限，与管理类职业生涯路径相比，技术类职业生涯的报酬也要低一些。因此，图13-4所示的职业生涯系统会给公司带来负面效应。由于在地位、薪资、发展机会等各方面均不如管理人员，科研人员可能会离开公司。同时，如果科研人员想提高自身的地位并得到加薪，那么他们必须成为管理者。

最终，那些不符合管理职位要求的科研人员也可能会离开公司。由于自身

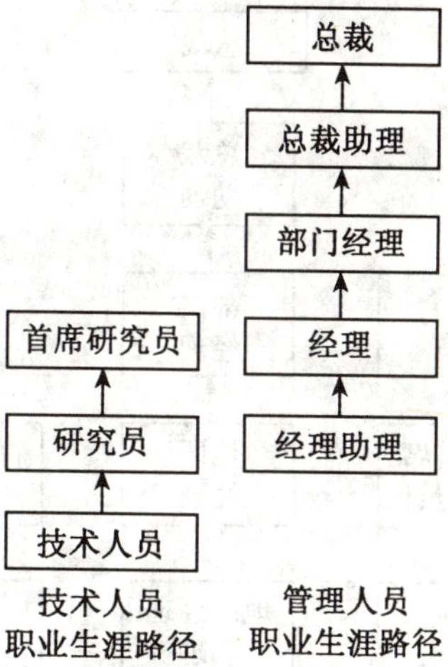

图 13-4　技术人员和管理人员的传统职业生涯路径

的限制，目前单阶梯模式只在一些性质比较单一的组织中实行。

2. 双阶梯模式

许多公司正在开发多重或双重职业生涯系统，来为科研人员和其他技术人员提供更多的职业发展机会。确定职业生涯路径时，要对以下几个方面进行分析：工作和信息流、工作任务的类型、工作环境的异同点、雇员调任或调离某项职务的传统运动方式。

双重职业生涯路径体系（Dual-career-path System）可以让雇员继续沿着技术类职业生涯路径发展，或转入管理类职业生涯路径。图 13-5 描述了一个双重职业生涯路径体系。技术人员可以选择三种不同的职业生涯路径：一种科研职业生涯路径和两种管理职业生涯路径。人们认为，由于在这三种路径中，雇员的薪资水平相近，发展机会也比较相似，因此，他们会选择一种最符合自己兴趣和技能的发展道路。

成功的职业生涯路径有以下几个特征：

①技术人员所获得的薪资、地位和奖励不低于管理人员。

②技术人员的基本工资可能低于管理人员，但通过奖金的形式有机会提高总体收入（如：专利奖和新产品研制奖）。

③技术人员职业生涯路径并不是用来纵容那些缺乏管理才能的雇员的，它只适用于具有卓越技术才能的雇员。

④要让技术人员有机会选择其职业生涯路径。公司要为其提供相关的测评

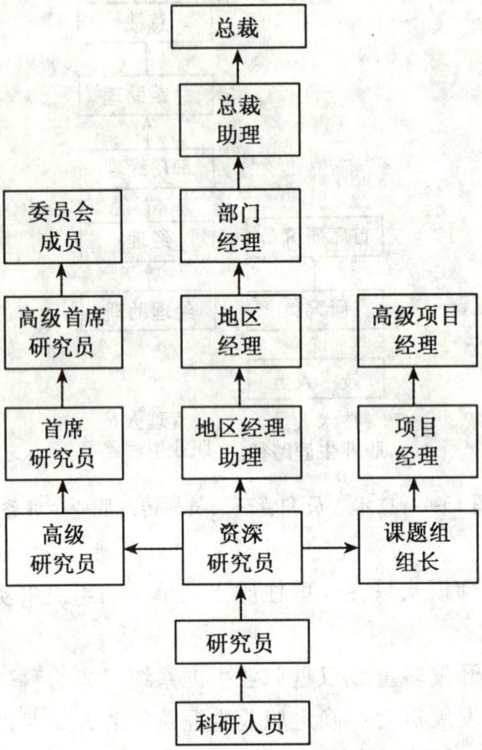

图 13-5 双重职业生涯路径示例

手段。通过测评信息，可以让雇员了解自身的兴趣、工作价值观和强项技能与处于技术和管理职位上的雇员的相似程度。

案例

BPX 的双重职业生涯路径体系

英国石油勘探公司（BPX）制定双重职业生涯路径体系的过程就是一个很好的例子。以往在 BPX 内，技术人员（工程师、科研人员等非管理人员，他们直接参与产品或服务的开发活动）如果没有承担管理责任，就很难得到晋升。当技术人员到达职业生涯路径的最高点后，他们不是选择停止进步就是离开公司。为此，BPX 创立了一个双重职业生涯路径体系。

BPX决定制定一个类似于图13-5所示的双重职业生涯路径体系。一种路径为管理者而设，另一种适用于技术人员。这两条路径在责任、报酬和影响力等方面都具有可比性。

管理人员、技术人员和人力资源部都共同参与制定这个职业生涯路径体系。第一步是制定说明书，以说明管理职位和技术职位所需开发的技能和绩效水平。两种路径都设置了技能矩阵。技能矩阵描述了职业生涯路径中每种职位所需的技能。技能矩阵面向所有雇员，以使其明确目前职位所需的技能，以及将来更换职位所需开发的技能。技能矩阵还与绩效管理、报酬培训系统等其他人力资源系统结合起来运用。例如，技能矩阵可以用做BPX开发计划的一个信息来源。通过技能矩阵，可以了解雇员应改进何种绩效，接受何种培训及积累什么样的经验，以达到目前职位的要求，雇员也可以从技术人员转入管理职业生涯路径。

BPX认为，双重职业生涯路径给予技术人员和管理人员的报酬水平相当，因此可以收到很好的成效。由于双重职业生涯路径体现了公司对雇员兴趣的关注，因此有利于吸引和留住优秀的科研人员和工程师。

对于无法进入管理层的员工，公司可以对其采用技能工资体系。在该体系中，雇员的部分报酬是以其知识水平为基础，而不仅仅基于目前工作的要求。这种工资体系可以促使雇员拓宽自身的技能基础，也减少了管理职位与非管理职位之间的工资率的差别。

资料来源：[美] 雷蒙德·A. 诺伊. 雇员培训与开发. 徐芳译，中国人民大学出版社，2007.

3. 多阶梯模式

由于双阶梯模式对专业技术人员职业生涯发展阶梯的定义太狭窄，为此，如果将一个技术阶梯分成多个技术轨道，双阶梯职业生涯发展模式也就变成了多阶梯职业生涯发展模式，同时也为专业技术人员的职业发展提供了更大的发展空间。

例如，美国一家化工厂将技术轨道分成四种：研究轨道、技术服务轨道、技术服务和开发轨道、工艺工程轨道。

深圳某高新技术公司将技术人员的职业轨道分为六种：软件轨道、系统轨道、硬件轨道、测试轨道、工艺轨道与管理轨道，不同的轨道又分成8～10种不同的等级。

案例

西部电子公司的职业生涯发展阶梯模式

西部电子公司为拓展专业技术人员的发展空间，为员工设计了三类职业生涯发展阶梯：技术人员阶梯、技术带头人阶梯与技术管理人员阶梯，这是一种典型的职业生涯发展多阶梯模式。

在西部电子公司的职业生涯发展阶梯模式中，技术带头人是指有较强的技术基础，能管理项目的员工，他们进行项目资源的计划、协调与控制，并设立技术开发策略与产品开发方向，他们主要对技术人员的技术要求进行把关，而无直接管理技术人员的权力；而技术管理人员主要对项目的预算以及人员的调动、升迁、考评负责。在技术三轨制中，技术人员分5个等级（技术一级、技术二级、技术三级、高级技术一级、高级技术二级），技术带头人分4个等级（一般技术带头人、高级技术带头人、技术主任、技术执行主管），技术管理人员也分为4个等级（一般管理人员、高级管理人员、管理主任、管理执行主管）。

从西部电子公司的职业生涯发展阶梯安排来看，技术带头人等级与技术管理人等级要高于技术人员等级，技术人员一般要到4级（高级技术一级）才有可能进入技术带头人和管理人员等级，而且这种职业的迁移要取决于公司的内在需要和该员工所拥有的才能。

资料来源：张再生．职业生涯开发与管理．南开大学出版社，2003.

三、组织职业生涯发展阶梯的设置

组织职业生涯发展阶梯的设置，对促进雇员的发展、实现组织目标与员工个人目标的整合具有重要的意义。因此，如何进行组织职业生涯目标的设计就成为当前人力资源管理的一项重要工作。组织在进行职业生涯发展阶梯模式选择与设计时应该注意以下几个方面的问题。

1. 并非所有组织都有必要，或认为需要建立职业生涯发展阶梯

在决定建立职业生涯发展阶梯前，组织需要先考虑两个方面的问题：一是组织是否需要一个从内部提拔人才的长久机制；二是组织是否有必要建立一套培训发展方案，以便提供更多的后备人才以供提拔选用。

如果组织可以随时自由地从外部招聘到需要的各类人才，或者内部晋升只是偶然发生，或者内部晋升只是涉及极少数员工，那么大可不必建立复杂的职业生涯阶梯。只有对上述两个问题都回答“不是”的时候，才有必要构建职

业生涯发展阶梯。

2. 职业生涯发展阶梯模式各有利弊

单阶梯模式发展道路单一，一定程度上影响了专业技术人员的发展。双阶梯模式在实践运用中也会遇到许多困难。例如，对于同一级的管理人员与技术人员来说，管理人员在人们心目中的地位要比技术人员高，另外，技术人员阶梯往往成为某些失败的管理人员隐退栖身之地。

为了克服以上弊病，组织和企业对技术轨道上的晋升要严格考核，同时在组织内要形成尊重知识、尊重人才的文化氛围。

3. 其他类型的职业生涯发展阶梯模式

除了传统的职业生涯发展阶梯模式之外，还有施恩提出的“职业生涯发展的三维立体模式”和 Hall 提出的“关系化成长模型”。

（1）职业发展的三维立体模式

1971 年，施恩通过研究发现在特定的组织内有三种职业流动方式，如图 13-6 所示。

①横向流动模式：这种流动方式是组织内部个人的工作或职务沿着职能部门或技术部门的同一等级进行发展变动。这种流动方式可以培养掌管全局的管理人员，为以后的纵向发展做准备；同时可以满足工作丰富化的需要，以平衡部门之间的人员。

②向核心地位流动模式：由组织外围逐步向组织内圈方向变动。员工虽然未获正式授职晋升，仍处于较下层级，但却通过某种获得更多的责任或上层人物的信任等方式，得以进入企业决策的核心圈层从而增大影响力。

③纵向流动模式：指组织内部的个人工作等级职位的升降。这种流动模式与传统观念中的最佳流动模式很相似，在一般观念中，只有纵向的上行流动，才能得到发展和肯定。

（2）关系化成长模型

Hall（1996）提出了解决组织中职业发展问题的一条关系化途径。

随着组织的扁平化和职业发展模式的多元化，金字塔形的组织观念和常规的阶梯形职业发展观念都已经过时。不同于关注职位的升迁，Hall 建议注意相互间关系在职业发展中的重要性。

“在关系化模型中的成长并非只源于个人努力而是依靠彼此间的相互作用。”Hall 认为尽管在工作中的资源会逐渐减少，但人们之间的关系仍将保持在最佳状态。

人们追寻生命的意义，因此他们也在工作中寻找意义。由于工作本身在不停地改变，所以我们必须能够适应变化的环境，这意味着我们必须能不断提

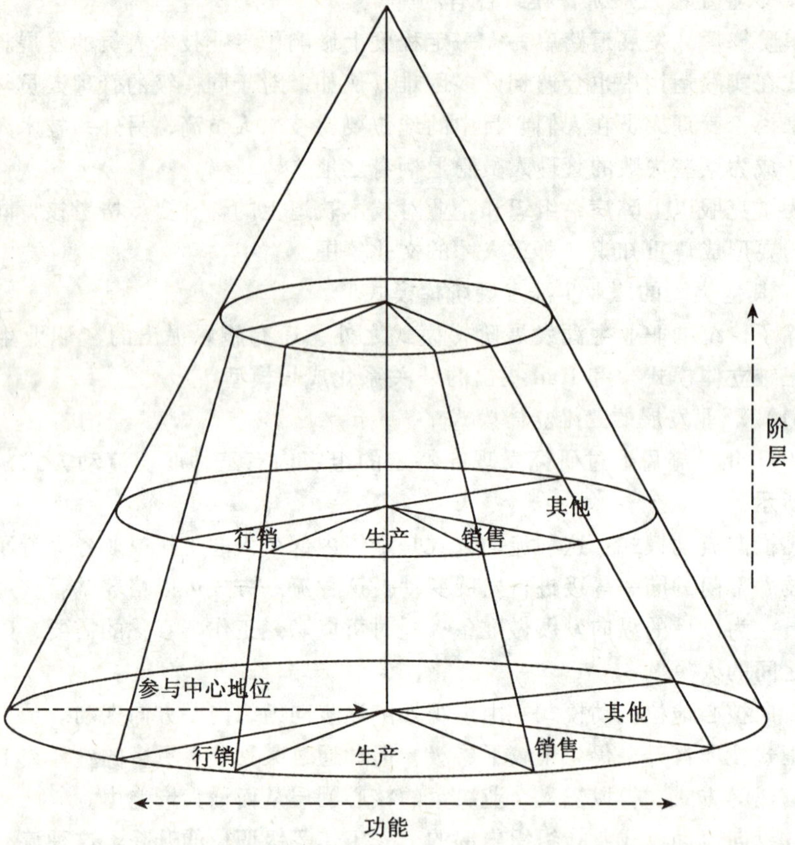

图 13-6　职业生涯发展的三维立体模式

高，学习新的技能以适应环境的要求。“工作既然可以帮助我们找到生命的意义和目的，也可以为我们提供不断学习，不断进取的机会。所有这些已经替代了原有的安全感，成为企业赋予员工的新报酬。”（Hall，1996）

不断地学习、直面变化并“学会对人生和职业重新定向”都是非常重要的，而希望实现更高效率的精神也已经成为今天工作中的主要动力。“越来越少的人因为受到外力（如权力、金钱、安全）的驱使而工作，在当今扁平型组织和相差不大的薪酬体系中，这种情况基本上已经不存在了。”按照这种职业发展的新观念，要形成一个既包括个人认同也包括工作认同的全面观点就变得尤为重要了。

“把职业看成个人的要求就意味着，个体将不断追寻那些仅仅可以促进其个人职业生涯发展的积极影响。”（Hall，1996）重新考虑职业的意义和它在如何影响着人们的个人生活，影响着老板和员工之间的关系和相互间的理解，使工作更富有弹性，并调节工作环境，减少人们的压力，使人们感到安全是这个全面性观点的部分目的。虽然这些都是我们的最终目的，但是在现实生活中，并非所有员工都能学会新的技能并能适应不断变化的工作环境，而且并非所有的老板都愿意为这些改革花费时间和金钱。

案例

为员工提供多通道的职业生涯路径

AB 公司是一家日本独资的科研性企业，成立于 1996 年，总投资 2000 多万美元，专门从事委托课题研究工作。目前公司共有 130 多名员工，占总人数 79% 的科研人员组成了公司的中坚。

2003 年以前，公司的薪酬制度一直沿袭日本的工资体制，且没有做任何改动直接照搬过来，应该说是非常典型的“年功序列制”工资体系。工资中包含若干项内容，即不管你是研究人员还是普通的打字员，不论工作业绩如何，只要你进入公司时间早、年龄大，就一定会获得较高的报酬。

这就导致公司出现了一名普通的仓库保管员的工资远远高于一名研究人员的工资的怪现象。对员工来说，要想在这种情况下获得发展只有通过“升官”来实现。而薪酬水平的停滞不前也是造成员工单一追求升职的另一原因。因此，企业内的管理岗位成为各级各类员工的职业发展目标。

而一个企业战略性员工的质量和数量，往往可以决定企业生存和发展的前途，单一的“官本位”通道，给员工个人和企业整体发展带来诸多弊端。

第一，企业的管理机构及层次臃肿。管理层次多，管理干部多，干实事的人少。信息流通缓慢，效率低下。企业领导将职务作为薪酬、关系等方面平衡的唯一选择。

第二，企业高素质员工的生存与发展空间受限。

对于 AB 公司这样的科研性企业，大量的高素质员工应该不是致力于做管理的“帅才”，而是应该投身于做科研的“将才”。当员工不想做管理但又没有其他通道可发展时，便会出现两种现象，一是离开企业，二是在其位，不愿谋其职。最终造成企业人才的配置错位与浪费。

第三，企业吸引力降低。在招聘、培训那些现时或潜在的核心或战略员工时失去吸引力。企业整体科研能力受到损害，进而影响到企业长远发展。

在对以上状况进行详细分析的情况下，2003年，公司对薪酬体制进行了全面改革，设计了员工多通道职业生涯发展路径。改革主要分两部分进行，一是全面提高员工薪酬水平，保证公司的工资福利有一定竞争力，以吸引高素质人才的加盟；二是改革原来的薪酬结构，以此为契机为员工提供多种发展途径。

第一步，公司自行组织了一次全市范围内的薪酬福利调查。根据离职员工去向，共调查企业20余家，包括知名外企、高校及科研所、知名股份制企业，另外还包括部分公务员及事业单位代表。此后，公司又相继参加了两次由著名咨询公司组织的薪酬调查。这些调查取得了大量有价值的信息，为今后各岗位的薪资定位提供了非常准确的参照。

第二步，对公司目前的分配情况、考评及激励制度、研究管理体制等方面进行了全面、深入的分析，初步确立了岗位制的薪酬体系框架，即以岗定薪，何种岗位决定何种薪酬。

在研究部门，技术岗位和管理岗位分开的同时可以叠加，而管理岗位的聘任是以技术岗位为基础的，且实现了管理职务的任期制，保证了“公平竞争”和“能上能下”管理思想的有效实现。

第三步，通过与各个部门详细全面的沟通了解，以及人事部门的观察记录，制作了各岗位说明书。之后，相继完成了考评细则的制定，新旧体制的套改，研究人员研究资格的确定。

改革的最终结果是公司内部分成了两条大的薪酬线路：研究部门和非研究部门，同时兼顾了两方面的平衡，非研究部门主要走职位晋升线路。

每个岗位设定薪酬范围，即体现了岗位制的精髓，也结合了公司鼓励员工长期服务的管理思想。研究人员则以研究水平为衡量标准，走研究资格晋升线路，除研究资格以外，还有研究管理岗位可供选择，这一系列包括室长、领域长、课题主管、普通研究员，以满足既擅长科研又擅长管理的人员的职业发展的需要。

可以看出，与以往“年功序列制”工资体系相比，员工的职业生涯发展路径不再是单一的“挤独木桥”，希望从事技术工作与同时希望从事管理工作的员工都有了发展机会。避免了技术型人才“政务”缠身而技术加管理型人才无用武之地的现象。

通过薪酬体制改革，使公司全体员工尤其是研究人员看到了发展的机会与空间，公司根据每个人的特点为每位员工设计了不同的职业生涯，改革前4年的员工离职率分别是13%、8%、18%、15%，改革后的2003年下降到了7.5%，达到了公司预定的比例，员工工作满意度提高。

第四节 继任计划管理

一、继任计划意义和功能

继任计划（Succession Planning）是组织为保障其内部重要岗位有一批优秀的人才能够继任而采取的相应的人力资源开发培训、晋升与管理等方面的制度与措施。

继任计划对于公司的持续发展有至关重要的意义，但凡有着优秀财务业绩而且长时间在竞争环境中独领风骚的公司，都有连续的领导人才储备以及完备的领导人才开发计划；也有很多公司昙花一现，某个领导在位时，公司有着相当出色的业绩，这个领导退位之后，公司业绩迅速下滑甚至在市场上销声匿迹。这不排除公司治理结构方面的因素，但普遍的原因是公司缺乏领导岗位的继任计划。

组织继任计划的功能主要体现在以下五个方面：

①继任计划可以确保在企业内有一批训练有素、经验丰富、善于自我激励的优秀人才接任未来的重要岗位。

②继任计划可以有效地调整公司的未来之需以及现有的资源。

③继任计划可以为组织的关键员工制定更高的目标，把他们留住以确保重要岗位都有称职的人可以继任。

④继任计划可以帮助员工设定职业生涯的发展道路，有助于公司吸引、留住更好的人才。

⑤继任计划可以改进公司内部程序、优化公司的产品和服务。

二、基于价值驱动的继任计划

继任计划的过程基于价值驱动方法。和传统的能力模型（胜任力模型或素质模型）不一样的是，价值驱动方法假定所有的员工都应该增加公司股东的价值，在根本上指出了个体高层管理人员如何为公司的业绩作出贡献。这个模型假定高层管理员工通过四个方面增加价值，它们就是价值驱动因素。

①设计战略发展方向：设计公司的战略发展方向并为公司取得竞争优势。包括建立公司的远景规划以及使员工的行为与企业的业务目标相一致。

②激励人才：激励公司的人力资本创造优异的业绩。激励人才反映了高层领导如何使用公司的人才，如何开发员工取得成功，如何让员工能应付业务的挑战。激励人才反映了创造股东价值时“使用人才”的一面。

③增加收入：增加收入这个价值驱动因素反映了高层领导如何驱动公司的销售业绩。

④进行业务运作：进行业务运作反映了高层领导如何进行成本控制，提高公司运营效率以增加公司的边际利润。

对高级管理人员测评的前提是为公司的关键岗位设计价值驱动模型，然后把员工和这个模型进行比较。为使测评的过程变得容易，必须对每个价值驱动因素设计相关的行为描述。这种行为描述必须反映公司特定的经营情景。

每个价值驱动因素由一系列行为（价值驱动因素行为描述）体现，这些行为全面清晰地反映了高层领导提升公司业绩的过程。这就是价值驱动模型和员工能力模型的区别。能力模型中的“能力”关注人格、动机和技能，而价值驱动因素关注直接和公司业绩相关的行为。

1. 价值驱动因素方法的意义

价值驱动因素方法使公司能够确认关键岗位上获得成功的关键要素。然后针对关键岗位的价值驱动模型，将高层管理人员进行对照测评，就可以发现人岗匹配程度。因为岗位价值驱动模型的基础是行为描述，因此测评的结果就清晰地显现出管理人员的优点和弱点。价值驱动模型对于公司选择关键岗位继任者，进行领导力开发有非常重要的意义。在选择关键岗位继任者时，公司可以挑选那些与关键岗位有最大重合度的管理人员，在进行领导力开发的时候，公司可以针对管理人员和关键岗位价值驱动因素的重合度进行领导力开发项目的设计。

2. 继任计划工作流程

第一步：相关文件审查和分析。

包括对公司的战略和业务计划、目前的组织结构、最近相关的组织调整方案的审查。

第二步：方案规划和启动会议。

会议的目的是确定项目的范围，交付成果，时间限制，公司可以使用的资源，项目的成员。

第三步：高层管理人员培训会（可选）。

管理层对继任计划的支持和理解是继任计划设计的关键成功因素。在这次培训会议上，需要介绍继任计划的方法和测评流程，这对于获得管理层的支持，听取他们的关注点和意见特别有益。会议的时间一般是两个小时。

第四步：确定价值驱动因素的行为描述。

这里的目的是确定价值驱动因素行为描述库，这个步骤将确定所有测评的基础，这个步骤需要3~4个人参加，公司总经理必须参加，人力资源部门的负责人也必须参加。需要半天的时间。

第五步：确定岗位价值驱动模型。

不同的岗位会有不同的价值驱动模型，公司必须确定高层领导岗位的价值驱动模型，基于第四步确定的公司价值驱动因素行为描述库，就可以对这些高层领导岗位创建相应的价值驱动模型。模型创建的过程将基于价值分类方法论。分类的方式有很多，公司必须采取恰当的分类方式。基于岗位描述、业务计划、战略目标等相关文件，就可以对价值驱动模型进行全面的设计。

第六步：证实和最终确定岗位价值驱动模型。

可以采用焦点小组（Focus Group）形式，小组的成员由每个岗位的管理者组成。

第七步：开发测评工具。

这一步骤将设计测评问卷。测评问卷将基于特定的岗位进行设计。

第八步：进行高层领导测评。

测评流程将分为两个并行的工作程序。

第一个工作程序是对现在的高层领导团队（他们被认为是合格的候选者）对照公司关键领导岗位的价值驱动模型进行测评。

第二个工作程序是选择公司的关键员工，将他们对照相应的价值驱动模型进行测评。

两个工作程序都会采用设计好的价值驱动模型测评工具。然后总结多个评估者的评估结果。

第九步：生成高层领导测评报告。

每个高层管理人员和关键员工都会收到自己的测评报告，测评报告的内容如下：

一是个人的价值驱动因素评估描述。

二是个人的价值驱动因素评估描述与岗位的价值驱动模型之间的契合程度。

三是个人的优点和弱点。

第十步：综合报告。

基于以上的结果，撰写总结报告，其内容如下：

一是公司的领导力现状。

二是公司领导力的差距。

三是公司高层管理人才的连续性。

第十一步：高层管理员工开发方案设计。

在识别了公司关键岗位后继人才之后，针对他们个人的测评结果、他们将要继任的关键岗位的价值驱动模型、他们个人与关键岗位的匹配程度，公司必须设计出针对这些后继人才的开发方案，并在实际开发过程中进行不断反馈和调整。

继任计划是一个连续的过程，每个高层管理人员的管理生涯都是有限的，公司必须在关键领导岗位在任者管理生涯结束之前的相当一段时间里，进行继任计划的工作，连续地准备后继领导人才，这样公司才能真正实现持续的发展。

案例

如何调教下一届 CEO

一个公司要想长期稳步发展，有什么比选拔和培养未来的 CEO 更重要的呢？可是，当一些公司正小心翼翼地审视候选人名单时，许多新鲜出炉的 CEO 却悲壮地失败了，因为他们根本就不胜任那些原本为他们而准备的角色。

一、挑选、培养不可偏废

Ivester 曾任可口可乐公司 CFO 多年，是继 Robert Goizueta 之后的 CEO。因为公司市值的连续下降和一些不良的公共关系影响，加上在处理欧洲的产品污染危机时的拙劣表现，Ivester 被迫在上任两年半后辞职。再看看 Mattel 公司的 Jill Barad，虽然凭借在市场上杰出的战绩登上最高宝座，但她却缺乏运作一个大公司的财务能力和战略上的深邃洞察力。

Ivester 和 Barad 失败了，虽然他们在某个管理领域里是卓有成就的，但没有掌握更多的全面的综合能力，如公共关系管理、组织管理、如何获得各阶层人士的支持等。问题并不是出在公司给予他们的责任过大，而在于继任计划不够完善。他们只是传统地考虑和执行继任计划，导致继任计划过于狭窄和呆板，无法发现、提高并弥补技能差距，以至于最有希望的年轻 CEO 也会偏离自己的职业轨道。

然而，我们发现，另一些公司在提升接班人领导力方面很成功，他们不是机械地更新候选人名单，而是渐进式地推进继任计划。他们结合两种实践活动——继任计划和领导力提升计划——从而为培养和管理精英人才创造出一个长期流程。在大多数公司中，这两种活动处于分隔的职能体系，但实际上，它们本来就应该是紧密联系的，因为它们具有同等重要的目标：在适当的场所获得适当的技能。

二、在体验中提升素质

继任计划必须以素质提升为导向，而不仅仅是一份僵化的高级潜质雇员名单以及他们可能晋升的职位清单。通过给继任者制订相应的领导力提升计划，你不仅能深刻认识高级管理职位所必备的技能，还能完善提升这些技能的教育培训体系。

这对可口可乐公司来说可能教训深刻。作为对 Ivester 先生精明的财务管理表现以及他多年对公司忠诚的回报，公司赋予他 CEO 的位置，但对他如何成功地扮演这一重要角色，却没有足够重视。对于 Barad，她在不到 10 年的时间内使 Mattels Barbie 的品牌增值了近 10 倍，然而她对财务管理、战略管理和斡旋华尔街能力的缺乏——这些能力又是任何一位 CEO 所必须具备的基本素质——注定了她的失败。如果公司能够早些对此警觉，可能会暴露出她的局限性，同时也可以提供机会来提升她的这些能力——这或许能延续她的职业生涯。

传统的领导力提升实践项目，总是关注于一次性的培训活动。但是北卡罗来纳州格林斯博罗的创造性领导力中心的研究成果表明，被培训者参加完那些让他们充满活力和激情的培训后，回到办公室却对公司生活感到压抑和窒息。而比这更富有成效的做法是：把课堂培训带入活生生的现实环境中，体验不同的工作和领导——利用各种技巧技能，比如岗位轮换或“体验式学习”，将一群有潜力的员工集中在一起学习，让他们就一些紧迫课题提出建议，如：是否进入一个新的区域市场，是否推行一种新的业务模式等。

比如，在 ELI Lilly 公司，每年都有两次体验式学习计划，该计划将经过各部门经理和人力资源部门筛选的有潜质的精英集中在一起，来研究一个经过 CEO 确定的战略课题。18 位经过挑选的至少具有执行总监潜质的雇员，代表着不同领域和职能，他们将参加一个为期六周的会议，与相关专家、业界领军人物、客户、评论家讨论，然后分析他们所学习到的东西。

在 2000 年，这一团队被赋予一项任务，即把电子商务战略发展成为公司的一项新的收入增长点——这在当时是非常紧迫的。这个团队在超过五周的时间内访谈了 150 多人，并在最后一周向公司高层提出一整套发展建议报告——高层们认真地听取了他们的建议。例如，该团队建议任命一名电子商务经理，并为项目拨付一定的资金等，CEO毫不犹豫地批准了。

ELI Lilly公司的体验式学习计划达到了双重目的：为员工们提供了发展经验，他们超越原来各自职能的限制来面对重大的战略问题，因此学到了一个CEO所应具备的眼光；同时，他们也为公司创造出了有价值的产品或业务。

三、融入个人职业规划

我们再来看一下道化学公司。在它先前的组织结构中，在大约60个国家有区域总裁，该区域所有业务单元和职能都向区域总裁汇报。这些职位是全面提升CEO技能的良好机会。在1995年，该公司根据业务和职能分工，把公司整合为30个全球业务单元。在这种结构下，所有职能将向全球业务领导汇报，而国家区域总裁在本质上就是业务集成者。这种新型的结构使该公司在打破贸易壁垒后获得规模经济，同时也精简了一半职位。

除此之外，10年前，一个员工可能在38~45岁期间就成为一个国家的区域总裁，但现在这些业务单元的全球总裁平均年龄在45~50多岁，这意味着员工需要等待更长的时间才能晋升到该职位。

在目前的环境下，有一个办法可以提升潜质领导的综合管理能力，那就是组建小型合资公司或内部企业。管理者们也可以跨部门和业务单元进行横向移动。例如，道化学公司的全球业务单元领导可以担任一次亚太区域的运营总裁，从而获得跨职能的领导才干；再比如，研发部门的未来领导可以被委任为采购副总裁，从而拓宽他的专业技能。

这样的组织发展计划，应该有机地融入个人的职业发展规划中。ELI Lilly公司的组织发展计划GDR，就是通过公司的人才评估流程，选拔出大约500名具有CEO潜质的雇员，对每个人员深入地进行调查，包括对以前和现在的主管进行调查，该雇员不能出席这个调查会议。在90分钟的商讨中，公司将提出该雇员下一步该改进、提高的步骤，如果有需要，还要收集公司其他人的意见，然后由他的主管把这些内容传递给该雇员。该雇员再与主管一起把反馈结果与其职业规划结合起来执行。

最近的GDR计划主角是一个叫Bob的市场经理。通过他以前和现在主管的调查反映，他过分依赖自己的战略思考能力，所以在晋升为执行层之前还应该具有更多的实操经验。在市场部门的会议上，Bob的主管将这个信息向其他管理人员进行了通报，该团队商议，通过将Bob调到欧洲的一个关键销售岗位来提高他的技能。当一个雇员经过类似Bob这样重要的调整时，由于他还不具有这些经验，ELI Lilly公司一般把这个人调到一些资深员工身边工作，从而降低这种风险。公司高层也会周期性地检查计划实施的进度，从而用持续的机制来保证拔尖管理人才能不断涌现。

资料来源：http：//www. chinahrd. net/zhi_ sk/jt_ page. asp？ articleid = 35868.

第五节 导师计划

一、导师的含义

导师这个术语由“某个把在多年的经验中积累下来的智慧传授下去人”的意思演变而来。由于具体运用的环境不同其具体含义也有所不同。从商业角度来看，导师是“具有资深工作经验的员工以角色榜样的身份为年轻的员工在人际关系发展与职业规划方面提供指引、支持和反馈”。

导师计划是指组织经过周密的思考之后而组成的导师和学员之间的搭配关系，其目的在于发展某种专门的技能和能力。为达成他们的合作目标，组织提供了一套标准化但灵活的支持型框架来确保双方具有明确的目的并对此全力支持。

除了组织正式的导师关系以外，组织中还存在非正式的导师关系。非正式的导师关系常常是在没有组织的帮助和指导下，由两个人彼此建立起来的发展关系。任何被认为具有较高绩效水平以及在某一方面富有学识的人都能担当非正式导师。

传统的观点认为这是一种自发的、独特的行为并依赖于导师与学员之间的相互吸引。

除非导师的安排是按照主管关系所指派的，一般来说导师通常不是学员的主管，甚至不在学员的行政系统中。通常的情况下，导师会鼓励学员去努力完成拓展性的目标或支持某项试验。在这两种指导关系中，非正式导师通常被认为对于个人的指导作用更强。从自发性、关系长短、全面性和相互吸引的角度看，非正式导师在数量和专业方面将存在巨大差异。尽管非常有效，非正式导师通常在完成组织层面上的目标方面不够适合。

二、导师计划的功能

一项对经理人员的调查表明：三分之二的回答者表示他们在职业生涯过程中至少与一个组织内导师建立了关系。大部分人表示这种关系在他们职业生涯早期就已经建立，其中一半的导师关系是和他自己的直接上司建立的。

在职业生涯早期建立了这种辅导关系的经理人员，会赚更多的钱、有更高的职位、对组织有更多的承诺、自我认可和工作满意度较高，职业灵活性也较大。另外，有研究表明，导师辅导的积极效果与性别和层级因素无关。

具体来说，无论是导师、被指导者还是组织都会从导师计划中受益。导师通过向年轻的员工传授知识和技能获得一种成就感和满足感，而学员则迈向一个更高的岗位并获得更大的流动性、晋升和提升的责任水平，但组织是导师计划的最大受益者。

导师推动女性和其他非主流团体进入管理层，帮助组织形成一个更富有多样性的领导团队。指导是一种将组织价值观传递到不同等级员工处的有效方式，促进了组织内部的学习。当学员接受了有资质且经验丰富的导师的指导，他会修正自身的行为从而加速其行为的改变。

组织可以采用讨论会、研讨会、社交聚会等形式使新员工更容易同组织内可能对他有帮助的人员进行接触。

女性和少数民族员工在获得导师的渠道上没有更大的障碍，可能的障碍来自缺乏同潜在导师的信息联系。女性或少数民族员工往往被有意或无意地排除在非正式的、不是很重要的社交活动之外。

大量研究显示，指导功能可以划分为两个主要的部分：职业功能和心理社会功能。这些功能如表 13-4 所示。职业功能是有关能够促进职业提高的方面的；心理社会功能是感觉方面的，能够给员工提供能力、鉴别力和专业角色中的有效性等各种感觉。这两个功能被看做管理发展的关键。

表 13-4　**导师的指导功能**

职业功能	心理社会功能
赞助者的地位	角色模式
揭示和可见性	承认和肯定
训练	咨询
保护	友谊
富有挑战的任务	

资料来源：Kathy E. Kram，Mentoring at Work，University Press of America，Laham，Md.，1988.

三、实施导师计划的注意事项

①在推进指导项目之前，组织应当确定员工是否愿意并有能力参与到其自

身的职业发展之中。

②为了保证项目的有效性，管理层必须设定可测量的目标。如果希望一个指导项目对组织产生持续的正面影响，就必须从长远角度对其进行不间断的评估、调整和管理。

③指导项目必须挑选那些能够胜任的员工进行推广。

④领导者必须确定候选人，并注意选择和监控正式指导项目中的人员配对安排。

成功的指导关系需要双方的努力，应该遵循以下 9 项原则：

①主动性：不要等到你的导师或学员来联系你。

②达成协议：同意在预先设定的时间间隔中进行定期的联系。

③构建和谐：尽可能地相互学习。

④自信：双方中的任何一方能够为对方提供一些重要的信息。

⑤交流：开放地分享知识和经验。

⑥做好的聆听者：认真听取导师或被指导者的话。

⑦积极回应：针对计划采取行动。

⑧可接近性：有一个开放性的沟通政策。

⑨承担责任：需要双方努力共同创造一个成功的指导关系。

案例

未来领导者

美国交通部的“未来领导者”项目是一个正规的指导项目，为新上任的中层领导者提供拓展能力的机会。该项目通过以下几个方面为组织增加价值：

①提高组织内部的专业领导技能；②增加员工的满意度；③传递组织的知识和专业技能。指导项目还为美国交通部建立一个输送那些接受过培训并准备好迎接组织挑战和实现未来目标的人才的通道。

这个项目是为了推动参与者提高学习水平从而促使整个组织的发展而设计的。其项目目标如下：

①通过培训提高技能和管理水平；②开发职业规划；③为参与者提供构建人际网络的机会。

为实现该目标，具有联邦某一具体级别的经理、主管、或高管人员作为导师与较低级别的项目参与者组成一对一的配对，主要目的是传递知识，提供亲身经历的发展经验以及提供课堂培训。组对的导师和被指导者之间通过持续沟通促进对结果达成一致意见。在这种合作关系中，双方都可以彼此分享成长与专业的职业生涯发展过程。

资料来源：［美］威廉·J. 罗思韦尔. 职业规划和接班人管理. 北京大学出版社，2008.

关 键 词

组织职业生涯管理　　战略职业系统　　职业生涯发展阶梯　　继任计划　　导师计划

复习思考题

1. 组织职业生涯管理的各个角色中，各自的关系如何？
2. 如何整合组织人力资源管理系统与组织职业生涯管理系统？
3. 在组织扁平化发展的今天，职业发展的通道应该如何设计？
4. 一个组织如何才能有效地培养和选择自己的未来领导者？
5. 组织应该如何有效地实施导师计划？

参考文献

一、中文部分

[1] [美] Reardon, Lenz, Sampson, Peterson. 生涯发展与规划. 侯志谨，伍新春等译，北京：高等教育出版社，2005.

[2] [英] 约翰·阿诺德等. 工作心理学. 沈秀琼等译. 经济管理出版社，2006.

[3] 张再生. 职业生涯开发与管理. 南开大学出版社，2003.

[4] [美] Nadene Peterson, Roberto Cortez Gonzalez. 职业咨询心理学——工作在人们生活中的作用. 时勘等译. 北京：中国轻工业出版社，2007.

[5] 周文霞. 职业生涯管理. 复旦大学出版社，2007.

[6] [美] 提摩西·巴特勒，詹姆士·沃德鲁普. 哈佛职业生涯设计. 赵剑非译. 中国商业出版社，2004.

[7] [英] 斯蒂芬·库姆博等. 成功人士职业生涯完全手册. 李玉霞等译. 广东经济出版社，2003.

[8] [美] 约翰 M. 伊万切维奇. 人力资源管理. 机械工业出版社，2004.

[9] [美] 澳托·克劳格等. 赢在性格. 王善平等译. 浙江人民出版社，2005.

[10] 方俐洛，凌文辁，刘大维. 职业心理与成功求职. 机械工业出版社，2001.

[11] [美] 盖里·西茂等. 如何实现你的职业理想. 陕西师范大学出版社，2004.

[12] 杰弗里 · H. 格林豪斯等. 职业生涯管理. 清华大学出版社（影印版），2003.

[13] [美] Gerald Corey, Marianne Schneider Corey. 心理学与个人成长. 胡佩诚等译. 中国轻工业出版社，2007.

[14] [英] 耶胡迪·巴鲁. 职业生涯管理教程. 陈涛等译. 北京：经济管理出版社，2005.

[15] 姚裕群．职业生涯规划与发展．首都经济贸易大学出版社，2003.

[16] 徐笑君．职业生涯规划与管理．四川出版集团·四川人民出版社，2008.

[17] 李宝元．职业生涯管理：原理·方法·实践．北京师范大学出版社，2007.

[18] 金·S. 卡梅隆等．组织文化诊断与变革．谢晓龙译．中国人民大学出版社，2006.

[19] 程社明，卜欣欣，戴洁．人生发展与职业生涯规划．团结出版社，2003.

[20] [美] 雷蒙德·A. 诺伊．雇员培训与开发．徐芳译，中国人民大学出版社，2007.

[21] [美] 大卫·A. 德森佐，斯蒂芬·P. 罗宾斯．人力资源管理基础教程．吴晓巍等译，东北财经大学出版社，2007.

[22] [美] 弗雷德·鲁森斯．组织行为学．人民邮电出版社，2003.

[23] [美] Lorne Sulsky，Carlla Smith. Work Stress. 马剑虹译．中国轻工业出版社，2007.

[24] 靳娟．工作压力管理．人民邮电出版社，2007.

[25] [美] C. I. 巴纳德．经理人员的职能．中国社会科学出版社，1997.

[26] [美] 罗伯特·马希斯，约翰·杰克逊．人力资源管理培训教程．北京：机械工业出版社，1999.

[27] 张添洲．生涯发展与规划．五南图书出版公司，1994.

[28] 刘昕．人本之道—中国人力资源管理沉思录．北京：中国劳动社会保障出版社，2007.

[29] [美] 托马斯·G. 各特里奇等．有组织的职业生涯开发．李元明，吕峰译，南开大学出版社，2002.

[30] 杨永康等．双阶梯制度．中国人力资源开发，2000.

[31] 刘晓茜．为员工提供多通道的职业生涯路径．职业，2004.

[32] 威廉·J. 罗思韦尔．职业规划和接班人管理．北京大学出版社，2008.

[33] [美] 亚瑟·W. 小舍曼等．人力资源管理．张文贤等译．东北财经大学出版社，2001.

[34] 龙立荣，李晔．职业生涯管理，中国纺织出版社，2003：410.

[35] 吴国存．企业职业管理与雇员发展．经济管理出版社，1999.

[36] 吴贵明，中国女性职业生涯发展研究，中国社会科学出版社，2004.

[37] 关培兰，中外女企业家发展问题研究，武汉大学出版社，2003.

[38] [美] 南希·卡特等，女性创业，人民邮电出版社，2004.

[39] [美] 诺玛·卡·罗菲诺，白领女人，时代文艺出版社，2001.

二、英文部分

[1] Rokeach, M. (1973). The nature of human values. New York: Free Press.

[2] Katz, M. (1993). Computer-assisted career decision making: The guide in the machine. Hillsdale, NJ: Lawrence Erlbaum.

[3] Raths, L., Simon, S., & Harmin, M. (1966). Values and teaching: Working with values in the classroom. Columbus, OH: Merrill.

[4] Dyer, L. & Holder, G. (1988). A strategic perspective of human resource management, in L. Dyer (Ed.) *Human Resource Management: Evolving Roles and Responsibilities*, pp. 1-46. Washington, DC: Bureau of National Affairs.

[5] J. A. Sonnenfeld and M. A. Peiperl (1988) 'Staffing policies as a strategy response: A typology of career systems', Academy of Management Review, 13 (4), 568-600.

[6] Astin, H. S. The meaning of work in women life: A sociopsychological model of career choice and work behavior. The counseling Psychologist, 1984, 12: 117-126.

[7] Altman, J. A. Career development in the context of family experience, In H. S. Farmer (Eds), Diversity & women's career development. Newbury Park, CA: Sage. 1997, 229-242.

[8] Byrd, M: A study of the differences among African-American, Hispanic, and Anglo women on the perceived barriers and strategies to career advancement in pubic school administration. Dissertation Abstracts International, 1999 60 (03): 1241A. (University Microfilms No: AAT 9923126)

[9] Betz, N. E & Fitzgerald, L. F. The career psychology of women. New York: Academic Press, 1987.

[10] Betz, N. E & Hackett, G. The relationship of career-related self-efficacy expectations to perceived career options in college men and women. Journal of Counseling Psychology, 1981, 28: 339-410.

[11] Farmers, H. S. Model of career and achievement motivation for women and men. , Journal of Counseling and Psychology, 1985, 32 (3): 363-390.

[12] Gutek, B. A & Larwood, L, Stromberg, A. H. Women and work: An annual review, Newbury Park, CA: Sage, 1987 (2).

[13] Ginzberg, M. H. Careers- A Theoretical Perspective, Communications of the ACM, 1972, 31: 586-594.

[14] Hansen, L. S. Counseling and Career Development of Women. In Peters, H. J. & Hansen, J. C. (Eds.), Vocational guidance and Career development. New York: Macmillan, 1997.

[15] Reddin, W. J. High-achievement women, In H. S. Farmer (Ed), Diversity & women's career development, Newbury Park, CA: Sage, 1997: 95-126.

[16] Zytwoski, E. G.. The concept of work values, Vocational Guidance Quarterly. 1970 : 176-186.

[17] Zytowski, E. G. Toward a Theory of Career Development for Women, Personnel and Guidance Journal. 1969, 47: 660-664.

图书在版编目(CIP)数据

职业生涯设计与管理/关培兰,张爱武编著. —武汉: 武汉大学出版社,2009.9(2014.7 重印)
21 世纪人力资源管理系列教材
ISBN 978-7-307-07260-2

Ⅰ.职… Ⅱ.①关… ②张… Ⅲ.职业选择—高等学校—教材 Ⅳ.C913.2

中国版本图书馆 CIP 数据核字(2009)第 141591 号

责任编辑:陈 红 责任校对:王 建 版式设计:王 晨

出版发行: 武汉大学出版社 (430072 武昌 珞珈山)
(电子邮件: cbs22@whu.edu.cn 网址: www.wdp.com.cn)
印刷:湖北民政印刷厂
开本: 720×1000 1/16 印张:20.75 字数:377 千字
版次:2009 年 9 月第 1 版 2014 年 7 月第 2 次印刷
ISBN 978-7-307-07260-2/C·241 定价:28.00 元